EINFACH *losfahren*

30 Traumstraßen
in und um Deutschland entdecken

INHALT

TOUR 24: Für Kur
erlebnisse sorgt di
Jochstraße im Allg
Seite 146

TOUR 7: Die
Lüneburger Heide
im Farbenrausch
Seite 42

TOUR 1–15

Entspannt unterwegs: Auf Kopfsteinpflaster führt die Deutsche Alleenstraße durch dieses Waldgebiet bei Granitz, Rügen

Der Nord-Ostsee-Kanal durchquert Schleswig-Holstein von Brunsbüttel bis Kiel

NORDSEEKÜSTE SCHLESWIG-HOLSTEIN: VON GLÜCKSTADT BIS NACH HUSUM

2 Tage

Glückstadt ist ein perfekter Start für die Traumstraße an der Nordsee, die von der Elbe bis nach Husum führt. Auf dieser Strecke gibt es Wasser satt, ob als Fährfahrt über den Nord-Ostsee-Kanal oder an den Salzwiesen. Am Sandstrand oder Hafen: Überall fällt der Blick aufs Watt – die Küstenlandschaft zeigt sich dabei von ihrer ganzen Vielfalt.

Glückstadt
Husum
226 km
ca. 4,5 Std.

ETAPPE 1
VON GLÜCKSTADT BIS BRUNSBÜTTEL

⟷ 35 km ⏱ 40 Min.

① **Glückstadt**! Das ist ein Reiseziel, das man gerne in das Navi eingibt – und ein idealer Ausgangspunkt für eine Nordsee-Tour. Glückstadt wird oft in einem Atemzug mit Wischhafen genannt, denn die Elbfähre verbindet hier den niedersächsischen Ort mit dem schleswig-holsteinischen Glückstadt. Wenn es keinen Stau gibt, ist die Überfahrt über die Elbe, die hier so breit ist wie der Amazonas, allein schon ein Erlebnis. Nach einem Kaffee am alten Hafen von Glückstadt heißt es einsteigen und losfahren – einmal durch Dithmarschen bis nach Husum. Gleich hinter Glückstadt biegen wir auf die B 431 und passieren das Flüsschen Stör mit seinem kleinen Sperrwerk. Über eine kurvige Landstraße und kleine Dörfer geht es immer entlang der Elbe gen **St. Margarethen**. Wer den Blick auf das Kernkraftwerk nicht scheut: Gleich hinter Brokdorf biegt links die Straße Hadenducht ab. Dort kann man sich einen Parkplatz suchen und über den Deich an die Elbe spazieren, sie hat an dieser Stelle einen kleinen Sandstrand. Weiter geht es nun nach St. Margarethen: Von dort führen zwei schöne Wege nach Brunsbüttel: Wer auf der B 431 bleibt, biegt auf die B 5 ab und quert über die 44 m hohe Brücke den Nord-Ostsee-Kanal. Es geht aber auch romantischer per Fähre: Auf der großen Kreuzung in St. Margarethen biegt die Hauptstraße rechts ab nach Büttel und führt von dort weiter als Fährstraße nach Brunsbüttelkoog. Die Fähre des Nord-Ostsee-Kanals bringt Sie nun direkt ins Zentrum von ② **Brunsbüttel** und an den schönen Hafen. Bei Matjes oder Scholle den Ausflug ausklingen lassen und große Schiffe vorbeifahren sehen, ist ein unvergessliches Erlebnis.

Der Leuchtturm von Glückstadt, umschwärmt von Wildgänsen

ETAPPE 2
DURCHS BINNENLAND NACH FRIEDRICHSKOOG

⟷ 52 km ⏱ 60 Min.

Von Brunsbüttel aus könnte man auf direktem Wege nach Friedrichskoog fahren – aber das wäre zu schade! Denn die Dörfer und Städte am Nord-Ostsee-Kanal sind wahre Schätze, die es zu entdecken gilt. Über Eddelak und Kuden schlängeln wir uns auf kleinen Straßen durch die Landschaft. Vogelfreunde machen Halt am **Kudensee**, dem letzten Flachwassersee in Dithmarschen. Dort lassen sich mit etwas Glück Rohrdommeln beobachten. Wer ohne Stopp weiterfährt, landet in ③ **Burg**, das mit seiner »Berglage« von 15 m über Normalnull aus der Landschaft ragt. Es lohnt sich auszusteigen und dem schönen Marktplatz einen Besuch abzustatten. Wer genug vom Autofahren hat, kann eine Kutschfahrt buchen oder mit dem Kahn auf der Burger Au entlangstaken (Infos bei der Touristinfo). Ein absolutes Muss in Burg ist ein Besuch des Fährhauses mit anschließendem Spaziergang am Nord-Ostsee-Kanal. Die Strecke führt weiter über Brickeln nach St. Michaelisdonn. Es geht zum kleinen Ort Marne und schließlich über das platte Land an die Nordsee – nach ④ **Friedrichskoog**. Die Straße scheint sich endlos durch Felder und Windparks zu ziehen, doch irgendwann markiert der Deich die Endstation. An Friedrichskoog-Spitze kann man das Auto abstellen und den Blick über das Watt schweifen lassen. In der Ferne ist die Bohrinsel Mittelplate zu sehen. Wer einen längeren Spaziergang machen möchte, wandert über den 2 km langen Trischendamm direkt ins Watt.

ETAPPE 3
DURCH DIE KOHLREGION ZUM KRONENLOCH

⟷ 29 km ⏱ 30 Min.

Von Friedrichskoog kommend blickt man auf Raps und Weizen. Außerdem sprießen überall Kohlgewächse aus dem Boden, denn nun beginnt die Kohlregion Dithmarschens. Mehr über das Gemüse erfahren Besucher in ⑤ **Meldorf**, das wegen seiner bezaubernden kopfsteingepflasterten Altstadt und seines Landesmuseums einen Besuch lohnt. Stockrosen blühen vor Fachwerkhäusern, hübsche Läden laden zum Stöbern ein, über allem ragt der Meldorfer Dom auf. Nach diesem Stopp geht es ans Wasser. Von der B 5 biegt die Hafenstraße gen Deich ab. Diese kurze Strecke ist ein Naturgenuss, besonders wenn Enten und Reiher auffliegen. Am Wasser befinden sich Beobachtungshütten, die Strecke eignet sich auch für einen langen Spaziergang. Am Speicherkoog gibt es eine Badestelle.

ABSTECHER
Lohnend ist der Schlenker nach **Tönning**, die Strecke führt vom Sperrwerk durchs Eiderwatt. In Tönning lockt u. a. das Multimar Wattforum.

ETAPPE 4
ÜBER BÜSUM ZUM EIDERSPERRWERK

⟷ 41 km ⏱ 45 Min.

Natur gibt es satt am Salzwassersee **Kronenloch**, sie lässt sich auch vom Auto aus bewundern: einfach zum Sperrwerk fahren (dort steht ein Fischbrötchenwagen, die Verkäuferin ist stets zu einem Schnack aufgelegt), am Deich rechts abbiegen und der Straße zum Wöhrdener Loch folgen. Von dort geht es immer am Deich entlang bis Warwerort. Nun führt der Weg direkt am Meer entlang nach ⑥ **Büsum**. Ein Abstecher lohnt zum Büsumer Museumshafen, in die Innenstadt und zur Familienbucht, die besonders reizvoll bei Sonnenuntergang ist. Von hier aus schlängelt sich der Weg über Reinsbüttel nach **Süderdeich**, wo das wunderbare Gartencafé mit hausgemachten Torten verführt. Über Wesselburen und Wesselburenerkoog (hier gibt es ein zweites, nordseetypisches hübsches Café, das Koog Café, *www.koog-cafe.de*) geht es zum **Eidersperrwerk**. Dort heißt es: aussteigen, Nordseeluft einatmen, den Wall des Sperrwerks erklimmen und den Blick in die Weite der Nordseelandschaft genießen.

EINKEHREN
Gartencafé Süderdeich
Leckere Süßspeisen in einzigartigem Ambiente – zum Verlieben! # Hauptstr. 34/36, 25764 Süderdeich, Tel. 048 33/ 42 59 99, *www.gartencafe.info*

ETAPPE 5
VOM EIDERSPERRWERK ZUM LEUCHTTURM WESTERHEVER

⟷ 35 km ⏱ 40 Min.

Wer einmal am Eidersperrwerk in die Ferne geblickt hat, den hält eigentlich nichts mehr, denn zum unbestritten schönsten Ort der Festlandküste sind es nun noch gute 15 km und 20 Min. bis zum spektakulären Strand: In ⑦ **St. Peter-Ording** scheint der Sand nie enden zu wollen, der Himmel ist weiter als anderswo, und die vielen kleinen Pfützen im Watt spiegeln das Blau des Himmels.
Immer den Schildern »Strandparken« folgen, dann findet sich die geeignete Stelle. In Sichtweite von Ording liegt das nächste Ziel: der rot-weiß geringelte Leuchtturm Westerheversand. Dazu fahren wir

ABSTECHER
Lohnend ist der Schlenker nach **Tönning**, die Strecke führt vom Sperrwerk durchs Eiderwatt. In Tönning lockt u. a. das Multimar Wattforum.

Der Strand von St. Peter-Ording ist ganze 12 km lang

Eingebettet in eine Salzwiesenlandschaft verrichtet der Leuchtturm von Westerhever bereits seit dem Jahr 1906 seinen Dienst

zurück auf die L 202 und hinter dem Ort Brösum links in einen schmalen Wirtschaftsweg zum Tümlauer-Koog. Auf dem Weg liegt das zauberhafte Landcafé Eclair *(landcafe-eclair.de)*. Weiter geht es durch Felder und Wiesen, bis zu einem T-Stück, an dem wir links abbiegen. Beim nächsten T-Stück wieder links, und schon steuert man auf den Leuchtturm in ⑧ **Westerhever** zu. Das Parken dort ist kostenpflichtig, aber die Wanderung zum Leuchtturm und dem davor gelagerten Sand lohnt sich.

UNBEDINGT AUSPROBIEREN!
Strandparken. Wo sonst kann man mit dem Auto bis zum Meer fahren und aus dem Fahrerhaus das Wellenrauschen hören?

ETAPPE 6
VON WESTERHEVER NACH HUSUM

⟷ 34 km ⏱ 40 Min.

Darf man hier wirklich fahren? Oder kommt einem gleich ein Traktor entgegen, und der Bauer schimpft? Auch wenn Sie sich das immer wieder auf dieser Strecke fragen mögen – hier darf man tatsächlich fahren. Die Straße ist nur einspurig, das lässt Urlaubsstimmung aufkommen. Wer noch mal an den Grünstrand will, springt bei **Tetenbüll** in die Fluten. Den Hunger stillt das Restaurant Spieskommer *(www.spieskommer.de)* in herrlicher Lage. Den Panoramablick gibt es gratis dazu. Wasser, wohin das Auge blickt, denn im Hinterland staut sich der Tetenbüller Sielzug, dazu der kleine Tetenbüller Hafen direkt am Siel. Es ist ein Stück Land, das irgendwie vergessen von Tourismus und Besiedelung zu sein scheint. Bis Simonsberg geht es am Deich entlang, danach bringt uns ein Zubringer zur B 5, die direkt nach ⑨ **Husum** führt. Am Binnenhafen gibt es ein Parkhaus. Dann heißt es: nach so viel Land und Weite endlich Stadtleben genießen, bummeln und shoppen.

ABSTECHER
Besuchen Sie **Friedrichstadt** (über Witzwort, etwa 16 km). Die Grachtenstadt ist einmalig und lohnt den Umweg.

ÜBERNACHTEN

Beach Motel Wunderbar gelegen, moderner In-Treff. # Am Deich 31, 25826 St. Peter-Ording, Tel. 048 63/908 00, *beachmotel-spo.de*

Küstenperle Neues Vier-Sterne-Strandhotel, an der Perlebucht gelegen. Zimmer im skandinavischen Stil. # Dithmarscher Str. 39, 25761 Büsum, Tel. 048 34/96 21 10, *www.hotel-kuestenperle.de*

Hotel Lundenbergsand Luxuriöses Hotel in schönster Lage an der Nordsee nahe Husum. # Lundenbergweg 3, 25813 Simonsberg, Tel. 048 41/839 30, *www.hotel-lundenbergsand.de*

ENTLANG DER ROUTE

❶ Glückstadt

Wie ein Spinnennetz sieht der Stadtplan der Altstadt von Glückstadt aus. Angelegt wurde er im Jahr 1617: Damals ließ der dänische König Christian IV. die Stadt als Gegenpol zu Hamburg gründen. So ganz ist sie das nicht geworden, dafür hat sie einen ganz eigenen Charme. Das liegt zum einen an den vielen Renaissance- und Barockbauten in der Innenstadt, zum anderen an der Elbfähre, die Glückstadt mit dem niedersächsischen Wischhafen verbindet, die Leben und Besucher in die Stadt bringt. Der romantische Binnenhafen bietet einen schönen Kontrast zum Außenhafen. Der Stadt vorgelagert ist die Insel Rhinplatte – ein wichtiges Biotop, das nicht betreten werden darf. Dort brüten unter anderem Seeadler. *www.glueckstadt.de*

❷ Brunsbüttel

Wie eine blaue Sichel schlägt die Elbe noch mal einen letzten Bogen, bevor sie in die Nordsee mündet. Dort, wo das Wasser nicht mehr Fluss ist und noch nicht ganz Meer, liegt Brunsbüttel. Schon immer hat die Seefahrt die 12 000-Einwohner-Stadt beeinflusst, ihr Hafen gilt als einer der bedeutendsten der Region. Wahrzeichen der Stadt ist die Schleusenmeile. Aber auch die Altstadt mit dem Matthias-Boie-Haus, einem der Fachwerkhäuser des Landkreises, lohnt einen Bummel. Besucher, die aus Richtung Hamburg mit dem Auto kommen, werden die Fahrt über die Hochbrücke im Gedächtnis behalten – noch ein Wahrzeichen der Stadt. *www.brunsbuettel.de*

❸ Burg

Der bewaldete Hügel ist ein auffälliges Merkmal in Burg, inmitten einer von Feldern und Wiesen mit viel Weitsicht geprägten Landschaft. Der Burgberg wird noch heute wegen des Waldmuseums gern besucht, wo man brütenden Vögeln mit einer Kamera ins Nest schauen oder Vogelstimmen den Bildern zuordnen kann. Es gibt auch ein kleines Heimatmuseum. Ansonsten ist Burg ein kleines Örtchen mit einigen Reethäusern, vor allem auf dem Klev, durch das es sich mit einem Eis in der Hand gut schlendern lässt. *www.burg-dithmarschen.de*

4 Friedrichskoog

Kohl- und Rapsfelder so weit das Auge reicht umgeben Friedrichskoog. Eingebettet in das größte Kohlanbaugebiet Europas, dessen Acker die Menschen mühsam dem Meer abgerungen haben, befindet sich eines der größten Nordseebäder Schleswig-Holsteins. Markant ragt der 2200 m lange Trischendamm ins Watt. Er dient noch heute der Landgewinnung und eignet sich ideal für Spaziergänge weit hinaus ins Meer. In Sichtweite liegen die unbewohnte Vogelschutzinsel Trischen sowie die größte deutsche Ölplattform Mittelplate. Ein echter Hingucker ist in Friedrichskoog-Spitze das markante Stahlgerüst des modernen Turms, auf dem die Strandaufsicht über das Geschehen wacht. *www.friedrichskoog.de*

5 Meldorf

Einst lag diese Stadt direkt am Meer, doch die Landgewinnung rückte im Lauf der letzten 100 Jahre die Küstenlinie weg. Heute liegt Meldorf mehr als 6 km von der Nordsee entfernt. Die kleine Stadt mit den 7200 Einwohnern gilt als kultureller Mittelpunkt der Region, dort finden viele Konzerte und Kinoabende statt. Der Südermarkt mit seinen hübschen, alten Häusern ist sehenswert, ebenso wie die beiden Windmühlen im Ort. Die kleine Innenstadt hat ihr eigenes Flair und eignet sich sehr gut für Schaufensterbummel. *www.meldorf-nordsee.de*

6 Büsum

Als der Ort 1140 erstmals urkundlich erwähnt wurde, war dies eine Insel vor der Küste Dithmarschens. Doch während die Südseite von Sturmfluten immer weiter abgetragen wurde, wuchs der Norden. Im 16. Jh. war die Eindeichung ans Festland schließlich vollzogen. Heute präsentiert sich das Heilbad als abwechslungsreiche Urlaubsdestination, in der die Fischerei nach wie vor eine wichtige Rolle spielt. Bereits Anfang des 19. Jh. kümmerte man sich in Büsum um Gäste, und so gehört es heute zu den größten Seebädern der Westküste. Malerisch liegen im Hafen von Büsum Krabbenkutter und Ausflugsschiffe vor Anker. *www.buesum.de*

7 St. Peter-Ording

Schon von Weitem sind die berühmten Pfahlbauten, das Wahrzeichen von St. Peter-Ording, abends vor der untergehenden Sonne zu erkennen. Spätestens dann kann sich kein Besucher mehr dem Flair des lang gezogenen Küstenortes auf der Eiderstedt-Halbinsel entziehen. Vier Ortsteile prägen den Hotspot der Region, und jeder hat seinen eigenen Charme: Böhl, Bad, Dorf (Süd), und Ording. Zwischen Strand und Deich liegen je nach dem Standort Salzwiesen oder Dünen. Der 12 km lange Strand ist an einigen Stellen 2 km breit. Und bei allem Trubel in der Hochsaison gibt es auch noch viele ruhige Ecken zu entdecken. *www.st-peter-ording.de*

WELTREKORD

Der **Nord-Ostsee-Kanal**, der Schleswig-Holstein durchtrennt, ist die am meisten befahrene künstliche Wasserstraße der Welt – jedenfalls, wenn man die Anzahl der Schiffspassagen zugrunde legt. Knapp 30 000 Schiffe (ohne Sportboote) werden in einem Jahr im Nord-Ostsee-Kanal registriert – fast genauso viele wie im Suezkanal (rund 17 000) und im Panamakanal (rund 13 000) zusammen.

8 Westerhever

Die Spitze der Halbinsel Eiderstedt war einst eine eigene Insel, die oft bei Sturmfluten »Land unter« meldete. Deswegen befinden sich dort heute ungewöhnlich viele Häuser auf Warften. Mitte des 14. Jh. lebten hier auch berüchtigte Piraten. Ihre Warft wurde zerstört, die Steine verwendete man als Baumaterial für den Kirchturm. Heute ist vor allem der Leuchtturm mit seiner vorgelagerten Sandinsel ein beliebtes Ausflugsziel. *www.westerhever-nordsee.de*

9 Husum

Theodor Storm ist der berühmteste Einwohner der Stadt. So wandelt man nicht nur im Storm-Haus auf seinen Spuren – auch an an anderen Häusern weisen Schilder auf bedeutende Lebensstationen des Dichters hin. Ein blaues Band, eingelassen in das Pflaster, führt zu den wichtigsten Orten und zitiert dabei eines seiner Gedichte. Warum Storm einst Husum als graue Stadt am Meer bezeichnete, ist nicht mehr recht nachvollziehbar – jedenfalls nicht bei Sonnenschein: Bunte Giebelhäuser, kleine Fischerboote im Hafen – der erste Eindruck dieser schmucken Stadt ist alles andere als grau. Nach der als »Grote Mandränke« bezeichneten Sturmflut von 1362, die weit ins Marschland vordrang, hatte die nördlich der Halbinsel Eiderstedt gelegene Siedlung »Husembro« auf einmal einen direkten Zugang zum Meer und konnte sich zur bedeutendsten Ansiedlung der Region entwickeln. Das heutige Husum ist nach Büsum auch die wichtigste Krabbenstadt an der Nordsee. *www.husum.de*

Der Meeresarm der Schlei zieht sich über mehr als 40 km weit ins Land hinein

DEUTSCHLANDS SCHÖNSTER OSTSEE-FJORD: RUNDTOUR UM DIE SCHLEI

1–2 Tage

Sanfte Hügel, kleine hübsche Orte, viel Wasser und Segelboote überall – das ist das Flair, das die Schlei ausmacht. Die Schlei, mit einer Länge von 42 km der größte (und einzige) Fjord Deutschlands mit der Stadt Schleswig an ihrem Ende, ist ein Paradies für Segler, Radler und natürlich für Cabriofahrer. Eine abwechslungsreiche Route – überall warten herrliche Ausblicke zwischen dörflicher Idylle, properen Herrenhäusern und den geschichtsträchtigen Orten wie Haithabu und Schloss Gottorf.

Kappeln
Kappeln
121 km
ca. 2,5 Std.

ETAPPE 1
VON KAPPELN BIS SIESEBY

⟷ 23 km ⏱ 30 Min.

So sollte jeder Tag beginnen: mit einem Spaziergang am Weidefelder Strand in ① **Kappeln**, der hier herrlich weit und weiß daliegt. Eine salzige Brise kitzelt in der Nase. Vielleicht darf es ein Frühstück im Imbiss des Strandrestaurants Lobster sein, das da so einladend im Sand steht? Vielleicht an einem anderen Tag. Jetzt heißt es erst einmal Abschied nehmen von der blauen Weite, denn unsere Route führt zunächst ein Stück landeinwärts. Dafür biegen wir links ab auf die Bundesstraße B 203, die in Richtung Eckernförde führt. Nach etwa 9 km nehmen wir die Ausfahrt Thumby/Waabs/Vogelsang-Grünholz/Damp. Nach etwa 2 km biegen wir wieder rechts ab auf die kleine Straße K 61. Willkommen in der hügeligen Landschaft der Halbinsel Schwansen! Automatisch fährt man schon langsamer, um die hübschen Reetdachhäuser genauer zu betrachten. Etwa in **Thumby**, das nicht nur ein kleiner Ort ist, sondern eine Gemeinde. Gerade mal 345 Menschen leben hier – verteilt auf vier Ortschaften und 30 Ortsteile. In Thumby halten wir uns rechts und folgen der K 77 Richtung Sieseby.

ETAPPE 2
VON SIESEBY BIS RIESEBY

⟷ 8 km ⏱ 15 Min.

Mit seinen reetgedeckten Häusern direkt am Ufer der Schlei ist ② **Sieseby** das wohl schönste der schönen Dörfer der Region. Seit dem Jahr 2000 steht es komplett unter Denkmalschutz. Übrigens gehört das ganze Dorf einem echten Prinzen, ebenso wie etliche Häuser und Grundstücke der Umgebung. Christoph Prinz zu Schleswig-Holstein lebt selbst nur wenige Kilometer entfernt auf Gut Grünholz. Seine Vorfahren der schleswig-holsteinischen Adelsfamilie haben das Schleidorf vor 150 Jahren für 615 000 Reichstaler vom Hamburger Kaufmann Gustav Anton Schäffer erworben. Mittlerweile sind die meisten der schnuckeligen Häuschen Ferien – oder Wochenendhäuser, in die man am liebsten sofort einziehen möchte. Falls der Magen knurrt: Im Gasthof Alt Sieseby von 1867 kocht Maria von Randow unglaublich köstlich. Etwa Matjes mit Himbeer-Salsa oder saftiges Kalbsschnitzel mit Gurkensalat, Kartoffelstampf und Preiselbeeren. Nach diesem Genuss im schönen Ambiente geht es weiter Richtung Süden. Wieder folgen wir der K 77, bis wir nach ca. 8 km ③ **Rieseby** erreichen. Trotz des ähnlichen Namens entdecken wir doch einen Ort mit ganz anderem Charakter, schon weil er größer ist, weniger verträumt wirkt und sogar einen Bahnhof hat. Sehenswert: die Mühle Anna, die ursprünglich einmal in Westerhever stand und 1911 nach Norby bei Rieseby gebracht wurde. Die Holländer-Galerie-Mühle beherbergt ein liebevoll gestaltetes, kleines Heimatmuseum mit insgesamt rund 2000 historischen Exponaten. Neben der Mühle befindet sich in einem hübschen Fachwerkhaus das Atelier im Mühlenhaus. Hier kann man Kunst gucken und kaufen, im schönen Garten einen Kaffee trinken und die Zeit vertrödeln – oder weiterfahren.

EINKEHREN
Gasthof Alt Sieseby mit regional-raffinierter Küche. # Dorfst. 24, 24351 Thumby, Tel. 043 52/ 956 99 33, *www.gasthof-alt-sieseby.de*

ETAPPE 3
VON RIESEBY BIS GUT LUDWIGSBURG, MIT STOPP BEI GUT BÜCHENAU

⟷ 17 km ⏱ 20 Min.

Es folgt ein kurzer Abstecher Richtung Norden: Wir folgen in Rieseby der Kappelner Landstraße und biegen nach dem Ortsausgang rechts ab Richtung Buchholz. Eine prächtige Lindenallee führt direkt zum **Gut Büchenau**, das mit seinen Wohn- und Wirtschaftsgebäuden ruhig und idyllisch in einer alten, bezaubernden Parkanlage liegt, auf die man wenigstens einen Blick werfen sollte. Im angrenzenden Buchenwald befinden sich ein Steinlabyrinth und ein Bogenschießplatz. Das alles wirkt herrlich aus der Zeit gefallen. Noch nicht genug von majestätischen Gutsanlagen? Dann wird nun ein Herrenhaus-Törn draus. Wir halten uns nördlich und folgen der Dörpstraat, die uns zur B 203 leitet, auf die wir Richtung Eckernförde abbiegen. Bald nehmen wir die Ausfahrt Waabs, das auch die Richtung vorgibt. Nach knapp 4 km Landstraße biegen wir links ab und landen auf einer kurvigen, herrlichen Allee mit dem nüchternen Namen L 26, die direkt zum Barockbau von ④ **Gut Ludwigsburg** führt. Noch ist der Tag lang, und man könnte im Hofcafé der Alten Räucherei ein Getränk nehmen oder gar mit einer Kutsche auf Tour gehen. Gutsherr Kurt-Jürgen Carl bietet auch Führungen an, denn das Gut bietet eine echte Rarität: die Bunte Kammer im Erdgeschoss. Der 1673 komplett mit Eichenholz vertäfelte Raum präsentiert an den Wänden 145 Miniaturbilder flämischer Maler mit den dazugehörigen Sinnsprüchen. Da kann man mal kurz die Zeit vergessen.

EINKEHREN
Alte Räucherei Frische, regionale und saisonale Speisen aus der Hofküche. # Gut Ludwigsburg, 24369 Waabs, Tel. 043 58/988 18, *www.gut-ludwigsburg.de*

Galloway-Rinder tummeln sich im Haddebyer Noor bei Haithabu

ETAPPE 4
VON GUT LUDWIGSBURG BIS HAITHABU

⟷ 27 km ⏱ 30 Min.

Nun geht es zurück auf die schöne Allee, an deren Ende wir diesmal rechts abbiegen und der K 28 folgen, die uns wieder direkt auf die B 203 Richtung Eckernförde führt, nahezu parallel zur Ostsee, die man dennoch leider nicht sehen kann. Aber man weiß ja, dass sie da ist, ganz sicher. Angekommen in ⑤ **Eckernförde** steht man vor der Frage, ob man doch mal anhalten und sich die hübsche Altstadt anschauen soll. Oder wenigstens ein Fischbrötchen essen? Ein süßes Vergnügen ist der Besuch der Bonbonkocherei. Die Besucher erleben hautnah mit, wie aus heißer Rohmasse leckere Süßigkeiten werden – ein Genuss für alle Sinne *(www.bonbonkocherei.de)*. Wer ohne Pause weiter fahren möchte, muss sich jetzt rechts halten, um sich richtig auf der B 76 (Richtung Schleswig/Flensburg) einzufädeln. Etwa 20 Min. später biegen wir links auf die K 128 ab, halten uns wieder links und kommen am Haddebyer Noor an. Das Ziel ⑥ **Haithabu** ist erreicht! 2018 wurde die Wikingersiedlung zum UNESCO-Weltkulturerbe erklärt und präsentiert im sanierten Museumsgebäude das Wrack eines königlichen Schiffes sowie Schmuck und Waffen aus reich ausgestatteten Gräbern. Videos, Modelle, Karten und Runenschriften mit den dazu gehörenden Erklärungen lassen uns die Wikinger ein Stück näher rücken. Achtung: Die Anlage ist weitläufig. Will man auch die rekonstruierten sieben Wikingerhäuser und die Landebrücke besichtigen, muss man ein wenig mehr Zeit einplanen.

ETAPPE 5
VON HAITHABU BIS SCHLESWIG

⟷ 7 km ⏱ 15 Min.

Von hier aus ist es nur ein Katzensprung bis zum gegenüberliegenden Ufer der Schlei, das man bereits nach 15 Min. gemütlichen Cruisens erreicht. Wer in ⑦ **Schleswig** nicht gleich das nächste Museum ansteuern will (obwohl sich Schloss Gottorf sehr lohnt), kann auch einfach nur durch den Park des Schlosses schlendern oder sich in der OCCO Konditorei & Brasserie – direkt auf der Mueseumsinsel rechts gelegen – eine leckere Kleinigkeit gönnen *(www.occo-gottorf.de)*. Oder man entspannt am Hafen mit Blick auf die Schlei. Als Stadthafen liegt er wirklich günstig. Die Altstadt mit dem Dom und die alte Fischersiedlung »Holm« grenzen unmittelbar an, und auch die Einkaufsstraße ist nur wenige Gehminuten entfernt.

ETAPPE 6
VON SCHLESWIG BIS KAPPELN MIT STOPP IN ARNIS

⟷ 39 km ⏱ 45 Min.

Ein Hauch Stadtluft tut gut, doch das Landleben lockt mit seiner Dorfkultur, die hier noch recht lebendig ist. Diesmal geht es am linken Ufer der Schlei entlang. Wir fahren Richtung Osten aus der Stadt heraus, wo uns die B 201 Richtung Kappeln führt. Nach 8 km biegen wir auf Höhe Tolk rechts ab und tun so, als ob wir nach Taarstedt wollen. Zwar gibt es hier mit der Weltbrauerei eine gute Adresse für Craft-Beer-Fans, aber wir fahren weiter, um uns dem Schleiufer wieder zu nähern. Schnell fahren ist nicht angebracht, spätestens auf der Schleidörfer Straße will man eigentlich sowieso nur Schritttempo fahren. Wenn genug Zeit vorhanden ist, lohnt sich ein Abstecher zum Café Lindauhof in **Boren**, ein schöner Hof mit wunderbar altem Baumbestand, wo einst im TV »Der Landarzt« ein und aus ging. Immer wieder sehen wir durch die Bäume die weißen Segel auf der Schlei und erreichen nach gemütlicher Weiterfahrt den Ort ⑧ **Arnis** – die kleinste Stadt Deutschlands. Den Parkplatz am Ortseingang sollte man unbedingt benutzen, denn Arnis ist autofrei. Dafür kann man sich den Ort mit einem kurzen Spaziergang bis zur Wasserkante zu Fuß schnell erschließen – und entscheiden, ob man den Tag verbummeln und länger bleiben möchte. Kann Kappeln warten? Falls nicht, dann ist man nach kurzen 6 km wieder zurück am Startpunkt dieser Rundtour.

EINKEHREN

Der urige **Fischimbiss Missunde** hält die besten Fischbrötchen der Umgebung bereit, frisch und knackig. # Missunder Fährstr. 28 a, 24864 Brodersby

ÜBERNACHTEN

Pierspeicher Kappeln Prominent direkt am Hafen gelegen. # Am Hafen 19c, 24376 Kappeln, Tel. 046 42/92 47 80, *www.pierspeicher.de*

Strandleben Schleswig Neueröffnung mit Blick auf die Schlei. # Schleibogen 6, 24837 Schleswig, Tel. 046 21/396 99 65, *www.strandleben-schleswig.de*

Arnis ist ein beliebtes Seglerrevier und verfügt über zahlreiche Liegeplätze für Boote und Schiffe jeder Größe

ENTLANG DER ROUTE

❶ Kappeln

Eindrucksvoll ragen die Holzmasten der Segelschiffe in den blauen Himmel. Fest vertäut liegen die vielen ehemaligen Fracht- und Fischerei-Boote im Museumshafen von Kappeln, der besonders an warmen Tagen enorm belebt wirkt. Planken werden geölt, Decks werden geschrubbt, Klönschnacks von Boot zu Boot gehalten. Neugierige Besucher – häufig mit Fischbrötchen in der Hand – schlendern über die Stege, denn Verbotsschilder gibt es nicht. Besonders hier spürt man sie, die dörfliche Atmosphäre der kleinen Stadt mit ihren etwa 10 000 Einwohnern. Das Zentrum lässt sich problemlos in zwei Stunden durchlaufen, inklusive viel Zeit zum Bummeln in den überwiegend kleinen, individuellen Läden der Fußgängerzone. Sie zieht sich zentral von Schmiedestraße nach unten über die Poststraße bis zum Fährberg und der Hafenmeile. 1357 wurde Kappeln erstmalig erwähnt, vermutlich leitete man den Namen von »Capellen« ab, da am hohen Schleiufer im 14. Jh. eine Kapelle errichtet wurde. Über Jahrhunderte hinweg stellte der Fischfang die wichtigste Einnahmequelle dar, heute verlässt man sich auf die Touristen, die jeden Sommer das idyllische Städtchen bevölkern. *www.kappeln.de*

❷ Sieseby (Thumby)

Viele Kenner halten Sieseby für die schönste Perle unter den Schleidörfern. Dieser zur Gemeinde Thumby gehörende Ort steht komplett unter Denkmalschutz. Die schmucken, oft weiß getünchten Fachwerkhäuser an der einzigen Hauptstraße tragen einheitlich ein Reetdach. Aus den blühenden Vorgärten duftet es nach Lavendel und Wildrosen. Hübsch sind auch die romanische Kirche und der Kirchhof mit seiner Lindenallee sowie das alte Pastorat. Nahe dem Anleger stehen Bänke in erster Reihe mit Blick auf die Schlei. Malerisch: Wer noch nicht zur Ruhe gekommen ist, kann dem Kleinen Pilgerweg folgen, der zu sechs Stationen führt – in und um die Kirche herum, an die Schlei sowie durch die Lindenallee zum Friedhof. *www.amt-schlei-ostsee.de*

❸ Rieseby

Rieseby, rund 7 km südwestlich von Sieseby gelegen, gilt als kleines Zentrum der Schleidörfer auf der Schwansener Seite. Vermutlich schon seit dem 6. Jh. besiedelt, wurde der Ort im Jahr 1352 das erste Mal erwähnt. Später entstanden hier vor allem adelige Landsitze wie das burgähnliche Gut Saxtorf, das im Jahr 1840 schon für sich allein 1237 Einwohner zählte, während im heutigen Hauptdorf Rieseby um 1875 nur etwa 50 Menschen lebten. Der große Aufschwung setzte erst mit Eröffnung der Eisenbahnlinie Kiel–Flensburg im Jahr 1881 ein. Heute leben etwa 2600 Menschen in dem beschaulichen Dorf. *www.rieseby.de*

❹ Gut Ludwigsburg

Die barocke Gutsanlage ging aus einer mittelalterlichen Wasserburg hervor. Aus dem 18. Jh. stammt das Herrenhaus. Hof und Gartenbereich sind für Besucher zugänglich. Heute wird das Gut landwirtschaftlich betrieben, es existiert auch eine Pferdezucht

Historische Boote im Museumshafen von Kappeln

(Trakehner, Araber, Holsteiner und Ponys) mit einer Reithalle und Ställen für eigene und Gastpferde. Wer will, kann auch Ausfahrten im Planwagen unternehmen. Praktischerweise werden auch Apartments für zwei bis fünf Personen vermietet. *www.gut-ludwigsburg.de*

5 Eckernförde

Weißer Strand, eine lebendige Altstadt und ein romantischer Hafen – all das zusammen ergibt Eckernförde. Nahe der um das Jahr 1200 errichteten Kirche von Borby stand einst die »Ykernaeburgh« (die Eichhörnchenburg), der die Kleinstadt ihren heutigen Namen verdankt. Borby, schon seit 1831 Seebad, wurde im Jahr 1935 eingemeindet. Im 13. Jh. begann der Bau der Nicolaikirche, die 1640 ihren prächtigen Barockaltar erhielt. Einen Rundgang lohnen der Hafen, in dem die meisten Kieler Sprotten anlanden, und die barock-klassizistische Altstadt hübschen Häusern und Lädchen. An der Ostflanke beginnt in einer sanft geschwungenen Bucht der rund 4 km lange Sandstrand, an dem sich jeder sofort wohl fühlt. *www.eckernfoerde.de*

6 Wikinger Museum Haithabu

Wer noch kein Fan der Wikinger ist, hier wird er garantiert einer. Vor über 100 Jahren wurde Haithabu entdeckt, und noch immer finden Archäologen im Boden Spuren der einstigen Wikingersiedlung. In ihrer Blütezeit im 10. Jh. war Haithabu die mächtigste Handelsmetropole im Ostseeraum. Auf dem riesigen Freigelände kann man u. a. sieben originalgetreue Wikingerhäuser und eine Landebrücke anschauen. *haithabu.de*

BY(E), BY(E) BULLERBÜ

Viele der Dörfer in Schwansen und Angeln tragen Namen wie Schnarup-Thumby, Pommerby, Weseby, Westerakeby, Böelschuby, Brodersby, Gammelby, Gundelsby, Kalleby, Husby, Medelby, Schwensby, Esgrusschauby, Adelby, Engelsby – oder eben Rieseby und Sieseby. Viele sprechen die Endung wie ein »i«. Richtig ist aber ein »üü« wie in Bullerbü. »By« kommt aus dem Dänischen und bedeutet Stadt/Ort.

7 Schleswig

Eine Notiz des Chronisten Adam von Bremen beschreibt den Untergang. Demnach wurde »Sliaswig« (gemeint ist Haithabu, ein sehr wohlhabender und volksreicher Ort an der Grenze des Dänenreichs) durch »einen plötzlichen heidnischen Überfall gründlich zerstört«. Dieser Überfall wird dem slawischen Stamm der Abodriten zugeschrieben, die östlich der Kieler Förde lebten. Schon zuvor war Haithabu im Jahr 1050 vom Norwegerherrscher Harald Hardråde angegriffen worden. Die verbliebenen Einwohner Haithabus flüchteten ans Nordufer der Schlei, Schleswig entstand. Tatsächlich markieren Funde aus den Hafengrabungen den Beginn der Bauaktivitäten in dieser Zeit. Spätestens 1134 entstand ein Dom, 1162 eine frühe Burg. Noch im 13. Jh. hatte Schleswig eine tragende Rolle als Handelsmetropole, bis Lübeck sich als Herz der Hanse etablierte. Wer heute zwischen Töpferstraße und Hafengang durch die Altstadt schlendert, bewegt sich also auf sehr altem Terrain, auf den gut 1000 Jahre alten Spuren der Wikinger. *www.schleswig.de*

8 Arnis

Die kleinste Stadt Deutschlands mit nur rund 300 Einwohnern entstand aus einer Revolte heraus: 64 Familien aus Kappeln wehrten sich gegen die drohende Leibeigenschaft durch den Gutsherrn Detlef von Rumohr. Die Aufmüpfigen bekamen von Herzog Christian Albrecht die unbewohnte Insel Arnis übergeben, die erst mal gerodet und bebaut werden musste. 1667 wurde Arnis gegründet, das noch bis heute im Wesentlichen den gleichen Grundriss wie damals hat. An die alten Zeiten erinnern die kleine Schifferkirche von 1673 und der Friedhof. Später wurden zwei Dämme errichtet, ein Teil des Gebietes dazwischen trocken gelegt und die Insel zur Halbinsel. Seefahrt und Handel blühten auf, Arnisser Kapitäne segelten auf allen Weltmeeren. Immer noch existieren nahe am Hafen vier Werften für Segel- und Motorschiffe. *www.arnis.de*

Uralte Bäume säumen diese Allee in der Nähe von Lancken-Granitz

DURCH RÜGENS GRÜNE TUNNEL: VON STRALSUND ZUM KAP ARKONA

1–2 Tage

Die Deutsche Alleenstraße schlängelt sich einmal quer durch Deutschland vom Bodensee bis hoch zur Ostsee. Von der Hansestadt Stralsund geht die Fahrt über den Rügendamm an Wiesen und Feldern vorbei, durch kleine Ortschaften, eine Fürstenstadt und Seebäder bis hoch zur Nordspitze Kap Arkona – mit Tunnelblick.

Stralsund
Kap Arkona
123 km
2,5–3 Std.

ETAPPE 1
VON STRALSUND NACH GARZ

⟷ 26 km ⏱ 30 Min.

Licht einschalten und Gas geben. Doch nicht allzu sehr. Denn das Tempolimit erlaubt auf Rügens Alleen nicht mehr als 80 km/h. Und das ist gut so. Die Deutsche Alleenstraße hat es verdient, langsam und gemächlich befahren zu werden. Unsere Tour beginnt auf dem Neuen Markt in der berühmten Hansestadt ① **Stralsund**, die mit ihrer Backsteingotik und den drei gotischen Kirchen seit 2002 zum UNESCO-Welterbe gehört. Am Neuen Markt thront die Marienkirche. Wer die 366 Stufen zur Plattform auf sich nimmt, wird mit schönstem Panoramablick über Stralsund und die Insel Rügen belohnt. Sehen Sie die beiden Brücken? Die Hochbrücke mit ihrem 127 m hohen Pylon ist eine technische Meisterleistung. Sie ist ausschließlich dem mobilisierten Verkehr vorbehalten. Wir entscheiden uns für den seit 1936 bestehenden alten **Rügendamm**, den sich Bahn, Fahrzeuge, Radfahrer und Fußgänger teilen. Wir verlassen Stralsund über die Marienchorstraße und die Karl-Marx-Straße. Über die Ziegelgrabenbrücke – sie öffnet sich mehrmals täglich für jeweils 20 Minuten für den Schiffsverkehr – geht es zur Insel Dänholm und weiter über den 2 km langen Rügendamm auf die Insel. Das Gewässer zwischen Stralsund und Rügen wird Strelasund genannt, ein Wasserarm der Ostsee. Besonders beliebt ist er bei Heringsanglern. Auf der Insel angekommen, lenken wir unser Auto an der Ampelkreuzung nach rechts in Richtung Putbus und Garz. Unsere Fahrt führt über die alte Bäderstraße, die L 29, an Feldern, Wiesen und Bauminseln vorbei, durch die Ortschaften Gustow und Poseritz mit ihren weithin sichtbaren Dorfkirchen. Nach einer halben Stunde erreichen wir **Garz**, Rügens älteste Stadt. Hier beginnt der schönste Teil der Alleenstraße. Garz ist ein ruhiger Ort, einziger zentraler Treffpunkt scheint der Edeka-Markt an der Hauptstraße zu sein. Sehenswert sind das Ernst-Moritz-Arndt-Museum und der Burgwall.

ACHTUNG!
Das Wechselspiel zwischen Licht und Schatten in den grünen Tunneln ist mit dem Disco-Effekt vergleichbar – deswegen gilt auf der ganzen Insel: Licht einschalten!

ETAPPE 2
VON GARZ NACH SELLIN

⟷ 25 km ⏱ 30 Min.

Zwischen Garz und der Fürstenstadt Putbus wird entlang der L 29 die ganze Pracht der grünen Tunnel erlebbar. Fast lückenlos ist die Allee. Wer ein typisches Foto machen möchte, hat hier die Gelegenheit dazu. Von Garz nach ② **Putbus** sind es ca. 10 km. Die Stadt fällt aus dem Rahmen. Weiße Häuser im klassizistischen Stil bilden eine eindrucksvolle Kulisse. Der runde Platz im Stadtzentrum nennt sich Circus. Von hier aus führt die L 301 weiter in die Inselhauptstadt Bergen. Wir aber biegen ab nach **Neukamp**, 4 km südlich von Putbus, um im Nautilus, einem Restaurant, das dem U-Boot des Kapitän Nemo aus dem Roman »20 000 Meilen unter dem Meer« nachempfunden wurde, hausgemachten Pfefferhering nach dem Rezept einer einheimischen Fischersfrau zu verspeisen *(www.ruegen-nautilus.de)*. Zurück nach Putbus, geht es weiter über die Bahnhofstraße (L 29) in Richtung Bäderorte. Von einer Anhöhe aus ist der Rügische Bodden zu sehen. Das kleine Eiland darin ist die Urwaldinsel **Vilm**. Abseits der Hauptstraße, an den Naturstränden von Muglitz und Groß Stresow, finden wir stille Plätzchen zum Sonnen und Baden. Rechter Hand auf die Ausschilderungen achten. Auf Kopfsteinpflaster geht es durch ein schattiges Buchenwäldchen zur viel befahrenen B 196. Dort angekommen, biegen wir rechts nach ③ **Sellin** ab. Direkt an der Bundesstraße – gegenüber der Kleinbahnhaltestelle Sellin Ost – gibt es einen Großparkplatz. Wir stellen das Auto ab und erkunden das traditionsreiche Ostseebad. Sellins Prachtstraße ist die Wilhelmstraße mit ihren schmucken, weißen Villen mit verzierten Balkonen, Türmchen und Veranden. Am Ende angekommen, wird das Herz beim Anblick der Seebrücke mit ihrem Brückenhaus weit.

ABSTECHER
Wer Regionalprodukte einkaufen möchte, kann das **Gut Rosengarten**, 6 Min. von Garz entfernt, besuchen *(www.gutrosengarten.de)*.

ABSTECHER
Wer die Insel **Vilm** besuchen möchte, sollte mindestens einen halben Tag Zeit einplanen. Max. 60 Besucher dürfen sie pro Tag betreten.

ETAPPE 3
VON SELLIN NACH SASSNITZ

⟷ 31 km ⏱ 45 Min.

Noch ein Foto von der historischen Schmalspurbahn Rasender Roland und wir setzen unsere Tour nach Sassnitz fort. Im Sommer gehört die B 196 zu den meistbefahrenen Straßen auf der Insel. Gerade bei Schietwetter geht es oft nur noch im Schritttempo voran. Da sollte unbedingt mehr Zeit eingeplant werden. Über den Baumwipfeln vom Waldgebiet Granitz lugt der Mittelturm vom ④ **Jagdschloss Granitz** hervor. Der Blick von der Aussichtsplattform ist grandios, der Aufstieg jedoch nur für Schwindelfreie geeignet. Über die L 29 erreichen wir nach 15 Minuten ⑤ **Binz**, Rügens größtes Ostseebad. Gleich am Ortseingang, am Kleinbahnhof, können wir kostenfrei das Fahrzeug parken. Über den Klünderberg spazieren wir zur Strandpromenade. Villen im Stil der Bäderarchitektur finden sich hier in beachtlicher Zahl. Der Strand gehört zu den schönsten auf Rügen – er ist breit und feinsandig und im Sommer sehr überlaufen. Noch einmal über den Laufsteg, gemeint ist die Seebrücke, geht es zum Auto zurück. Die Fahrt führt auf der L 29 weiter durch **Prora** mit dem zum Naturerbe Zentrum gehörenden Adlerhorst auf der linken und dem klotzigen und nicht sofort von der Straße aus sichtbaren KdF-Gebäude auf der rechten Seite. Die 4,5 km lange Anlage, die von 1936 bis 1939 von den Nationalsozialisten erbaut und wegen Kriegsbeginns niemals vollendet wurde, sollte man sich unbedingt anschauen. Nach zehn Minuten passieren wir **Neu Mukran**. Vom Parkplatz aus führt landseitig ein Wanderweg zu den ⑥ **Feuersteinfeldern**. Mit etwas Glück findet sich im Geröll sogar ein »Hühnergott«, also ein Feuerstein mit Loch. Drei bis vier Stunden dauert die Tour. Wir fahren weiter nach ⑦ **Sassnitz**. An der Ampel biegen wir in Richtung Zentrum ab. Zwischenstopps legen wir am Hafen und in der Altstadt ein. Das Flair auf dem Alten Markt, der schmalen Gasse Bachpromenade bis hin zum offenen Meer erinnert an Italien. Noch einmal tief durchatmen, bevor es weitergeht.

HINWEIS
Wer das **Schloss Granitz** besuchen möchte, stellt das Auto auf einem Großparkplatz zwischen dem Kreisverkehr Serams und Binz ab. Der Jagdschlossexpress zuckelt durch den Wald hinauf zum Jagdschloss.

ETAPPE 4
VON SASSNITZ NACH GLOWE

⟷ 20 km ⏱ 30 Min.

Wir verlassen die Hafenstadt über die Stubbenkammerstraße (L 303). Die Fahrt führt durch den kleinsten Nationalpark Deutschlands mit seinem dichten Buchenwald, magischen Mooren und Sümpfen. Die Straße ist kurvenreich, schmal und hügelig. Nach einer Viertelstunde sind wir in der Ortschaft Nipmerow. Dort biegen wir rechts Richtung Lohme ab und nach wenigen hundert Metern wieder rechts, bis wir das Hotel Schloss Ranzow erreicht haben. Hier stellen wir das Auto ab und wandern durch sattes Grün hundertjähriger Buchen zum ⑧ **Königsstuhl**. 6 bis 7 km betragen Hin- und Rücktour. Wer nur einen raschen Blick auf den berühmten Kreidefelsen werfen möchte, kann die Aussichtsplattform Viktoria-Sicht östlich vom Zentrum nutzen. Dann fahren wir weiter nach **Lohme**. Im Ortskern stellen wir das Auto ab und spazieren zum Hafen und dem

EINKEHREN
Für eine Kaffeepause bietet sich der Wintergarten des **Hotels Schloss Ranzow** mit Blick auf die Ostsee an. # Schlossallee 1, 18551 Lohme, www.hotel-schloss-ranzow.de

Markante Kreidefelsen kennzeichnen den Nationalpark Jasmund

angrenzenden Steinstrand. Unsere Tour führt weiter auf der L 303 an Wiesen und Feldern vorbei nach **Glowe**. Das Land ist flach, die Ostsee fast immer in Sichtweite. In Glowe schnappen wir uns unsere Badesachen und springen in die kühlen Fluten. Hier beginnt die Schaabe, ein Traumstrand für Badende in Textil und für Anhänger der Freikörperkultur, knapp 12 km lang und selten ganz voll. Wir gönnen uns ein Eis im Restaurant Ostseeperle direkt am Strand. Der auffallende Bau mit der geschwungenen Hyparschale stammt von dem Binzer Ingenieur Ulrich Müther, der mit seinen Schalenbauten weltberühmt wurde. Auch der ehemalige Rettungsturm in den Dünen von Binz stammt von dem experimentierfreudigen Schalenbaumeister.

ACHTUNG!
Auf der L 303 zwischen Sassnitz und Nipmerow ist mit häufigem Wildwechsel zu rechnen.

Die Leuchttürme am Kap Arkona markieren das Ziel unserer Route

ETAPPE 5
VON GLOWE ZUM KAP ARKONA

⟷ 21 km ⏱ 30 Min.

Wir folgen dem Verlauf der Schaabe auf der L 30. Die Straße führt kurvenreich durch einen Kiefernwald. Nach zehn Minuten sind wir im Ostseebad ⑨ **Breege-Juliusruh**. Im Kurpark Juliusruh erwarten uns schattige Plätzchen und Anemonenteppiche. In Breege bringt ein Schiff der Reederei Kipp Leichtmatrosen nach Hiddensee und zu den Schlafplätzen der Kraniche im Herbst. Nächstes Ziel unserer Reise ist **Altenkirchen** mit der ältesten Dorfkirche der Insel. Blickfang ist ein sog. Svantevitstein, ein alter slawischer Grabstein (vor 1168), mit der Ritzzeichnung eines bärtigen Mannes mit Füllhorn. Spätestens in Altenkirchen werden wir feststellen, warum Wittow Windland genannt wird. Fast immer weht hier eine frische Brise. Über eine schmale, kurvige Straße gelangen wir an das ⑩ **Kap Arkona**. Direkt bis zum Nordzipfel dürfen wir allerdings nicht fahren, denn das Flächendenkmal ist für den motorisierten Verkehr gesperrt. Unser Auto lassen wir auf dem Großparkplatz am Ortseingang von **Putgarten** stehen. Die Arkonabahn bringt uns in den Inselnorden. Die Steilküste und die beiden Leuchttürme am Kap Arkona sind beliebte Ausflugsziele. In den Abendstunden erleben wir jedoch wohltuende Einsamkeit. Wir wandern zurück nach Putgarten und lassen den Tag im Restaurant Utspann *(restaurant-utspann.de)* ausklingen.

ACHTUNG!
Im Sommer sollte man die **L 30** besonders vorsichtig befahren, da immer wieder Strandgänger ihre Autos am Straßenrand abstellen.

ÜBERNACHTEN

Hotel Badehaus Goor Wellness-Hotel aus dem 19. Jh. am Bodden. # Fürst-Malte-Allee 1, 18581 Putbus, Tel. 038301/88260, *www.hotel-badehaus-goor.de*

Strandhotel Sassnitz Elegante Apartments mit Meerblick. # Rosenstr. 12, 18546 Sassnitz, Tel. 038392/67710, *www.strandhotel-sassnitz.de*

ENTLANG DER ROUTE

❶ Stralsund

Die Hansestadt am Strelasund, einer Meerenge, die die Insel Rügen vom Festland trennt, gehört mit ihrem Hafen, ihren Speichern, Giebelhäusern und drei großen gotischen Kirchen zu den schönsten Städten der Welt. Nicht ohne Grund wurde die Altstadt gemeinsam mit der Hansestadt Wismar 2002 ins UNESCO-Welterbe aufgenommen. Stralsund verheißt mit warmen Farben und wehrhaften Mauern Geborgenheit und Schutz, Eigenschaften, die schon die Seefahrer im 13. Jh. zu schätzen wussten, wenn sie aus Bergen, Riga oder St. Petersburg kamen, um Pelze und Baustoffe gegen Tabak, Salz und Tuche einzutauschen. Hinter meisterlich gestalteten Backsteinmauern verbergen sich Cafés und Geschäfte, Museen und Galerien. Fährschiffe legen nach Rügen und Hiddensee ab, zwei Brücken führen hinüber zur Insel. *www.stralsund.de*

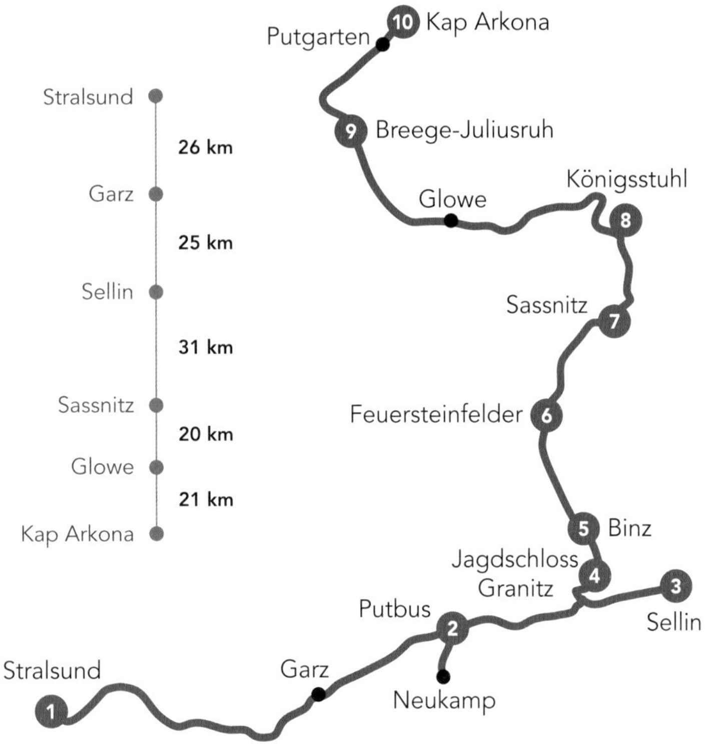

❷ Putbus

Die Fürstenstadt Putbus im Südosten der Insel, gegründet 1810 von Fürst Wilhelm Malte I., ist aufgrund ihrer Geschichte ein außergewöhnliches Küstenstädtchen. Vor weißen Villen im klassizistischen Stil blühen Rosen, es gibt einen runden Platz mit strahlenförmig angelegten Wegen und einen Schlosspark mit Schwanenteich und dendrologischen Besonderheiten. Auf dem Marktplatz wachsen Pappeln. Hier befindet sich auch das schönste Theater der Insel. Im Schlosspark zeugen die Orangerie, der Marstall, das frühere Affenhaus – heute Puppen- und Spielzeugmuseum –, das Wildgehege und der einstige Kursaal vom Ideenreichtum seines Baumeisters. Nur das Schloss – in den 1930er-Jahren das größte weltliche Gebäude der Insel Rügen – wurde vor mehr als 60 Jahren abgerissen. *www.putbus.m-vp.de*

❸ Sellin

Wandern, Sonnenbaden und Bummeln. Das 14,4 km^2 große Ostseebad vereint schönsten Küstenwald, steinfreien Strand, sanftes Hügelland und weiße Villen. Die Wilhelmstraße mit ihren teils denkmalgeschützten Häusern lädt zum Flanieren ein. Hier reihen sich Hotels, Cafés, Restaurants und Geschäfte aneinander. Die Seebrücke mit ihrem schmucken Brückenhaus ist ein Wahrzeichen der Insel. Südstrand, Nordstrand, Selliner See, Schwarzer See – das Wasser hat man in Sellin fast immer im Blick. Wen wundert es da, dass Sellin auf Platz 779 der meistfotografierten Orte der Welt liegt. *www.ostseebad-sellin.de*

❹ Jagdschloss Granitz

Weithin sichtbar ist der Schlossturm des ab dem Jahr 837 errichteten Jagdsitzes im Waldgebiet Granitz. 154 gusseiserne Treppenstufen führen auf eine 145 m über den Meeresspiegel liegende Aussichtsplattform. Wahrlich nichts für schwache Nerven. Denn die Stufen sind freischwebend an der Innenwand des 38 m hohen Turms befestigt und lassen tief blicken. Das Schloss mit seinen kunstvoll ausgestatteten Räumlichkeiten ließ Fürst Wilhelm Malte I. errichten. Kaiser, Könige und Fürsten gehörten einst zu seinen Gästen. Heute gehört das Schloss zu den meistbesuchten Museen im Land. In der Alten Brennerei und im Waldbiergarten können sich Gäste nach einer Schlossbesichtigung stärken. *www.mv-schloesser.de*

5 Binz

Dass es sich in der geschützten Bucht von Binz hervorragend baden lässt, ist auch dem Fürsten von Putbus nicht verborgen geblieben. Der Strand ist feinsandig und das Wasser glasklar. Um 1780 kaufte Malte zu Putbus das einstige Fischerdorf für 18 000 Taler. Knapp 50 Jahre später badeten seine Gäste hier. Heute ist Binz Rügens größtes Ostseebad. An der belebten Strandpromenade reihen sich weiße Villen im Bäderstil wie Perlen an einer Schnur. Auf den reich verzierten Balkonen und Veranden ist das Meeresrauschen zu hören. Der Blick reicht bis zur Kreideküste. Fahrgastschiffe steuern die Seebrücke an und bringen Passagiere nach Sassnitz, zu den Kreidefelsen oder in benachbarte Seebäder. An der Prorer Wiek genannten Meeresbucht befindet sich der Binzer Ortsteil Prora. Bekannt ist der Ort vor allem durch das NS-Projekt »KdF Seebad Rügen«, ein klotziger Bau an einem der schönsten Strände der Insel. *www.gemeinde-binz.de*

6 Feuersteinfelder

Südlich von Sassnitz, abgetrennt durch die Bahnanlagen des Fährhafens Mukran und deshalb auch für Wanderer und Fahrradfahrer nur über die Autostraße zu erreichen, liegen die in Europa einzigartigen Feuersteinfelder von Neu Mukran. Von einem Parkplatz auf der Landseite der Straße Sassnitz–Binz führt ein ausgeschilderter Waldweg zu dem rund 40 ha großen Gelände am Ufer des Kleinen Jasmunder Boddens, wo vor rund 3000 bis 4000 Jahren eine Sturmflut Wälle aus Feuersteinen aufgeschichtet hat.

7 Sassnitz

Sassnitz ist umweht vom Geruch des Meeres. Die Hafenstadt präsentiert sich mit lang gezogenen Straßen an der Steilküste und schmucken Villen im Bäderstil. Das mediterrane Flair von Alt-Sassnitz erleben Besucher, wenn sie die neuen Häuser am Ortseingang aus Richtung Sagard kommend hinter sich lassen. Als in der Mitte des 19. Jh. immer mehr Besucher an die Küste strömten, wurde aus dem Fischerdorf Sassnitz ein beliebtes Seebad. Fischerhäuser wurden zu Hotels und Ferienhäusern. Der Schriftsteller Theodor Fontane (1819–1898) liebte die Stadt: »Nach Rügen heißt nach Saßnitz reisen.« Der Hamburger Klaviervirtuose Johannes Brahms vollendete hier seine Sinfonie Nr. 1 c-Moll. *www.sassnitz.de*

NATUR ERLEBEN
Zum Schlafplatz der Kraniche: Im Herbst bietet die **Reederei Kipp** in Breege-Juliusruh in der Abenddämmerung Schiffsfahrten zu den Schlafplätzen der majestätischen Großvögel an. Wenn die Sonne glutrot über dem Bodden versinkt und die Kraniche laut trompetend eintreffen, macht sich Gänsehaut breit *(www.reederei-kipp.de)*.

8 Königsstuhl

Der berühmteste Kreidefelsen im Nationalpark Jasmund ist der 118 m hohe Königsstuhl. Der Sage nach soll früher derjenige zum König ernannt worden sein, dem es gelang, den steilen Felsen zu erklimmen. Eine Treppe zum Steinstrand gibt es dort nicht mehr. Abstiege sind am Kieler Ufer und an den Wissower Klinken möglich. Der markante Gesteinsbrocken in Königsstuhlnähe ist der 22 m^3 große, sagenumwobene Waschstein. Ein Besucherzentrum mit Erlebnisausstellung, Multivisionskino, Bistro, Laden und Naturspielplätzen am berühmten Königsstuhl befindet sich etwa 10 km nördlich von Sassnitz. *www.koenigsstuhl.com*

9 Breege-Juliusruh

Herrlicher Sandstrand, sauberes Wasser, wohltuendes Klima, weiße Villen, viel Grün. Klar, dass dieser Landstrich im Norden Rügens lockt. An Hotels, Restaurants, Cafés und kleinen Läden mangelt es in dem beschaulichen Seebad nicht. Herrliche Rad- und Wanderwege führen von hier aus in alle Richtungen – durch Kiefernwald, Alleen und direkt am Ufer entlang. Gut 1 km entfernt liegt Breege, im 17. Jh. ein bedeutender Marktflecken. 1928 schlossen sich Breege und Juliusruh zu einem Seebad zusammen. Am Ostseestrand von Juliusruh tummeln sich Badelustige. Strandkörbe und Strandmuscheln geben ein buntes Bild. *www.ostseebad-breege.de*

10 Kap Arkona

Kap Arkona ist der nördlichste Punkt und ein Wahrzeichen der Insel Rügen. Nur der 600 m entfernte Gellort mit dem Siebenschneiderstein liegt noch einen Tick nördlicher. Seine Leuchttürme dienen den Seefahrern als Gruß und Warnung zugleich. 1895 wurde hier die erste Seenotrettungsstation Deutschlands eingerichtet. Bis 1990 militärisches Sperrgebiet, gehört das Kap heute zu den meistbesuchten Orten Deutschlands. Ca. 800 000 Besucher pilgern jährlich an die Nordspitze. *www.kap-arkona.de*

Auf der Halbinsel Lieper Winkel scheint Trubel ein Fremdwort zu sein

ZWISCHEN OSTSEEKÜSTE UND ACHTERLAND: INSEL-SCHÖNHEIT USEDOM

1–2 Tage

Die Insel Usedom in all ihrer Schönheit und Vielfalt an einem Tag zu entdecken, ist nahezu unmöglich. Unsere Rundreise entlang der Außenküste, über die B 110 ins schöne Achterland und über das inselnahe Festland zurück in die alte Hafenstadt Wolgast macht nicht nur den Charme Usedoms erlebbar, sondern auch neugierig auf noch mehr.

Wolgast
Wolgast
153 km
ca. 4 Std.

ETAPPE 1
VON WOLGAST NACH PEENEMÜNDE

⟷ 23 km ⏱ 45 Min.

Verlieben Sie sich nicht gleich in den Startpunkt unserer Tagestour, auch wenn die Herzogstadt ① **Wolgast** mit ihrem mittelalterlichen Kern in den letzten Jahren zum Schmuckstück geworden ist. Wir werden hierher zurückkehren. Doch erst einmal ruft die Insel. Das Blaue Wunder, wie die Wolgaster ihre Brücke nennen, bildet das Tor nach Usedom. Dahinter legt sich die B 111 über die geschwungene Landschaft des Inselnordens. Nach ein paar Kilometern gibt es in einem Waldstück rechter Hand einen Abzweig nach **Krummin**, der in eine der schönsten Alleen Mecklenburg-Vorpommerns führt. Genießen Sie die Fahrt hier gleich zweimal, denn Sie müssen zurück auf die B 111. Nur 2 km weiter in **Bannemin** geht es nach links Richtung Meer. Wer einem Ausflug zum Haus auf dem Kopf oder zur Schmetterlingsfarm in Trassenheide widerstehen kann, fährt die L 264 weiter, bis sie hinter Karlshagen in einem dichten Küstenwald verschwindet. Auf der rechten Seite lassen Parkplätze die nahe Ostsee vermuten. Die Etappe endet am Historisch-Technischen Museum in ② **Peenemünde**, Wiege der Raumfahrt und gleichzeitig Entwicklungsstätte der ersten Massenvernichtungswaffe V1 unter Wernher von Braun während des Zweiten Weltkrieges.

> SEHENSWERT
> In **Krummin**, am Ende der Lindenallee, gibt es eine der ältesten Klosterkirchen der Insel und einen schönen Naturhafen.

ETAPPE 2
DURCH ZINNOWITZ ZUR SCHMALSTEN STELLE DER INSEL

⟷ 29 km ⏱ 45 Min.

Auf dem Dach des Historisch-Technischen Museums in Peenemünde wird der Blick nach dem Ausflug in dunkelste Inselgeschichte wieder weit. Die Peene glänzt im Sonnenschein, bevor sie in den Weiten der Ostsee verschwindet. Nur einen Steinwurf entfernt liegt das Festland. Doch auch wenn die Aussicht atemberaubend ist, müssen wir weiter. Die L 264 bringt uns zurück nach Bannemin und auf die B 111, wo wir nach links abbiegen und nach 2 km durch Wiesenlandschaft ③ **Zinnowitz** erreichen. Das quirlige Seebad begeistert mit Bädervillen beiderseits der Straßen und einer Tauchgondel am Ende der Vineta-Brücke. Wer Zinnowitz aus einer anderen Perspektive erleben möchte, nimmt Platz im Liftcafé der Promenadenhalle *(www.promenadenhalle.de)* und genießt den Ausblick in 25 m Höhe. Satt gesehen geht es auf der B 111 weiter in Richtung ④ **Zempin**. In dem lang gestreckten Ort fahren wir nach etwa 500 m rechts in die Strandstraße, dann weiter die Fischerstraße entlang. Spätestens hier spürt man das alte Fischerdorf. Der erste Abzweig links führt in die Rieckstraße, der wir bis zum Ende folgen. Wir haben **Lüttenort**, die schmalste Stelle der Insel, und das Atelier Otto Niemeyer-Holsteins erreicht *(www.atelier-otto-niemeyer-holstein.de)*.

> SCHMUCKSTÜCK
> In **Zempin** gibt es einen entzückenden, von Reetdachhäusern umrahmten Dorfplatz mit einem geschnitzten Bücherbaum.

ETAPPE 3
ÜBER ZEMPIN NACH KOSEROW

⟷ 9 km ⏱ 15 Min.

Auf der bekannten Strecke geht es durch Zempin zurück auf die B 111 und weiter in Richtung Koserow. Links der Deich und rechts die Bahnstrecke, dahinter glänzt endloses Blau. Nirgendwo liegen Ostsee und Achterwasser so nah beieinander wie hier. Am Ende der langen Geraden weist ein Schild auf unseren Abzweig nach ⑤ **Koserow** hin. Parallel zum Radweg auf dem Deich fahren wir die mit Bäumen gesäumte Hauptstraße entlang. Ziel sind die Salzhütten und ein anständiges Mittagessen, denn langsam sollte der Magen knurren. Wer einen Verdauungsspaziergang braucht, kann den **Streckelsberg** erklimmen. Auf 52 m über Normalnull ist der Blick über die Ostsee bemerkenswert schön. Der fällt übrigens auch auf die Stelle, an der Vineta einst in den Fluten untergegangen sein soll. Zurück auf vier Rädern zeigt die Hauptstraße, was aus

> EINKEHREN
> **Koserower Salzhütte**
> Mit Fischräucherei. # 17459 Ostseebad Koserow (Seebrücke), Tel. 03 83 75/206 80, *www.koserower-salzhuette.de*

An der Spitze der 508 m langen, teilweise überdachten Seebrücke von Heringsdorf empfängt ein attraktives Restaurant seine Gäste

dem ehemaligen Fischerdorf Koserow geworden ist. Ein Abstecher in die Fischerstraße zur evangelischen Kirche lohnt allemal. Sie ist eine der ältesten der Insel und Spielstätte der Theaterreihe Klassik am Meer. Die Hauptstraße mündet schließlich in einen Kreisverkehr, dessen einer Abzweig zu Karls Erlebnis-Dorf führt.

ETAPPE 4
VON DEN BERNSTEINBÄDERN IN DIE KAISERBÄDER

⟷ 19 km ⏱ 30 Min.

Von Koserow aus fahren wir die B 111 weiter Richtung ⑥ **Loddin**. Das alte Fischerdorf mit seinem Ortsteil Kölpinsee gehört wie Zempin und Koserow zu den Bernsteinbädern. Die Straße schlängelt sich entlang der Bahnstrecke über sanfte Hügel. Ein paar Kilometer vor dem vierten Bernsteinbad **Ückeritz** fällt der Blick rechter Hand auf das Achterwasser. Hinter Ückeritz am Abzweig Schmollensee verlassen wir die B 111 und fahren geradeaus auf die L 266. Rechts erhebt sich der stolze Glaubensberg. Nur wenige Kilometer weiter empfängt uns ⑦ **Bansin** an einer Kreuzung, die kaum erahnen lässt, welche Schönheit wir gleich entdecken. Wir blinken links und tauchen über die Seestraße ein in das kleinste der drei Kaiserbäder. Bädervilla reiht sich hier an Bädervilla. Man kann sich nicht sattsehen an den Zeugen der Kaiserzeit, die sich hier so glanzvoll ans Meer schmiegen. Wir fahren die Maxim-Gorki-Straße entlang, am Museum Villa Irmgard vorbei und erreichen so ganz unmerklich ⑧ **Heringsdorf**. Über die Labahnstraße, die L 266 und den Setheweg gelangen wir ins Herz des größten Kaiserbades. Vorbei am Hotel Esplanade und dem Maritim Hotel Kaiserhof führt die Kulmstraße in den ältesten Teil Heringsdorfs.

ACHTUNG!
In den Kaiserbädern gilt innerorts Tempo 30. Zudem gibt es viele Einbahnstraßen und verkehrsberuhigte Bereiche.

ETAPPE 5
ENTLANG FEINSTER BÄDERARCHITEKTUR NACH SWINEMÜNDE

⟷ 12 km ⏱ 30 Min.

Glauben Sie nicht, Sie hätten schon alles von Heringsdorf gesehen. Über die Rudolf-Breitscheidt-Straße, vorbei an der stolzen Kirche im Walde, geht es zurück auf die L 266. Gleich hinter dem Hotel Stadt Berlin biegen wir nach links in die Friedenstraße ein, nach 300 m rechts in die Delbrückstraße. Nirgendwo auf Usedom sind die Villen exklusiver und die Grundstücke größer als hier. Reiche Familien wie die Oppenheims, Bleichröders und Delbrücks haben hier Ende des 19. Jh. ihre Sommersitze errichtet. Über die Puschkinstraße erreichen wir das letzte der drei Kaiserbäder: ⑨ **Ahlbeck**. Nach 200 m Saarstraße biegen wir links in die Kaiserstraße ein und fahren geradewegs auf die stattliche Kirche zu. Die schönen Bädervillen scheinen auch hier kein Ende zu nehmen. Wer den Flair der Kaiserzeit ausgiebig genießen möchte, sollte sich die Promenade und die Seebrücke ansehen. Sie ist die älteste noch erhaltene Seebrücke Kontinentaleuropas. Am Ende der Kaiserstraße nehmen wir den Abzweig nach rechts und kehren zurück auf die L 266, die bald zur Swinemünder Chaussee wird. Sie führt uns ins älteste Seebad der Insel, das heute zu Polen gehört. Herzlich Willkommen in **Swinemünde**!

LICHT AN IN POLEN!
Fahren mit Licht ist auch in Swinemünde Pflicht und wird bei Verstoß teuer geahndet.

Strandkörbe auf dem schneeweißen Strand von Ahlbeck

ETAPPE 6
DURCH DAS REIZVOLLE ACHTERLAND ZURÜCK NACH WOLGAST

⟷ 62 km ⏱ 75 Min.

Die belebte Promenade und das Kurviertel von Swinemünde laden zum Verweilen ein und machen Lust auf eine Pause im Restaurant Amsterdam *(de.cafeamsterdam.pl)*. Gestärkt geht es zurück auf die Straße. Die Grunwaldzka bringt uns auf die polnische 93, die in Garz zur B 110 wird. Links erhebt sich hier der **Golm**, die höchste Erhebung der Insel und Gedenkstätte für die Opfer der Bomben auf Swinemünde im März 1945. Wir folgen der B 110 durch die herrliche Landschaft des Achterlandes, passieren Zirchow und Görke und gelangen hinter der Mellenthiner Kreuzung in die Usedomer Berge. Kaum jemand vermutet derart viele Hügel so nah am Meer. Die Stadt ⑩ **Usedom** zeigt sich beschaulich und verschwindet so schnell, wie sie gekommen ist. Nach 4 km an Peenewiesen entlang verlassen wir die Insel über die Zecheriner Brücke und genießen den Blick auf das Wasse, bevor es über das Festland zurück nach Wolgast geht.

ABSTECHER
In den Usedomer Bergen führt ein Abzweig in den **Lieper Winkel** mit verwunschenen Dörfern und wunderbaren kleinen Naturhäfen.

ÜBERNACHTEN

Aparthotel Seeschlösschen Gründerzeitvilla mit Seeblick und modernem Komfort. # Dünenstraße 15, 17454 Zinnowitz, Tel. 03 83 77/48 00, *http://hotelasgard.de*

Hotel Forsthaus Damerow Gepflegtes Resort an der schmalsten Stelle der Insel. # Damerow 1, 17459 Koserow, Tel. 03 83 75/560, *www.urlaub-auf-usedom.de/hotel-forsthaus-damerow*

Ostseehotel Ahlbeck Schmucke Bäderarchitekturvilla direkt an der Strandpromenade. # Dünenstraße 41, 17419 Heringsdorf, Tel. 03 83 78/600, *www.seetel.de*

ENTLANG DER ROUTE

❶ Wolgast

Die Hafen- und Werftstadt Wolgast (12 500 Einw.) ist für viele Usedom-Urlauber lediglich ein Ausflugsziel für einen Regentag. Dies ist schade, denn gerade bei schönem Wetter entfaltet die einstige Herzogsresidenz ihren ganzen Charme. Die Stadt am Peenestrom präsentiert sich mit ansehnlichen barocken Kaufmanns- und Kapitänshäusern sowie alten Getreidespeichern. Das technische Wahrzeichen von Wolgast ist die Hebebrücke über den Peenestrom, die wegen ihres Anstrichs »Blaues Wunder« genannt wird. Für den Straßen- und Schienenverkehr geöffnet, verbindet sie die Insel mit dem Festland. *www.wolgast.de*

❷ Peenemünde

Der Hafenort Peenemünde (260 Einw.) liegt am zum Festland ausgerichteten Westufer des Peenemünder Hakens und ist die nördlichste Siedlung Usedoms. Eine Schönheit ist sie nicht, denn die fast 50-jährige Militärpräsenz hinterließ tiefe Narben. Alte Kasernen und verödete Brachflächen vermitteln eine nüchterne Atmosphäre. Eine folgenschwere Zeit brach für Peenemünde 1936 an, als die Nazis mit dem Bau der Heeresversuchsanstalt (HVA) begannen. Der ganze Norden Usedoms wurde ab 1942 zum Sperrgebiet erklärt. Das Dorf war 1940 kurzerhand abgerissen und an seiner Stelle ein Kohlekraftwerk errichtet worden. Nach der Kapitulation wurden bis auf das Kraftwerk alle übrigen etwa 70 Gebäude der HVA gesprengt. *www.museum-peenemuende.de*

❸ Zinnowitz

Zinnowitz (3900 Einw.) ist nach Heringsdorf das zweitgrößte Seebad Usedoms. Es besitzt alles, was ein Ferienort von Rang braucht: einen feinen Sandstrand mit breiter Kurpromenade und eine Seebrücke zum Flanieren, sogar mit einer Tauchgondel. Auch kulturell hat der Ort einiges zu bieten. Zur Zinnowitzer Kulturmeile gehören die Blechbüchse, ein ganzjährig bespieltes Theater, die Kunstgalerie Refugium und als Highlight im Veranstaltungskalender die Vineta-Festspiele. Im 1957 eröffneten Kulturhaus gastierten Künstler von Weltrang, etwa die Ensembles der Mailänder Scala und der Opéra National von Paris und das Indische Nationalballett. *www.zinnowitz.de*

❹ Zempin

Zwischen Zinnowitz und Koserow liegt dem Achterwasser zugewandt das Seebad Zempin (950 Einw.). Zur Ostsee hin schützt den Ort ein breiter Waldstreifen vor den mitunter ungestümen Meereswinden. Die Wege vom Achterwasser zur Ostsee sind kurz, gerade mal 15 Min. Fußweg sind es von der See zum Bodden. In dem einstigen Fischer- und Bauerndorf ist Hektik ein Fremdwort. Das Ortsbild wird von über 40 reetgedeckten Häusern geprägt, etliche davon waren kleine Fischerkaten. Bis zum Ende des Zweiten Weltkriegs gab es in Zempin sechs Fisch verarbeitende Betriebe, die Räucherware wurde mit der Bahn bis nach Berlin versandt. Heute widmen sich nur noch zwei Familien dem alten Gewerbe. *www.seebad-zempin.de*

5 Koserow

Das beschauliche Fischerdorf Koserow (ca. 1700 Einw.) am Fuß des Streckelsbergs hat außer herrlichem Wasser, einem schönen Strand und einer imposanten Steilküste die bekannten Fischerhütten und das Atelier des Malers Otto Niemeyer-Holstein zu bieten. Hier kommen sich Ostsee und Achterwasser bis auf 300 m nahe. Die Kirche, in der Wilhelm Meinhold von 1821–1827 predigte, gehört zu den ältesten auf Usedom. Der Pfarrer erlangte mit der fingierten Chronik »Die Bernsteinhexe« Berühmtheit. *www.koserow.de*

6 Loddin-Kölpinsee

Der Doppelort Loddin-Kölpinsee (1000 Einw.) liegt im Zentrum der Insel. Keimzelle der Siedlung ist das einstige Fischer- und Bauerndorf Loddin, der dazugehörige Ortsteil Kölpinsee liegt 2 km weiter nördlich an der Ostseeküste. Zu ihm gehört der gleichnamige See. Dritter Ortsteil ist Stubbenfelde am Südufer des Kölpinsees. Im alten Ortskern ist noch viel vom ursprünglichen Charakter zu spüren. Der Badetourismus spielt sich in Kölpinsee ab. Seine Blütezeit erlebte der Ort in den 1920er- und 1930er-Jahren, als das Strandhotel Seerose (1897 eröffnet) zum Treff der deutschen Filmwelt wurde. *www.usedomer-bernsteinbaeder.de*

7 Bansin

Das Seeheilbad Bansin an Usedoms 40 km langer Ostseeküste ist das kleinste der drei Kaiserbäder. Liebevoll restaurierte Bädervillen verleihen dem Ort wilhelminisches Flair, beschaulich nimmt sich die Lage am kleinen Schloonsee aus. Im Unterschied zu den anderen Seebädern entwickelte sich der Ort jedoch nicht allmählich aus einem Fischerdorf, sondern wurde Ende des 19. Jh. gezielt als Ostseebad gegründet. »Bansin bei Heringsdorf« wurde es zunächst genannt, doch schon bald hatte es die aufstrebende Gemeinde nicht mehr nötig, sich an den berühmten Nachbarn anzulehnen. Heute gehört Bansin zusammen mit Ahlbeck zur amtsfreien Gemeinde Ostseebad Heringsdorf – und zu den beliebtesten Ferienorten der Insel. *www.kaiserbaeder-auf-usedom.de*

8 Heringsdorf

Das Seeheilbad war schon immer die mondänste Badeperle der Insel Usedom. In dem von großzügigen Grünzonen aufgelockerten, weitläufigen Villenort trafen sich zu Kaisers Zeiten (1871–1918) Adel und wohlhabendes Bürgertum ebenso wie Künstler und Intellektuelle, etwa Lyonel Feininger, Maxim Gorki oder die Brüder Heinrich und Thomas Mann. In den schicken Gründerzeitvillen entlang der Promenade hat mittlerweile wieder die alte Noblesse Einzug gehalten. Der elegante Kaiserbädersaal und beliebte Events wie die jährlich veranstalteten Kaisertage machen das Seebad zum kulturellen Mittelpunkt der kaiserlichen Drei. Und natürlich gibt es einen wunderschönen, bis zu 70 m breiten Strand direkt vor der Haustür. *www.kaiserbaeder-auf-usedom.de*

UNTERWEGS

Die **Adler-Schiffe** *(www.adler-schiffe.de)* verkehren zwischen Seebrücken der Insel Usedom, Swinoujscie (Swinemünde) und Miedzyzdroje (Misdroy). Das Seebrücken-Hopping ist ein Muss für alle, die die Küste aus anderer Perspektive sehen möchten. Außerdem empfiehlt sich eine Hafenrundfahrt in Swinemünde oder eine Tagesfahrt mit einem vierstündigen Aufenthalt in Szczecin (Stettin).

9 Ahlbeck

Schmuckstück im Seeheilbad Ahlbeck ist die historische Seebrücke, die seit über 100 Jahren den Ostseewellen trotzt und zu den beliebtesten Fotomotiven Usedoms gehört. In Ahlbeck hat sich seit der Wiedervereinigung viel getan, zumindest entlang der Strandpromenade wohnt und kurt es sich wieder wie zu Kaisers Zeiten. Das neben Heringsdorf und Zinnowitz bekannteste Seebad Usedoms wird von zwei- bis dreigeschossigen Hotels und Palais im typischen Bäderstil geprägt. Der Badeort war nie so mondän wie seine Nachbarn und machte sich um 1900 eher als Badewanne der kleinen Leute einen Namen. Heute ist Ahlbeck eine Sommerfrische für die ganze Familie, wo nicht gleich jedes Abendessen ein tiefes Loch in der Reisekasse hinterlässt. *www.kaiserbaeder-auf-usedom.de*

10 Usedom

Als Namensgeber der Insel kommt der kleinen Stadt (1900 Einw.) ein besonderer Stellenwert zu. Der mittelalterliche Kern und eine Hand voll interessanter Geschäfte machen einen Bummel durch die kopfsteingepflasterten Gassen überaus lohnend. Das Wahrzeichen der Stadt ist das Anklamer Tor, eines von ursprünglich drei mittelalterlichen Stadttoren, die durch eine Ringmauer miteinander verbunden waren. *www.stadtinfo-usedom.de*

Wasser wohin man blickt: Die Feldberger Seenlandschaft ist ein wunderbares Refugium für Naturliebhaber

DURCH DAS LAND DER TAUSEND SEEN: MECKLEN-BURGISCHE SEENPLATTE

1–2 Tage

Unsere Tour durch die Mecklenburgische Seenplatte führt von Neubrandenburg in die Feldberger Seenlandschaft, an der Müritz vorbei bis nach Plau am See. In der Region reiht sich See an See, insgesamt 1117 mit 130 Häfen. Zusammen bilden sie das größte natürlich vernetzte Seengebiet Mitteleuropas. Dazu zählt auch der Müritz-Nationalpark, der zum UNESCO-Weltkulturerbe gehört.

Neubrandenburg
Plau am See
181 (266) km
ca. 3,5–5 Std.

ETAPPE 1
VON NEUBRANDENBURG IN DIE FELDBERGER SEENLANDSCHAFT

⟷ 35 km ⏱ 40 Min.

① **Neubrandenburg** ist die größte Stadt in der Mecklenburgischen Seenplatte. Direkt am Tollensesee ist sie berühmt für ihre alten Stadttore, die sehenswerte Kunstsammlung *(www.kunstsammlung-neubrandenburg.de)*, die zu den wichtigsten des Landes zählt, und die Konzertkirche. Die im 13. Jh. erbaute Marienkirche gehört zu den bedeutendsten Bauwerken norddeutscher Backsteingotik. Auf dem Weg in die Feldberger Seenlandschaft lohnt **Burg Stargard** einen Besuch. Der Burgturm bietet eine schöne Aussicht in die Umgebung *(www.burg-stargard.de)*. Weiter geht es über die L 331 und die L 34 in südlicher Richtung nach Feldberg. Der Ort liegt mitten in der ② **Feldberger Seenlandschaft**. Idyllische Seen und Flussläufe lohnen einen Umstieg aufs Kanu oder Floss. In Richtung Neuhof und über die Carwitzer Straße erreichen wir unser nachstes Ziel.
In der Feldberger Seenlandschaft, im Reich von Rothirsch, Kranich und Fischadler gibt es zahlreiche Wanderwege. Zu den schönsten Strecken zählt der zweistündige Fridolinweg, der viele Ausblicke auf den See Schmaler Luzin bietet. Mit dem Kahn vom Fährmann geht es von Feldberg rüber zum Hullerbusch, dann zu Fuß am Kesselmoor vorbei, über einen Hügelrücken und immer am Ufer entlang wieder zurück. In dieser Gegend lohnt auch eine Tour durch die »Heiligen Hallen«, den ältesten Buchenwald Deutschlands mit Wipfelhöhen von mehr als 50 m.

ZU FUSS
In **Feldberg** bietet sich ein kleiner Spaziergang über den Fridolinweg entlang am Seeufer an.

ETAPPE 2
VON CARWITZ NACH NEUSTRELITZ

⟷ 36 km ⏱ 40 Min.

In der Feldberger Seenlandschaft, in einem Haus am **Carwitzer See**, der mit sechs weiteren Seen verbunden und von Buchen- und Kiefernwäldern umgeben ist, fand der Schriftsteller Hans Fallada fernab der Großstadt den richtigen Ort zum Schreiben. Der Autor, der mit seinen Romanen »Kleiner Mann – was nun?« und »Jeder stirbt für sich allein« berühmt wurde, verfasste hier 18 Bücher. Heute ist das schön gelegene Anwesen als **Hans-Fallada-Museum** für Besucher geöffnet. Die Räume des Refugiums sind so hergestellt, wie sie zu Lebzeiten des Autors ausgesehen haben *(www.fallada.de)*. Nach wenigen Minuten erreicht man über die L 34 im benachbarten Ort **Fürstenhagen** das Feinschmecker-Restaurant »Alte Schule«. Es gehört zu den besten Adressen Mecklenburg-Vorpommerns. In dem dazugehörigen gemütlichen Landhaus kann man auch übernachten. Über die L 34 und die B 198 geht es weiter nach Neustrelitz.

EINKEHREN
Alte Schule Auf den Tisch kommt feinste regionale Küche. # Zur alten Schule 3–5, Feldberger Seenlandschaft, Tel. 03 98 31/220 23, *www.restaurant-alteschule.com*

ETAPPE 3
VON NEUSTRELITZ NACH MIROW

⟷ 25 km ⏱ 30 Min.

Vorbild für den barocken Schlossgarten von ③ **Neustrelitz** war Versailles. Ein Spaziergang durch den Park, mit Orangerie, zahlreichen Brunnen und Statuen griechischer Götter, gibt einen schönen Einblick in die beeindruckenden Parklandschaften der Region. Nach Neustrelitz folgen wir der B 198, die uns zum Schloss und Schlosspark ④ **Mirow** führt. Es gehört wie Neustre-

Im Park von Schloss Mirow scheint die Zeit stehen geblieben zu sein

litz zu den staatlichen Schlossanlagen Mecklenburg-Vorpommerns. Das Ensemble von Mirow samt Rokokoschloss befindet sich, romantisch auf einer Insel gelegen, inmitten der weitläufigen Mecklenburger Seenlandschaft. Eine kleine Brücke führt zu der sogenannten Liebesinsel. Hier befindet sich das Grabmal des letzten Herzogs. Seiner von Mythen und Geheimnissen umrankten Biografie setzte er mit 32 Jahren 1918 ein Ende. Die 300-jährige Geschichte der Anlage wird in einer Ausstellung lebendig. Ein Café mit Seeterrasse und schönem Ausblick gibt es ebenfalls.

ETAPPE 4
VON MIROW NACH WAREN

⟷ 45 (130) km ⏱ 50 (150) Min.

Nach Mirow biegen wir zunächst wieder auf die B 198. Auf romantischen Alleen gelangen wir über den Ort Röbel, das Gutshaus Ludorf und Schloss Klink an der Müritz entlang nach Waren. Letztere sind gut für eine Kaffeepause geeignet. ⑤ **Waren** an der Müritz liegt am Rand des gleichnamigen Nationalparks. Von hier aus kann man wunderschöne Ausflüge ins Land der 1000 Seen und Bootstouren unternehmen, durch die Altstadt von Waren schlendern und im Müritzeum *(www.mueritzeum.de)* mehr über die einzigartige Landschaft erfahren. Auch der Schriftsteller Theodor Fontane liebte die Sommerfrische in Waren. Für ihn gab es keinen besseren Ort: »Die Luft ist wundervoll und je nachdem der Wind steht, bin ich von einer Seebrise oder von Tannenduft umfächelt«. Fische wie Barsch, Hecht und Zander aus der Müritz und Fleisch aus der Region bestimmen die Küche. Romantisch speisen und übernachten lässt es sich im Kleinen Meer *(www.kleinesmeer.de)*, frischen Müritzfisch gibt es in Fischers Küche neben dem Müritzeum *(www.fischers-kueche.de)*.

Wer mehr Zeit hat, sollte unbedingt ein Hausboot mieten und als Freizeitkapitän über die **Müritz** schippern, zwischendurch ein erfrischendes Bad nehmen und abends an Deck den Grill für den selbst geangelten Fisch anwerfen. Kleines Meer nannten schon die slawischen Ureinwohner die Müritz. Mit ihren 117 km² ist sie der zweitgrößte See Deutschlands. Im Osten befindet sich der Müritz-Nationalpark, im Süden und Westen liegen die Naturschutzgebiete Müritzsteilufer, Großer Schwerin und Steinhorn.

ABSTECHER
Über Schloss Ulrichshusen kann man weiter zur Burg Schlitz, zum Malchiner See und zu Schloss Basedow fahren.

Sanfte Hügel, weite Felder, Wälder, malerische Orte und dazwischen immer wieder große und kleine Seen: Der ⑥ **Müritz-Nationalpark-Wanderweg** (blaues »M«) ist der ideale Weg, um in neun Etappen die schönsten Seiten des Nationalparks kennenzulernen. Zahlreiche Plattformen bieten die Möglichkeit, Tiere zu beobachten. Das Nationalparkteam bietet auch geführte Wanderungen an *(mueritz-nationalpark-partner.de)*.

Der südliche Teil der **Mecklenburgischen Schweiz** gehört ebenfalls zu dem weitläufigen Gebiet der Seenplatte. Diese Region ist besonders reich an zauberhaften Guts- und Herrenhäusern. Nach Waren fahren wir weiter auf der B 108 zum **Schloss Ulrichshusen** in Schwinkendorf *(www.ulrichshusen.de)*, dem Geburtsort der Festspiele Mecklenburg-Vorpommern. Seit Yehudi Menuhins Geigenkonzert 1994 finden jedes Jahr viele hochrangige Klassikkonzerte statt. Nach 15 weiteren Minuten auf der B 108 erreicht man in Hohen-Demzin **Burg Schlitz** *(www.burg-schlitz.de)*. Schon die Dichterfamilie von Ar-

ZU FUSS
Im **Müritz-Nationalpark** lassen sich viele schöne Wanderungen durch helle Moore oder zu kleinen gemütlichen Waldseen unternehmen.

Die Moore im Müritz-Nationalpark bieten selten gewordene Biotope

Wer frühmorgens eintrifft, wird belohnt: Der Sonnenaufgang am Plauer See ist atemberaubend

nim spazierte durch den Schlosspark und ließ sich von der idyllischen Natur inspirieren. Um den von Schilf gesäumten, fischreichen Malchiner See, mit Badestellen und Bootsverleih, geht es nach 20 Minuten auf der B 108 und der L 20 zum **Schloss Basedow**. Das geschichtsträchtige, ursprüngliche Renaissance-Herrenhaus gehort zu den ältesten der Region, während der 200 ha große Landschaftspark von dem königlich preußischen Gartendirektor Peter Joseph Lenné gestaltet wurde. Über die L 20 und die B 108 ist man in 30 Minuten wieder in Waren.

ETAPPE 5
VON WAREN NACH PLAU AM SEE

⟷ 40 km ⏱ 45 Min.

Von der Müritz an den Ufern des Kolpinsees und am Plauer See entlang erreichen wir die bezaubernde Kleinstadt ⑦ **Plau am See**. An der Uferpromenade der Elde, die das Städtchen durchfließt, bieten viele Lokale ein gemütliches Plätzchen mit schönem Blick. Gleich dahinter kann man durch die Altstadt mit ihren Fachwerk- und Ackerbürgerhäusern schlendern und das maritime Flair genießen. Wahrzeichen ist die 100-jährige Hubbrücke, auch liebevoll »das blaue Wunder« genannt. Tolle Ausblicke auf die seenreiche Region bieten der Leuchtturm sowie der Burg- und Kirchturm. Der **Plauer See** ist ein Vogelschutzgebiet, das nicht nur Ornithologen begeistert. Der »Moorochse« ist eine hervorragende Aussichts- und Beobachtungsplattform am Nordufer. Eine einzigartige Flora und Fauna bietet auch der angrenzende Stadtwald. Hier spiegeln sich die Bäume im Wasser, und über 20 Libellenarten, der Eisvogel und viele andere Tiere haben hier ihr Zuhause.

ÜBERNACHTEN

Gutshaus Ludorf Stillvolles Gutshaus in der Mecklenburgischen Seenplatte, wenige Schritte von der Müritz entfernt. # Rondell 7, 17207 Ludorf/Müritz, Tel. 03 99 31/84 00, *www.gutshaus-ludorf.de*

Hotel Hullerbusch Charmante Villa mit 100-jähriger Geschichte, gelegen inmitten der Feldberger Seenlandschaft. # Hullerbusch 12, Ortsteil Carwitz, 17258 Feldberger Seenlandschaft, Tel. 03 98 31/202 43, *www.hotel-hullerbusch.de*

Mit dem Hausboot auf der Müritz Das schwimmende Ferienhaus mit Heizung, Strom, Küche, Schlafkabinen, Dusche und WC gibt es für zwei bis zwölf Personen. # Kuhle Tours, Hafendorf Müritz, 17248 Rechlin Müritz, Tel. 03 98 23/26 60, *www.kuhle-tours.de*

ENTLANG DER ROUTE

1 Neubrandenburg

Neubrandenburg ist die Stadt der vier Tore wegen ihrer mächtigen Stadttore. Ebenso gut erhalten ist die komplette Stadtmauer, welche die Reste der Altstadt wie einen Ring umschließt. Als größte Stadt an der Mecklenburgischen Seenplatte (65 000 Einw.) bietet Neubrandenburg viele Einkaufsmöglichkeiten: Neben dem Marktplatzcenter gibt es zwei Kaufhäuser und die Fußgängerzone an der Turm- und Wartlausstraße. Historische Bauten sind die frühere Hauptpfarrkirche St. Marien, heute als Konzertkirche genutzt, das Schauspielhaus und die ehemalige Klosteranlage mit der Kirche St. Johannis. Ein beliebtes Ausflugsziel ist der Tollensesee direkt vor den Toren der Stadt mit dem Dampfer Mudder Schulten und dem schönen Strandbad. *www.neubrandenburg.de*

2 Feldberger Seenlandschaft

Die Feldberger Seenlandschaft ist ein Kleinod am östlichen Rand der Mecklenburgischen Seenplatte. Mit tiefen Wäldern, Mooren, den überaus klaren Seen und malerischen Dörfern ist sie eine wunderbare Wander- und Radfahrregion. Das wusste auch schon der Dichter Hans Fallada, der hier glückliche Jahre verbrachte. *www.feldberger-seenlandschaft.de*

3 Neustrelitz

Im Herzen der Mecklenburgischen Seenplatte liegt die ehemalige Residenzstadt der Herzöge von Mecklenburg-Strelitz, 1733 gegründet und heute eine Perle für Architekturfreunde. Mehr als 150 Gebäude vom Barock bis zur Moderne stehen unter Denkmalschutz. Einmalig in Europa ist die sternförmige Stadtanlage, geplant im Spätbarock. Das Herzogsschloss wurde 1945 durch Brandstiftung vernichtet, es gibt Bestrebungen des Wiederaufbaus, die aber bisher am Geld scheitern. Erhalten sind der wunderschöne Schlosspark, die Orangerie, die Schlosskirche und das Theater. Im Sommer lockt der Hafen mit modernen Cafés, Restaurants und vielen Musikveranstaltungen. *www.neustrelitz.de*

4 Mirow

Durch seine Lage am Südende des Mirower Sees und an der Müritz-Havel-Wasserstraße ist die Kleinstadt Mirow ein wichtiger Verkehrsknotenpunkt für den Schiffsverkehr. Sehenswert sind das

Neubrandenburg	
	35 km
Feldberger Seenlandschaft	
	36 km
Neustrelitz	
	25 km
Mirow	
	45 km
Waren	
	40 km
Plau am See	

schön sanierte Schloss und der Park auf einer Insel. Typisch für Mirow sind die zahlreichen Bootshäuser – ein beliebtes Fotomotiv. Hier ist auch der Ausgangspunkt für Paddeltouren über die »Alte Fahrt« Richtung Müritz-Nationalpark. *www.klein-seenplatte.de*

5 Waren (Müritz)

Das Soleheilbad Waren (Müritz) ist die Hauptstadt der Mecklenburgischen Seenplatte. Mit der Müritz vor der Tür und dem nahen Müritz-Nationalpark hat man unbegrenzte Möglichkeiten zum Radfahren, Wandern und zum Wassersport. Im Stadtzentrum locken hübsche Fachwerkhäuser, eine Shoppingmeile und viele gute Restaurants. In der warmen Jahreszeit bietet der Stadthafen mit seinen schönen Terrassen und den romantischen Sonnenuntergängen pures Urlaubsfeeling. *www.waren-mueritz.de*

6 Müritz-Nationalpark

Das kostbarste Gut unserer Zeit ist eine intakte Natur. Im rund 320 km² großen Müritz-Nationalpark wird sie seit Jahrzehnten geschützt. Verschwiegene Wälder, lauschige Seen, ausgedehnte Moore und lebendige Wiesen sind der Lebensraum für seltene Tiere und Pflanzen. Beliebte Stars sind die zahlreichen See- und Fischadler. Es gibt ein 650 km langes, sehr gut ausgeschildertes Wegenetz, viele Möglichkeiten zur Einkehr und Beobachtungstürme sowie zahlreiche Touren mit den Nationalparkrangern. In der autofreien Zone fährt der Nationalparkbus. Das Nationalparkticket (im Herbst Kranichticket) kann auch in Kombi mit dem Schiff genutzt werden, Fahrradmitnahme ist kostenlos. *www.mueritz-nationalpark.de*

7 Plau am See

Plau am See ist das Tor zur Mecklenburgischen Seenplatte, hübsch saniert und eine der schönsten Kleinstädte Mecklenburgs. Der Plauer See ist mit 38,4 km² der drittgrößte im Land und ein beliebtes Segelrevier mit vielen tollen Badestränden. Plau wird von der Elde durchflossen, an der langen Uferpromenade reihen sich viele Cafés und Restaurants aneinander. Wenn Mitte Juli hier die Badewannenrallye stattfindet, ist jeder Platz besetzt. Kuriose, selbst gebaute Wasserfahrzeuge versuchen, sich mehr oder weniger schnell fortzubewegen, und sorgen für jede Menge Spaß. *www.plau-am-see.de*

Fachwerkhäuser prägen die Altstadt von Waren an der Müritz

NATUR ERLEBEN

18 Braunbären tummeln sich im 16 ha großen **Bärengehege** am Südende des Plauer Sees *(www.baerenwald-mueritz.de)*. Für die artgerechte Haltung garantiert die Tierschutzorganisation Vier Pfoten. Es werden Führungen angeboten, das Jahr über finden Veranstaltungen wie die Herbstlaubwanderung statt. Spielplätze und Biobistro sorgen für einen rundum gelungenen Urlaubstag.

Ein kleines Schaf auf dem Weg zu den Windkraftanlagen bei Dangast

NORDSEEKÜSTE NIEDERSACHSEN: VON DANGAST BIS ZUR KRUMMHÖRN

1–2 Tage

Wer sich einen Einblick in die verschiedenen Gesichter der Nordsee verschaffen will, macht sich auf den Weg: einmal die Küste entlang, am besten von Dangast bis zur Krummhörn, die wie eine Nase in die Landschaft ragt. Unterwegs gibt es viel zu sehen: Museumshäfen, Kunstwerke, Marinetradition, einen Containerhafen und sogar Sandstrände.

Dangast
Greetsiel
151 km
ca. 3 Std.

ETAPPE 1
VON DANGAST NACH WILHELMSHAVEN

↔ 31 km ⏱ 35 Min.

Bevor die Reise losgeht, sollte es noch ein Stück Rhabarberkuchen sein. Der ist in ① **Dangast** quasi Pflicht, am besten mit Sahne und freiem Blick auf das Watt. Das Kurhaus in Dangast ist der perfekte Ausgangspunkt für diese Tour entlang der Höhepunkte der niedersächsischen Nordseeküste. Wer Dangast ansteuert, fährt am besten gleich am Ortseingang links in die Sielstraße, vorbei am Radziwill-Haus und zum Parkplatz. Denn das Parken erweist sich in Dangast vor allem in der Hochsaison als schwierig. Doch steht das Auto einmal am kostenfreien Stellplatz, heißt es, eine Runde drehen – am von Kunstwerken gesäumten Sandstrand oder entlang des Skulpturenwegs – und staunen, welche Berühmtheiten sich einst in diesem kleinen Nordseeort ein Stelldichein gegeben haben.

Wer sich genug umgesehen hat, setzt sich ins Auto und steuert ② **Wilhelmshaven** an. Hierzu fährt man ein kurzes Stück auf der A 29 und biegt an der Ausfahrt Sande nach Wilhelmshaven ab. Die Stadt besitzt nicht nur einen großen Hafen, sondern ist vor allem der größte deutsche Marinestützpunkt. Bevor sich die Kriegsschiffe zeigen, heißt es aber, erst einmal eine Weile am Wasser entlangfahren: Der Banter See grenzt direkt an die Hafenmeile und ist im Sommer beliebt bei Surfern. Doch noch viel schöner ist es am Südstrand mit seiner Museumsmeile, an der sich u. a. das Marinemuseum mit seinen großen Schiffen befindet, und einer langen Promenade mit Strandkörben und Blick aufs Wasser.

Die Kaiser-Wilhelm-Brücke führt zum Südstrand von Wilhelmshaven

EINKEHREN

Pier 24 Modernes Ambiente und leichte Küche im hübschen Backsteinhaus. # Jadeallee 30, 26382 Wilhelmshaven, Tel. 04421/778 5755, *www.pier-24.de*

ETAPPE 2
VON WILHELMSHAVEN NACH SCHILLIG

↔ 30 km ⏱ 40 Min.

Fahrspaß und ein wenig das Gefühl, epochale Brücken wie in den Vereinigten Staaten zu befahren, stellen sich nun im weiteren Verlauf der Strecke ein. Es geht über die Kaiser-Wilhelm-Brücke, einer Stahlbrücke, die sich zugleich drehen kann, falls hohe Schiffe passieren müssen. Also besser Wartezeit einplanen. Die Innenstadt von Wilhelmshaven lassen wir links liegen, biegen rechts in die Ebert- und kurz darauf links in die Jachmannstraße (später Friesendamm) ein und folgen dem Straßenverlauf bis zum Stadtteil Rüstersiel. Am Ende des Friesendamms biegt die Strecke rechts ab in die Straße zum Vorslapper Leuchtturm. Dort stoßen wir direkt auf das InfoCenter des **JadeWeserPorts**. Ein Stopp in dem kleinen Museum lohnt sich ebenso wie eine Rundfahrt mit dem Bus, um die gigantischen Ausmaße dieses Hafens zu begreifen. Unsere Strecke gibt aber auch ein wenig Einblick, denn am InfoCenter biegt sie links ab in die Straße Am Tiefen Fahrwasser und führt uns direkt am Hafengelände vorbei. Links befindet sich das Areal einer Raffinerie, rechts das Watt.

Die Straße wendet sich nach links, ändert ihren Namen in Bäderstraße und erreicht ③ **Hooksiel**. Gleich am Anfang zeigt sich der Ort von seiner belebten Seite, denn am Hooksieler Binnentief treffen sich Wassersportler aller Art. Es lohnt sich, anzuhalten und einen Tee im Restaurant Hooksieler Skiterrassen *(skiterrassen.de)* zu trinken und dem Treiben für eine Weile zuzusehen. Oder man unternimmt einen kleinen Spaziergang am Watt, das sich gegenüber des Binnentiefs befindet. Am Ortsausgang von Hooksiel mündet die Bäderstraße in einen Kreisel, die erste Straße rechts führt weiter nach Norden.

Horumersiel heißt die nächste Station auf dem Weg. Im Ort Kaiserhof folgen wir der Beschilderung gen Horumersiel, und wer sich den Ort selbst nicht anschauen möchte, fährt gleich weiter nach ④ **Schillig**. Dort ist Aussteigen Pflicht, zu schön ist es hier. Geparkt wird am besten am Campingplatz (kostenpflichtig). Von dort bietet sich ein schöner Spaziergang zum Strand an. In Schillig gibt es eine Besonderheit der Nordseeküste Niedersachsens – Dünen und einen natürlichen Sandstrand. Wenn die Sicht gut ist, kann man nicht nur die großen Containerschiffe auf ihrem Weg nach Wilhelmshaven sehen, sondern auch die vorgelagerten einsamen Inseln. Und anschließend noch eine stärkende Pause im Restaurant 8 Grad Ost *(www.8gradost.com)* einlegen, das erhaben auf dem Deich thront und einen schönen Panoramablick auf das Wattenmeer garantiert.

PARKEN
Wer in **Schillig** parken will, nutzt am besten den großen Parkplatz am Campingplatz, der ab 3 € kostet.

Selten: In Schillig gibt es Dünen am Festland der Nordseeküste

ETAPPE 3

VON SCHILLIG NACH HARLESIEL

⟷ 21 km ⏱ 25 Min.

Mit dem Sand an den Sohlen und dann wohl auch auf der Fußmatte geht es weiter über das platte Land gen Westen. Dafür fahren wir vom Campingplatz aus wieder ein Stückchen zurück, dann in die Störtebekerstraße rechts abbiegen. Bald ist **Minsen** erreicht, ein Ort, dessen wenige Häuser sich hinter dem Deich ducken. Anschließend zeigt sich die Landschaft wieder typisch ostfriesisch menschenleer. Entwässerungsgräben und platte Felder, so weit das Auge reicht, sind in Sicht. Und irgendwann auch **Friederikensiel**, das wir über die Küstenstraße, die von der Störtebekerstraße rechts abzweigt, erreichen. In der dortigen Deichräucherei kommt der Fisch frisch aus dem Ofen. Friederikensiel markiert auch die Hälfte dieses Streckenabschnitts, dessen nächster großer Ort **Carolinensiel** ist. Hier sollten die Autofahrer auf jeden Fall einen Schlenker in das Ortszentrum und zum Hafen machen – es lohnt sich! Am Museumshafen ankern historische Kutter und Holzboote, zwischen den Backsteinhäusern lockt so manche Leckerei, und auf der angrenzenden Kirchstraße lässt es sich gut bummeln.

Wer jetzt Zeit hat, steigt am Hafen in den Raddampfer Caroline und lässt sich bis nach ⑤ **Harlesiel** und wieder zurück schippern. Ansonsten geht die Tour weiter gen Harlesiel, an der Harle entlang bis zum Hafen und dem nahe gelegenen Sandstrand, unser Etappenziel auf dieser Strecke. Mitunter liegt ein leichtes Brummen in der Luft, denn am Miniflughafen Harle starten Flüge zu den Nordseeinseln sowie Rundflüge.

ALTERNATIVE
Es lohnt sich, das Auto stehen zu lassen und in den **Raddampfer** umzusteigen. Er verbindet die Orte Carolinensiel und Harlesiel miteinander *(www.reederei-albrecht.de)*.

ETAPPE 4

VON HARLESIEL NACH NORDEN

⟷ 52 km ⏱ 60 Min.

Von Harlesiel führt unsere Strecke wieder zurück nach Carolinensiel. Gestartet wird am Hafen, von dort aus geht es über die Landstraße 461 gen Carolinensiel. Sie landet direkt auf der Bahnhofstraße. Dort biegt die Strecke ab auf die Kirchstraße, die im späteren Verlauf zur Mühlstraße wird. Es lohnt sich ein Blick nach rechts zur hübschen Backsteinkirche des Ortes, der einzigen Kirche übrigens, die auf einem Deich steht. Am Ortsausgang zeigt sich eine Windmühle, bevor die Straße Friedrichsgroden den Ort ⑥ **Neuharlingersiel** anpeilt. Auf keinem Streckenabschnitt wird die typisch ostfriesische Landschaft derart sichtbar wie auf der Fahrt bis Norden: Entlang der Sielorte tuckert das Auto ab Carolinensiel gen Westen über die Landstraße. Das Gras wiegt sich zu beiden Seiten der Strecke, manchmal sieht man ein einzelnes Haus, bevor es wieder zum nächsten Sielort geht. Der Fähranleger von Neuharlingersiel mit dem benachbarten Sandstrand ist ein ebenso beliebter Treffpunkt wie der Hafen mit den Fischkuttern. Wer es lieber windgeschützter haben will, besucht gegenüber den kleinen Park mit dem angeschlossenen Café Sielhof, beides lohnt sich. Entlang des Deichs führt die Strecke auf der L 5 weiter über Ostbense nach **Bensersiel**, dem Fährhafen für Langeoog. Der nächste Sielort heißt **Dornumersiel**. Wer einen Hund dabei hat, freut sich schon auf **Neßmersiel**. Dort gibt es sogar einen Hundestrand und einen Agility-Park. Die Strecke folgt der Straße bis nach Norden. Windmühlen und hübsche Gärten zeigen sich immer wieder am Wegesrand, ebenso Hofläden und kleine Cafés.

EINKEHREN
Café Sielhof Im Restaurant speist man auch sehr gut. # Bürgermeister-Dirksen-Platz 8, 26427 Neuharlingersiel, Tel. 04974/9148090, *www.sielhof.com*

ETAPPE 5
VON NORDEN NACH GREETSIEL

⟷ 17 km ⏱ 20 Min.

In ⑦ **Norden** empfiehlt sich ein Einkaufsbummel oder der Besuch im Waloseum, der Seehundstation oder des Teemuseums. Über die Ostermarscherstraße erreicht unsere Tour das Zentrum. An der Kreuzung zur Norddeicher Straße biegen wir links ab in diese, suchen einen Parkplatz und erkunden die Stadt. Nach ausführlichem Rundgang geht es weiter mit dem Auto zum Ostfriesischen Teemuseum (Am Markt 36). Vor dem Museum befindet sich ein Kreisel. Wir nehmen die Ausfahrt in die Westerstraße, die im weiteren Verlauf ihren Namen in Alleestraße und später Westermarscherstraße ändert. Jetzt ist Greetsiel schon ausgeschildert. Also immer den Schildern nach, auf die Straße Langer Weg einbiegen und ihr folgen, bis sie in die Greetsieler Straße mündet. In ⑧ **Greetsiel** heißt es, möglichst gleich den besten Parkplatz nehmen, der sich bietet, jedenfalls an sonnigen Tagen und am Wochenende. Unsere Traumstrecke endet mit einem Bummel über das klappernde Kopfsteinpflaster, vorbei an den Zwillingsmühlen zum Hafen. Mit etwas Glück sind dort gerade Krabbenkutter angekommen. Ansonsten: einfach auf eine der Bänke dort setzen und den Blick in die Weite genießen.

SEHENSWERT
Verwaiste Tiere, die sich manchmal am Strand finden, werden in der **Seehundstation Norddeich** wieder aufgepäppelt *(www.seehund station-norddeich.de)*.

BLICKFANG
Der gelb-rot geringelte **Leuchtturm von Pilsum** ist das Wahrzeichen der Krummhörn. Heute kann man dort sogar heiraten *(www.greetsiel.de)*.

Der Leuchtturm von Pilsum ist ein Wahrzeichen von Ostfriesland

ÜBERNACHTEN
Upstalsboom Landhotel Friesland Das modern ausgestattete Hotel am Start der Route hat sogar ein Spa. # Mühlenteichstr. 78, 26316 Varel, Tel. 04451/9210, *www.landhotel-friesland-varel.de*

Der Romantik-Hof Am Ende der Route lässt es sich gut in diesem Haus in Greetsiel übernachten. # Ankerstr. 4, 26736 Greetsiel, Tel. 04926/912151, *www.romantik-hof.de*

ENTLANG DER ROUTE

1 Dangast

Der deichfreie Blick auf die Nordsee, je nach Tide auf das Wasser und den Jadebusen oder das Wattenmeer, ist das Alleinstellungsmerkmal von Dangast. Möglicherweise der Grund, warum der Ort so beliebt bei Künstlern war. Allen voran der Maler Franz Radziwill (1895–1983), der in dem Nordseebad einen Großteil seines Lebens verbracht hat. Nicht nur das Museum erinnert an ihn, sondern vor allem auch das Kurhaus, ein einmaliges Café mit einem eigenen Strand voller Skulpturen. Besonders schön ist der Eichenwald, der direkt an den Sandstrand grenzt. *www.dangast.de*

2 Wilhelmshaven

Den Duft der großen, weiten Welt verströmt Wilhelmshaven (76 300 Einw.) mit seinen vielen Frachtern und Schiffen. Wohin man auch fährt, überall scheint Wasser zu sein. Das hat wohl schon König Wilhelm I. von Preußen fasziniert, als er die Stadt, die nach ihm benannt ist, 1869 gründete. Heute ist Deutschlands einziger Tiefwasserhafen einer der wichtigsten Umschlagplätze für Rohöl in Deutschland. Wilhelmshaven ist eine Stadt mit vielen Hafenbecken, sie trennen das Zentrum vom Südstrand und zwischendrin ein See, der Banter See – dichter am Wasser gebaut sein kann man fast gar nicht. Die Maritime Meile erstreckt sich auf etwa 1,6 km zwischen dem Bontekai und dem großen Hafen und bietet sechs Museen Platz. Aber allein schon die Drehbrücken wie etwa die Kaiser-Wilhelm-Brücke, sind sehenswert. *www.wilhelmshaven.de*

3 Hooksiel

Ein Stück Küstengeschichte zeigt sich am Hooksieler Hafen, denn er ist ein Museumsort. Dort liegt ein Mudderboot an Land, ein alter Holzkahn, der geholfen hat, die Sielhäfen vom Schlick zu befreien, Sielwerke sind zu bestaunen, ebenso wie der Lotsenturm. Umrandet ist der Hafen von Pack- und Speicherhäusern. Im angrenzenden Neuen Hafen laufen noch immer Krabbenkutter ein. *www.wangerland.de*

4 Schillig

Sandstrand, Strandkörbe und das flache Watt vor der Nase – der Strand Schillig bietet das typische Urlaubsfeeling. Sogar Dünen türmen sich hier auf, und es gibt einen Teil-FKK-Bereich. Im

Rücken des Strandes, gleich hinter den Dünen, befindet sich ein schöner, weitflächiger Campingplatz. *www.horumersiel-schillig.de*

5 Carolinensiel und Harlesiel

Schön muss sie einst gewesen sein, die Harlebucht, die sich von Neuharlingersiel bogenförmig fast bis nach Funnix erstreckte. Doch der Landhunger war groß, und so wurde sie ab dem 16. Jh. Schritt für Schritt eingedeicht, bis aus der einstigen Bucht eine begradigte Küstenlinie wurde. Dort, wo heute Harlesiel-Hafen liegt, befand sich in den 1940er-Jahren noch Watt. *www.carolinensiel.de*

6 Neuharlingersiel

Diesen Ort nur als Tor zur Insel Spiekeroog zu sehen würde ihm nicht gerecht werden. Es lohnt sich durchaus, länger in Neuharlingersiel zu verweilen, denn es gibt rund um den Hafen und das Schöpfwerk eine Menge zu entdecken. Und als krönender Abschluss lockt sogar ein Sandstrand. *www.neuharlingersiel.de*

7 Norden

Deutschlands drittgrößter Personenhafen ist den meisten Urlaubern vor allem als Start auf die Inseln Juist und Norderney bekannt. Kenner hingegen planen ein paar Tage auf dem Festland ein, denn es gibt in Norden (25 000 Einw.) eine Menge zu entdecken. Nicht nur das Teemuseum und die Seehundstation, sondern auch hübsche Backsteinensemble. Und sogar Sandstrand ist hier aufgeschüttet worden. *www.norden.de*

8 Greetsiel

Als Museums- und Krabbenkutterhafen direkt an der Leybucht gelegen, verstrahlt Greetsiel mit seinem historischen, puppenstubengleichen Backsteinkern ein eigenes Flair und gehört zu den schönsten Fischerörtchen der Region. Wer hier ist, wird sich unweigerlich auch mit der Geschichte der Krabbenfischerei beschäftigen, denn Greetsiel ist das Zentrum der Krabbenflotte der niedersächsischen Nordseeküste. Klar, dass die erste urkundliche Erwähnung eines solchen Ortes irgendetwas mit Seefahrt zu tun haben muss: 1338 wird verbrieft, dass Hamburger Schiffe dort vor Anker lagen und Zoll zu entrichten hatten. Ostfriesische Häuptlinge hatten den Ort gegründet und zu einem wichtigen Sielhafen ausgebaut. Ein wenig davon ist noch immer zu erspüren. *www.greetsiel.de*

Die Zwillingsmühlen von Greetsiel im Stil eines Galerieholländers

PER BAHN DURCHS WELTNATURERBE

Mitten durch die streng geschützte, vogelreiche Westlagune von **Wangerooge** rollt die Inselbahn vom Fähranleger zum Hauptort der Insel – es lohnt sich, Seewind schnuppernd, das Fernglas auszupacken, denn betreten darf man die Nationalparkzone 1 nicht. Der Abstecher zu Insel (vom Hafen Harlesiel aus mit der Fähre) zahlt sich allein wegen der Bahnfahrt aus.

Der Spätsommer taucht die Lüneburger Heide in ein Meer aus Farben

ZU JEDER JAHRESZEIT EIN ERLEBNIS: DIE LÜNEBURGER HEIDE

1–2 Tage

Diese Traumstraße ist im August an schönsten. Dann verwandelt die Heide die Landschaft in einen lila Blütenteppich. Auch jenseits dieses einen Monats lohnt sich die Strecke, denn die Lüneburger Heide hat viel zu bieten. Die Route ist als Tagestour angelegt, man sollte sich aber für die einzelnen Etappen Zeit nehmen und diesen Ausflug eventuell auf mehrere Tage verteilen.

Lüneburg
Celle
171 km
ca. 3,5 Std.

ETAPPE 1
VON LÜNEBURG NACH UNDELOH

↔ 35 km ⏱ 50 Min.

Diese Traumstraße beginnt in einer Kleinstadt, die zum Durchfahren viel zu schön ist: ① **Lüneburg** mit der historischen Altstadt an der Ilmenau gehört zu den sehenswertesten Orten des Nordens. Von der Innenstadt Lüneburgs führt die Strecke über die L 216 über Reppenstedt und Kirchgellersen nach Salzhausen. Topgrafisch ein flaches Gebiet, schlängelt sich die Straße an Feldern, Bauernhöfen und kleinen Wäldchen entlang, bis die kleine Stadt **Salzhausen** erreicht ist. Dort beginnt das Urlaubsgebiet, wer Zeit und Muße hat, der schlendert zum Aussichtsturm am Paaschberg oder schaut sich die Kirche St. Johannis der Täufer an. Ansonsten führt die Tour weiter nach **Egestorf**. Wenn das Wetter schön ist, bietet sich ein Abstecher zum Barfußpark an – ein abwechslungsreiches Gelände mit kleinen Brücken, Flussläufen und feuchten Wiesen, in denen die schuhgestressten Füße aufatmen können. Dann aber geht es endlich weiter zum Zielpunkt der ersten Etappe – nach **Undeloh**. Dort scheinen die Uhren langsamer zu ticken. Fachwerkhäuser säumen den Weg, Mühlsteine sind in den Vorgärten aufgestellt und Reetdächer verbreiten eine typische Heidestimmung. Der Ortskern ist auf jeden Fall sehenswert. Am Rand des Dorfes kreuzen Pferdekutschen hin und wieder die Straße und bringen Gäste direkt ins autofreie Naturschutzgebiet der Lüneburger Heide.

ZU FUSS
Vom Lüneburger Markt aus führt ein schöner Stadtspaziergang über die Straße An den Brodbänken/Rosenstraße zur Ilmenau und ins Wasserviertel. Am Fluss gleich rechts abbiegen und bis zur **Ratsmühle** gehen und einfach die Backsteinschönheit genießen.

Nah am Wasser gebaut: der historische Stadtkern von Lüneburg

ETAPPE 2
VON UNDELOH NACH SCHNEVERDINGEN

↔ 29 km ⏱ 35 Min.

Aus Undeloh führt die Straße nach Nordwesten mitten durch den ② **Naturpark Lüneburger Heide**. Doch davon sieht der Autofahrer nicht sehr viel, denn die Etappe zeigt sich waldreich, was im Sommer für würzigen Duft und milden Schatten sorgt. Nun lohnt sich ein Abstecher nach **Handeloh**. Der Ort schmiegt sich zwischen die Flüsse Seeve und Este. Im Büsenbachtal ist nicht nur Heidefläche zu bewundern, es gibt auch renaturierte Forellenteiche. Entlang des Bachs führt ein Wanderweg bis zum Aussichtspunkt Pferdekopf, wo noch einmal der Blick über die Landschaft schweift. Nicht Pferde, aber einige Kamele gibt es übrigens in Handeloh: Die Kameloase bietet Kameltrekking durch die Heide an (*www.kameloase.de*, Besuch nur nach vorheriger Anmeldung). Unsere Tour führt weiter an Mauern aus großen Findlingen entlang. Sie schützen die alten Niedersachsenhöfe, die sich hier mit zwei Pferdeköpfen als Giebelabschluss schmücken. Der Blick reicht weit über die Felder, ab und zu beschattet ein kleiner Wald die Strecke. Die Traumstraße erreicht bald Schneverdingen.

ABSTECHER
In **Handeloh** ist ein Umstieg ins Boot möglich: Die dortige Paddelstation verleiht Kanus und Kajaks und vermittelt einen ganz anderen Blick auf die Lüneburger Heide.

EINKEHREN
Café Schafstall Im Büsenbachtal liegt idyllisch dieses Café und verführt Besucher mit Buchweizentorten und anderen Leckereien. # Am Büsenbach 35, 21256 Wörme, Tel. 041 87/10 72, *www.cafeschafstall.de*

ETAPPE 3
VON SCHNEVERDINGEN NACH SOLTAU

⟷ 24 km ⏱ 30 Min.

③ **Schneverdingen** zählt zu den berühmtesten Heideorten, weil dort jedes Jahr die Heidekönigin gekrönt wird. Doch der Ort bietet mehr als nur diese eine Feier im Jahr. Sehenswert ist dort vor allem das **Pietzmoor**. Bei einem Spaziergang, am besten im Morgendunst, lässt sich die 8000 Jahre alte Feuchtlandschaft auf einem Entdeckungspfad erkunden. Auch ein extra angelegter Heidegarten mit verschiedenen Heidearten ist interessant. Von Schneverdingen führt die Traumstraße weiter nach **Neuenkirchen**. Dort unbedingt im Schäferhof stoppen: Er bietet die Gelegenheit, einen Tag mit dem Schäfer zu verbringen oder sogar den täglichen Austrieb der Tiere zu beobachten – ein beeindruckendes Schauspiel, wenn Hunderte von Heidschnucken aus dem Stall rennen. Von Neuenkirchen führt unsere Route weiter gen Soltau.

EINKEHREN
Geli's Hofcafé Tortenfans aufgepasst! Hier wird noch alles selbst gebacken, und man sitzt wie in Großmutters Stube. # Wintermoorer Str. 29, 29640 Schneverdingen, *www.gelis-hofcafe.de*

Soltau bietet eine hübsche Innenstadt mit alten Fachwerkhäusern und interessanten Museen, wie etwa dem Spielzeugmuseum oder dem Salzmuseum. Außergewöhnlich ist das Felto, ein Museum, das sich mit dem Thema Schafwolle und Filzen beschäftigt. Zu den versteckten Geheimtipps zählt Breidings Garten, ein wunderschön angelegtes Parkgelände mit künstlichen Ruinen. Wer noch einmal Heide sehen möchte, besucht den Wacholderpark im Norden der Kleinstadt. Wellnessliebhaber finden dagegen in der Soltautherme eine Sauna- und Badelandschaft *(www.soltau-therme-online.de)* zum Entspannen.

ABSTECHER
Wer gerne Achterbahn fährt, steuert den **Heidepark Soltau** an. Der Vergnügungspark gilt als Norddeutschlands größter Freizeitpark und hat 40 Fahrgeschäfte und Shows im Programm *(www.heide-park.de)*.

Das Pietzmoor ist das größte Moor der Lüneburger Heide

ETAPPE 4
VON SOLTAU NACH HERMANNSBURG

⟷ 30 km ⏱ 35 Min.

Nach Soltau überquert die Straße die Autobahn und biegt schon bald nach Wietzendorf ab. Kurz vor dem Ort lockt ein Abstecher ins **Wietzendorfer Moor**. Die wasserreiche Landschaft lässt sich auch erwandern, etwa auf dem »Was(s)erwandern-Rundweg«. Auf 16 Stationen führt er entlang der Wietze zu Bauernhöfen, Mühlen und Wassertretstellen. In **Wietzendorf** direkt gibt das heimatkundliche Museum Peetshof *(www.peetshof-wietzendorf.de)* Einblick in die Lebensweise der Bauern und stellt die Honiggewinnung, den Torfabbau und verschiedene Aspekte des bäuerlichen Alltags dar. Diese Gegend ist die Region der Bienen und der Imker, denn der karge Heideboden hat außer Kartoffeln nicht viel hervorgebracht, um die Menschen satt zu machen. Ein besonderes Beispiel für die Imkerei ist Hans-Jürgen Winterhoff. Er führt seine Bienenvölker wie schon seine Großväter und lässt sie in Bienenkörben wohnen. Damit ist er einer der letzten Korbimker Deutschlands *(www.wald-cafe.de)*. Nach **Hermannsburg** führt die Tour durch ein besonderes Gebiet – man kann vielfach nicht abbiegen, entlang der Straße erstreckt sich das große militärische Sperrgebiet bei Munster. Dort werden Panzer und Sprengsätze getestet. Also immer schön auf der Strecke bleiben.

ABSTECHER
Zu den beliebtesten Campingplätzen Deutschlands zählt das **Südseecamp**. Es erstreckt sich um einen See, der komplett von feinem Sandstrand umgeben ist *(www.suedsee-camp.de)*.

Wer noch Zeit für einen Abstecher hat, macht sich auf nach ④ **Müden (Örtze)**. Das Dorf zählt zu den postkartenhübschen Heideorten, was wohl auch an dem See liegt, in dem sich die umliegenden Fachwerkhäuser spiegeln. Mit dem Kopfsteinpflaster, alten Mühlen und gepflegten Gärten bietet sich dort Heideidylle.

ETAPPE 5
VON HERMANNSBURG NACH CELLE

↔ 53 km ⏱ 60 Min.

Die letzte Etappe der Tour schlängelt sich noch einmal durch Heideflächen. Das **Lüßplateau** ist auch jenseits der purpurfarbenen Blüte sehenswert. Wer dort wandert, kann sogar noch fleischfressende Pflanzen wie den Sonnentau finden, denn zwischen den Heidepflanzen haben sich kleine Moore erhalten. Das Auto steuert nun gen **Unterlüß**, einer der bekannteren Heideorte. Dort erstreckt sich die Südheide mit ihrem Wacholder und weiten Flächen. Doch wirklich einmalig ist der Wald: Der **Lüßwald** wird von manchen sogar noch als Urwald angesehen und verzaubert gerade zur frühen Morgen- oder späten Abendstunde mit seinen Lichtspielen. Kunstfreunde werden auf jeden Fall das Albert-König-Museum *(www.albertkoenigmuseum.de)* in Unterlüß besuchen, es zeigt nicht nur Werke des Malers und Grafikers, sondern präsentiert auch moderne Künstler. Und wem das in musealer Hinsicht noch nicht reicht, der kann seine Zeit im **Museumsdorf Hösseringen** *(www.museumsdorf-hoesseringen.de)* verbringen und in die Lebensweise der Menschen vor 200 Jahren eintauchen. Ein wenig Zeit aber sollte man sich noch für das Ziel der Traumstraße einplanen: Celle. Doch vorher heißt es aufpassen, denn die Gegend rund um Eschede ist bekannt für ihr zahlreiches Rotwild. Vor allem zur Brunftzeit im Herbst pilgern Naturfreunde hierher, um die Hirsche röhren zu hören.

In ⑤ **Celle** zählt das barocke Schloss zu den wichtigsten Sehenswürdigkeiten. Wer kann, besucht das Theater, es ist das älteste noch bespielte Barocktheater Europas. Auch die Kapelle lohnt sich. Beim Rundgang durch die Stadt empfiehlt sich ein Stopp am Bomann-Museum, aber auch das Kunstmuseum ist keineswegs provinziell. Den krönenden Abschluss der Tour bildet ein Streifzug durch die Celler Innenstadt mit ihren schönen Fachwerkhäusern.

Wie im Märchen: das prächtige Welfenschloss von Celle

ÜBERNACHTEN

Hof Sudermühlen Romantisch einsam an einem Teich liegt das Hotel mit seinem Restaurant. Wer dort isst, kann dies mit einem panoramareichen Spaziergang kombinieren. # Sudermühlen 1, 21272 Egestorf, Tel. 04175/8480, *www.hof-sudermuehlen.de*

Landhotel Bauernwald Im romantischen Dorfkern von Müden befindet sich dieses modern ausgestattete Romantik-Hotel mitsamt seines Restaurants. Wer dort wohnt, kann das Leben auf einer alten Hofstelle ein wenig nachempfinden. # Alte Dorfstr. 8, 29328 Müden (Örtze), Tel. 05053/98990, *www.landhotel-bauernwald.de*

ENTLANG DER ROUTE

1 Lüneburg

Namenspatronin der Lüneburger Heide ist die an ihrem Nordrand gelegene Hansestadt Lüneburg (77 500 Einw.). Nicht zu Unrecht trägt sie stolz den Namen Salzstadt, denn ihr Reichtum gründet sich auf den Handel mit Salz, das Sieder aus einer Solequelle am Kalkberg im Westen der Altstadt gewannen. Seit dem 12. Jh. verschifften es die örtlichen Kaufleute über die Ilmenau bis an die Ostsee. Das Salz prägt Lüneburg bis heute und zeigt sich an den schönen Fassaden der Patrizierhäuser entlang des Platzes Am Sande oder im Salzmuseum. Direkt neben dem Rathaus befindet sich eine Besonderheit der Stadt, deren Grund vom Salz ausgehöhlt ist: Die Häuser senken sich, so dass manche wirken, als hätten sie einen Bauch, wie etwa das Schwangere Haus nahe des Marktes. Der Charme Lüneburgs liegt auch in der kreativen Lebendigkeit, den die vielen Studierenden der Universität versprühen. So hat Lüneburg eine sehr hohe Kneipendichte – das merkt man vor allem an lauen Sommertagen, wenn sich das Leben auf den Treppen des Stintmarktes abspielt. *www.lueneburg.info*

2 Naturpark Lüneburger Heide

Der Naturpark Lüneburger Heide ist ein Pionierprojekt in Sachen Umweltschutz. Die ersten privaten Initiativen engagierten sich bereits 1909. 47 Jahre später wurde der erste Naturpark gegründet, weil es u. a. mit Pastor Wilhelm Bode und dem Kaufmann Alfred Toepfer visionäre Kämpfer für die 7200 km^2 große Landschaft gab. Das Herzstück ist das bis auf einige Zufahrtsstraßen autofreie Gebiet mit Mooren, Laubwald und alten, reetgedeckten Häusern. Besondere Ereignisse in Flora und Fauna veröffentlicht der Naturpark auf seiner Webseite. Hier erfährt man beispielsweise, wann sich die Frösche ihr attraktives blaues Balzgewand zulegen, wann und wo die Zugvögel auf ihrer Reise gen Süden Rast machen oder die Schachblumen die Untere Seeveniederung in ein zart-gewürfeltes Blütenmeer verwandeln. Wann und wo die Heide ihren violetten Teppich ausbreitet, darüber gibt das Heideblüten-Barometer ab Ende Juli Auskunft. Nach alter Heidjer Faustregel tut sie das normalerweise zwischen dem 8. August und dem 9. September eines Jahres. *www.naturpark-lueneburger-heide.de*

3 Schneverdingen

Snevern – auf Plattdeutsch klingt der Name der Stadt gleich viel mehr nach Norden als in der langen, hochdeutschen Version. In Schneverdingen (18 600 Einwohner) spricht man auch gerne noch platt oder zumindest mit breitem, nordischen Akzent. Obwohl Schneverdingen schon im 13. Jh. erstmalig urkundlich erwähnt wurde, lockt vor allem ein Bau aus dem Jahr 1999 die Besucher. Die Eine-Welt-Kirche ist ein moderner Holzbau, der in seinem Inneren eine Besonderheit birgt: Der Altar zeigt 7000 Erdproben aus der ganzen Welt als Symbol der Vielfalt und der empfindlichen Umwelt. Von dort aus geht es weiter über Schneverdingen ins Moor. Das Pietzmoor ist das größte Feuchtgebiet der sonst eher trockenen Lüneburger Heide und birgt eine Besonderheit: Im März färben sich die Moorfrösche zur Paarungszeit blau, um den Weibchen zu gefallen. Ein ebenso einmaliges Naturereignis wie die Wollgrasblüte im April. *www.schneverdingen.de*

4 Müden (Örtze)

Romantisch – romantischer – Müden, so könnte man zusammenfassen, was die meisten Besucher des 2200-Einwohner-Ortes beim ersten Eindruck vermutlich denken. Verträumt wie aus einem Landidyll-Prospekt entsprungen zeigt sich der Ort mit seinen niedrigen Fachwerkhäuschen, umrahmt von blühend schönen Vorgärten und klappernden Kopfsteinpflasterwegen. Zu den touristischen Höhepunkten gehört die Wassermühle sowie der Heidesee mit seiner spiegelglatten Oberfläche. Die Laurentius-Kirche in der Ortsmitte ist ein heidetypischer Backsteinbau mit nebenstehendem Kirchturm. Fast genau so alt wie die Kirche, die aus dem 13. Jh. stammt, ist die Hillige Eeke, ein beeindruckend dickes Fossil unter den Eichen. Wer sich eine längere Pause gönnen möchte, steigt hier um aufs Kanu und paddelt durch die Landschaft entlang der Örtze. Auch Heideflächen wie der Wietzer Berg oder der Hausselberg lohnen einen ausgedehnten Spaziergang. *www.fassberg.de/gemeinde-fassberg/die-ortschaften/mueden-oertze*

ÜBRIGENS
Die Lüneburger Heide ist bereits seit Mitte des 19. Jh. das größte **Kartoffelanbaugebiet** Deutschlands. 2010 wurde die beliebte »Lüneburger Heidekartoffel« zu den geschützten geografischen Nahrungsmitteln erklärt.

5 Celle

Am südlichen Rand der Lüneburger Heide, am Zusammenfluss von Fuhse und Aller, liegt das romantisch-schöne Celle (70 000 Einw.). 1292 gegründet, residierten hier 1378–1433 die Herzöge von Sachsen-Wittenberg, anschließend bis 1705 jene von Braunschweig-Lüneburg. Das Kleinod unter den Heidestädten besitzt noch rund 500 seit spätgotischer Zeit entstandene Fachwerkbauten, die Fassade des sechsgeschossigen Hoppener Hauses von 1532 ist geradezu ein architektonisches Bilderbuch. In Celle befindet sich außerdem die einzige in Norddeutschland erhaltene Synagoge aus der Barockzeit. *www.celle-tourismus.de*

Das Landschaftsschutzgebiet der Lüneburger Heide erkundet man am bequemsten auf einer Kutschfahrt

Rund 100 km südlich von Bodenwerder, in Hann. Münden, vereinigen sich die Flüsse Fulda und Werra zur Weser

VON BODENWERDER BIS BREMEN: GEHEIMTIPP WESERBERGLAND

1–2 Tage

Das Weserbergland ist Ausgangsregion dieser Tour, die immer entlang des Flusses führt. Sie streift märchenhafte Gebiete, Schlösser, die Rattenfängerstadt Hameln und begleitet den Fluss, der nun immer breiter wird. Dabei liegen technische Besonderheiten wie das Wasserstraßenkreuz in Minden ebenso auf dem Weg wie die Kaffeestadt Bremen.

Bodenwerder
Bremen
197 km
ca. 4 Std.

ETAPPE 1
VON BODENWERDER NACH HAMELN

↔ 23 km ⏱ 25 Min.

Seinem Namen alle Ehre macht das Weserbergland am Anfang dieser Strecke, denn es geht ganz schön hügelig in dieser Region zu. Hier schlängelt sich der Fluss auf der einen Seite durch die flachen Auen, während sich auf der anderen Uferseite steile Hügel aus der Landschaft erheben, bewaldet und manchmal auch mit Villen bebaut. Eine Villa stellt man sich auch als Wohnsitz des Lügenbarons Münchhausen vor, der aus **Bodenwerder** stammt. Sein Geburtshaus wird heute als Rathaus genutzt. An Hieronymus von Münchhausen und seine ungeheuerlichen Geschichten erinnert das Münchhausen-Museum, das in einem alten Schloss untergebracht ist. Wer sich vorher noch mal in einen Geschwindigkeitsrausch bringen möchte, kann das an der Sommerrodelbahn *(www.rodelpark.de)* tun. Immer entlang der Weser kurvt die L 1 nun durch das Herz des Weserberglandes. Dies ist auch die Gegend der Märchen, nur 16 wenige Kilometer südlich Bodenwerder befindet sich die Aschenputtelburg **Polle** auf einem Sporn über dem Wesertal. Unsere Route aber nimmt Kurs in die andere Richtung und zu einem anderen Märchen – zum Rattenfänger von Hameln. In **Emmerthal** ist jedoch etwas wenig Märchenhaftes am Wegesrand zu finden: Das Atomkraftwerk dampft Wasserwolken aus den Schornsteinen, 2021 soll es vom Netz gehen.

ABSTECHER
Die Tour entlang der Weser ist auch eine Tour der Schlösser. Zu den schönsten zählt die **Hämelschenburg**. Das Wasserschloss gilt als eines der Hauptwerke der Weserrenaissance und liegt am Rand von Hameln *(www.schloss-haemelschenburg.de)*.

Wunderschöne historische Bauten säumen den Marktplatz in Rinteln

ETAPPE 2
VON HAMELN NACH RINTELN

↔ 25 km ⏱ 30 Min.

Mit dem Verlauf der Strecke wird auch die Weser breiter, was sich vor allem auf der Weserbrücke in ① **Hameln** bemerkbar macht. Von dort sollten Autofahrer auf jeden Fall das Zentrum ansteuern. Besonders schön sind die Straßen rund um den Marktplatz, eine heißt sogar Himmelreich und ist eine ganz enge Gasse. Noch einen letzten Blick auf das Rattenfängerhaus werfen oder vielleicht doch einen ausgiebigen Museumsbesuch starten? In Hameln kann man gut einen ganzen Tag verbringen.
Unsere Traumstraße schlängelt sich auf der anderen Seite der Weser entlang. In **Fischbeck** ragt der Turm des Klosters aus dem Stadtbild heraus, das Bauensemble reicht zurück in das Jahr 955 und ist noch immer als Frauenstift in Betrieb. Nach diesem Abstecher geht es weiter gen **Hessisch Oldendorf**. Die Fassaden der Fachwerkhäuser zeigen dort sehr deutlich den Baustil der Weserrenaissance, einer für die Gegend typischen Form der Renaissance. Hauptattraktion von Hessisch Oldendorf bleibt das Rittergut **Münchhausenhof**, benannt nach der Familie, die es inzwischen aber verkauft hat. Wie so viele der Schlösser dieser Gegend ist es in Privatbesitz und nur von außen zu besichtigen. Nur wenige Kilometer weiter thront die **Schaumburg** im Wald des Wesergebirges. Sie kündigt das Etappenziel Rinteln an, zu dessen Gemeinde sie gehört.

ABSTECHER
Entlang dieser Strecke besteht an vielen Orten die Möglichkeit, aufs Schiff umzusteigen. Ob in Bodenwerder oder Hameln oder Verden, die **Weserflotte** bietet viele Touren *(www.flotte-weser.de)*.

1163 gegründet, dient Kloster Loccum heute als Veranstaltungsort

ETAPPE 3
VON RINTELN NACH PETERSHAGEN

⟷ 32 km ⏱ 35 Min.

② **Rinteln** zählt zu den eher unbekannten Schätzen des Weserberglandes. Ein Stopp am Marktplatz aber sollte selbst bei knapper Zeit mindestens drin sein. Dort wechseln sich Sandsteingebäude mit traditionellem Fachwerk ab. Wer es nicht so eilig hat, spaziert durch die Altstadt und entdeckt immer wieder Baudenkmäler auf dem Weg. Übrigens lassen sich auch in Rinteln Märchenspuren finden, die Inspiration zu »Tischlein deck dich« soll aus dieser Stadt kommen. Weiter geht es nun nach **Bückeburg**, das für sein Schloss mit der Hofreitschule berühmt ist *(www.schloss-bueckeburg.de)*. Technikfans freuen sich eher auf das Hubschraubermuseum im Ort *(www.hubschraubermuseum.de)*. An der Grenze von Niedersachsen und Nordrhein-Westfalen schlängelt sich die Straße nun nach ③ **Minden**. Dort ist das Wasserstraßenkreuz etwas ganz Besonderes, denn hier wird der Mittellandkanal einer Straße gleich mit einer Brücke über die Weser geleitet. In der Innenstadt gehören der Dom und die Fischerstadt mit den Fachwerkhäusern am Wasser zu den Höhepunkten. Von dort führt die Strecke linksseitig der Weser nach **Petershagen**. Mit einer Windmühle empfängt der Ort seine Besucher, unsere Traumstraße folgt ein Stück der Westfälischen Mühlenstraße.

ABSTECHER
Etwas ganz Einmaliges findet sich in Petershagen: Die **Glashütte Gernheim** präsentiert in Vorführungen, wie Glas mit dem Mund geblasen wird *(www.lwl.org)*.

ETAPPE 4
VON PETERSHAGEN NACH NIENBURG

⟷ 40 km ⏱ 45 Min.

In Petershagen nimmt die Strecke Kurs auf die gegenüberliegende Weserseite. Dabei kommen schon wieder die dampfenden Türme des Kraftwerks Heyden in Sicht, es zählt zu den größten Steinkohlekraftwerken Deutschlands. Besonders schön ist ein Abstecher in das Weserauengebiet nördlich der Stadt, vor allem zur Zeit der Zugvögel im Herbst oder Frühjahr. Es lohnt sich, im Frühjahr auf Masten und Dächer zu schauen, Petershagen mit Umgebung ist eines der letzten Brutgebiete des Weißstorches. Vor allem das Dorf **Windheim**, durch das die Straße führt, ist beliebt bei den Schreitvögeln. Unsere Tour verlässt nun den Fluss, durchquert Felder und Wiesen und erreicht in Leese wieder Niedersachsen. In **Landesbergen** ist ein abgeschaltetes Gaskraftwerk an der Weser zu sehen. Immer wieder lockt das Weserufer am Rand zu einem Spaziergang ein, in **Leseringen** kann man sogar eine alte Fähre beobachten. Schließlich erreicht die Straße das Etappenziel Nienburg.

ABSTECHER
Kloster Loccum ist unbedingt einen Umweg wert. Das Anwesen zählt zu den besterhaltenen Zisterzienserklöstern nördlich der Alpen und zu den ältesten. Herzstück der Anlage ist die spätromanische Klosterkirche von 1230 *(www.kloster-loccum.de)*.

ETAPPE 5
VON NIENBURG NACH VERDEN

⟷ 38 km ⏱ 45 Min.

④ **Nienburg** rühmt sich, den schönsten Wochenmarkt Deutschlands zu besitzen, mit bunten Blumenständen, Feinkost und frischem Obst und Gemüse (Mi und Sa vormittags). Aber auch an anderen Tagen lädt Nienburg zum ausgiebigen Stadtbummel ein. Besonders das Rathaus, aber auch der Stockturm oder die St. Martinskirche lohnen sich, ebenso eine Promenade auf dem Weserwall. Nördlich der Innenstadt können Autofahrer Boote ausleihen und auf dem Wasser etwas entspannen. Vorher aber heißt es: ab ins Spargelmuseum. Nienburg ist Spargelregion, und die Stangen sind in Hannover als Delikatessen äußerst beliebt. Der Spargelbrunnen in der Stadt ebenso wie das Spargelmuseum *(www.museum-nienburg.de)* huldigen der Königin der Gemüse. Aus Nienburg führen zwei Wege gen Bremen, diese Tour wählt die nördlichere Strecke, und sie ist mit mehr Sehenswürdigkeiten gespickt. Zudem folgt sie dem Lauf der Weser. Die Landschaft wird nun rauer und platter, die Norddeutsche Tiefebene zeigt sich deutlich. Es ist ein Gebiet, das immer wieder von sich reden macht, weil eine Tierart es sich zurückerobert hat: der Wolf. Das Thema greift das Wolfcenter in **Dörverden** auf, ein privat betriebener Tierpark, in dem nicht nur Wölfe zu sehen sind, sondern auch viele Fachtagungen zum Thema Wolf und Mensch organisiert werden *(www.wolfcenter.de)*. Einzigartig sind die Baumhäuser im Gelände mit Blick auf die Wolfsgehege. Von dort führt die Straße weiter nach Verden.

EINKEHREN
Torten und eine Süßigkeit namens Verdener Pferdeäpfel erhält man bei der Konditorei **Erasmie**. # Große Str. 110, 27283 Verden, *www.cafe-erasmie.de*

Vier weltberühmte Tiere sind das Wahrzeichen von Bremen

ETAPPE 6
VON VERDEN NACH BREMEN

↔ 39 km ⏱ 52 Min.

Wer die Stadt **Verden** und ihre Umgebung kennt, meint, dass sie eigentlich falsch geschrieben ist, denn eigentlich müsste sie Pferden heißen. Tatsächlich ist sie Stadt der Reiter und der Pferde. Das Pferdemuseum ist das älteste seiner Art in Deutschland und gibt Einblick in die Historie von Pferd und Mensch *(www.dpm-verden.info)*. Aber auch jenseits der Vierbeiner lohnt sich ein Stopp in der Stadt, die auf ihren Dom, das Rathaus und den alten Wehrturm sehr stolz ist. Es ginge auch schneller über die Autobahn, aber die ist einerseits gerne auch mal verstopft, andererseits führt sie nicht an den Sehenswürdigkeiten vorbei. Über Uphusen und Mahndorf geht es am Ufer der Weser direkt auf die Innenstadt von ⑤ **Bremen** zu. Nun heißt es, einen Parkplatz finden und genießen. Etwa die großen Schiffe, die sich an der Schlachte, der maritimen Meile der Stadt, gut beobachten lassen. Mit dabei ist auch immer etwas Kaffeeduft, denn Bremen ist die Stadt der Kaffeeröster. Zum Pflichtprogramm gehört das Schnorrviertel mit den engen Gassen, der Roland, der Markt mit dem Dom und natürlich das Denkmal für die Bremer Stadtmusikanten, denn auch hier gab es Märchenhaftes zu erzählen.

ABSTECHER
Bremen ist Kaffeestadt, bekannteste Rösterei ist **Lloyd Caffee**. Dort kann man nicht nur den frisch gerösteten Kaffee verkostigen, sondern auch eine Führung durch die Rösterei mitmachen *(www.lloyd-caffee.de)*.

ÜBERNACHTEN

Altes Zollhaus Rinteln Modernste Ausstattung bietet dieses Hotel in Rinteln seinen Gästen in zentraler Lage. Einzigartig ist der Blick auf das Tal der Weser. Der Aufenthalt lässt sich prima mit Wanderungen am Fluss entlang kombinieren. # Hauptstr. 5, 31737 Rinteln, Tel. 05751/97180, *www.zollhaus-rinteln.de*

Baumhaus bei den Wölfen In 5 m Höhe über dem Wolfsgehege in einem Baumhaus zu nächtigen, das ist ein außergewöhnliches Erlebnis. Es hat zwar auch seinen Preis, bietet aber tatsächlich unvergessliche Natureindrücke. # Kasernenstr. 2, 27313 Dörverden, Tel. 04234/4999586, *www.tree-inn.de*

ENTLANG DER ROUTE

❶ Hameln

Zwar leistet Hameln sich gleich fünf offizielle Rattenfänger, doch führen die keine Nagetiere aus der Stadt, sondern Touristen in ihr herum. Viele Japaner kennen den Rattenfänger besser als das Brandenburger Tor. Hameln weiß sich zu vermarkten: Über zwei Millionen Tagesgäste kommen jedes Jahr. Natürlich hat die Stadt mehr zu bieten als die Sage aus dem Jahr 1284, wonach ein buntgekleideter Pfeifer 130 Kinder aus der Stadt hinaus und auf den Kalvarienberg führte. Schönste Weserrenaissance ist hier zu sehen – etwa die großartigen Profanbauten in der Osterstraße mit ihren skulpturenverzierten Erkern, die man in Hameln »Utluchten« nennt. Eine Besichtigung wert sind auch die Kirchen, in denen man sich durch die Baustile gucken kann: allein im Münster St. Bonifatius von der Romanik bis zum Barock. *www.hameln.de*

❷ Rinteln

Mit seinen hübschen Fachwerkhäusern zählt Rinteln (25 500 Einw.) zu den schönsten Kleinstädten der Region und macht mit Bauten der Weserrenaissance von sich reden. Vor allem die Ratskellerfassade, aber auch der Münchhausen-Hof sind Mus-

Wunderschöne Häuser säumen die Osterstraße in Hameln

terbeispiele dieser Baukultur. Am besten erkunden lässt sich die Innenstadt vom Marktplatz aus, dort stößt man auf ein Nachtwächter-Denkmal, aber auch auf das Museum Eulenburg, das thematisch Heimatkunde und Hexenverfolgung aufgreift. Fachwerkschön präsentiert sich auch das Gebäude Prinzenhof. Das Gebäude Oberer Eisenhammer ist industriehistorisch interessant, er stammt aus dem 18. Jh. und wurde mit Wasserkraft angetrieben, um Spaten und Hacken zu schmieden. Der Komplex ist heute ein Denkmal. Lohenswert ist zudem ein Abstecher auf die nahe Schaumburg, und wer es lieber außergewöhnlich mag, der gönnt sich eine Auszeit bei einer Draisinentour. *www.rinteln.de*

3 Minden

Es gibt Städte, die werden einfach unterschätzt. Minden ist auch so ein Fall. Die Stadt (81 700 Einwohner) liegt direkt an der Weser und verfügt über ein wohl einmaliges Bauwerk: das Wasserstraßenkreuz. Dort wird der Mittellandkanal über eine Trogbrücke in ein Betonbett verlegt und somit über die 13 m tiefer gelegene Weser geleitet. Doch es ist sicher nicht die erste Anlaufstelle für Minden-Besucher, sondern eher der Mindener Dom. Er geht immerhin schon auf das Jahr 800 zurück. Die Maßwerkfenster des Langhauses gehören zu der wertvollen Ausstattung ebenso wie die Altäre, besonders das Domkreuz und die Nachbildung der Goldenen Tafel zählen zu seinen Schätzen. Direkt an den Dom schließt sich Mindens Altstadt mit ihren Fachwerkhäusern an. Besonders schön ist das Windloch genannte Haus nahe der Martinikirche. Von dort führt eine Treppe zur Weserterrasse und zum schönen Fischerviertel, einem Teil der Mindener Altstadt. *www.minden.de*

4 Nienburg

Einst diente eine Festung im heutigen Nienburg der Bewachung eines wichtigen Übergangs über die Weser. Heute kreuzen sich in der Stadt mit den zahlreichen Fachwerkhäusern und Hofanlagen, die bis ins Mittelalter zurückreichen, eine Vielzahl von touristischen Themenrouten. Die 31 000-Einwohner-Stadt an der Mittelweser liegt u. a. an der Niedersächsischen Spargelstraße, den Wegen der Romantik, der Straße der Weserrenaissance, der Deutschen Fachwerkstraße, der Deutschen Märchenstraße und der Mühlenstraße. Ende Juni findet an einer 300 m langen, fein gedeckten Tafel im Zentrum das Nienburger Pellkartoffelessen statt. *www.nienburg.de*

Blick auf die »Schlachte«, Bremens historische Uferpromenade

5 Bremen

Das kleinste Bundesland spielt in der ersten Liga, beim Fußball knapp, im Tourismus locker. Die Bremer gelten als unabhängig und weltoffen, verlässlich, gelassen und stur – hanseatisch eben. Eigenständigkeit hat vin der alten Hansestadt (550 000 Einw.) eine lange Tradition. Schon im 12. Jh. bestanden die wohlhabenden Kaufleute auf Teilhabe an der Stadtverwaltung, ein erster Vorgänger der heutigen Bremer Bürgerschaft entstand. Ihre stolzen Symbole sind am Marktplatz das prächtigen Rathaus (1405–1410) und die übergroße Steinfigur des Roland (1404), der mit blankem Schwert über die Rechte der Bremer wacht. Sein Blick ist auf den St.-Petri-Dom geheftet – für freiheitsbewusste Bürger liegt darin schon eine Beruhigung. Eine bei Alt und Jung beliebte Attraktion findet man an der Westseite des Alten Rathauses, wo seit 1953 die Bronzefigur der vier Bremer Stadtmusikanten eines der bekanntesten Grimm'schen Hausmärchen thematisiert. Vor allem der Esel, der auf seinem Rücken Hund, Katze und Hahn trägt, wird viel getätschelt, denn angeblich kehrt man nach einer solchen Berührung nach Bremen zurück. *www.bremen-tourismus.de*

TYPISCH

Wer das winterliche Nordwestdeutschland durchfährt, wird des Öfteren kleine Wandergruppen auf dem Land sehen. Die Wahrscheinlichkeit ist hoch, dass es sich um eine **Kohlfahrt** handelt. Das Ziel sind Landgasthöfe, in denen Grünkohl mit Pinkel, einer grobkörnigen Gewürzwurst, aufgetischt wird. Unbedingt probieren!

Der Naturpark Märkische Schweiz bietet viel sattes Weideland

ODERBRUCH UND MÄRKISCHE SCHWEIZ: LANDPARTIE FÜR ENTDECKER

1–2 Tage

Nichts geht dem Berliner über seine Fahrt ins Grüne. Wir tun es ihm gleich. Die sanfte Hügellandschaft des Barnim, die abgeschiedene Stille des Oderbruchs und die wildromantische Wald- und Seenlandschaft der Märkischen Schweiz begleiten unsere Stippvisite. Dicht beieinander gelegen, könnten die Gegenden unterschiedlicher nicht sein.

Ahrensfelde
Altlandsberg
185 km
3,5–4 Std.

ETAPPE 1
VON AHRENSFELDE ZUM ODERDEICH IN HOHENWUTZEN

⟷ 52 km ⏱ 60 Min.

Wir tanken und starten im Berliner Osten, in **Ahrensfelde**. Erster Stopp auf der B 158 ist der Blumberger **Lenné-Park** gleich rechts an der Dorfstraße. Mit 230 Jahre alten Eichenalleen und einem wilden Geflecht von Wassergräben bezirzt er uns als kleine Oase. Weiter geht's nun nach **Seefeld**. Hier genießen wir kurz den Ausblick auf den herrlichen Haussee und den Jakobsweg nach **Werneuchen**. Auch uns zieht es nun dorthin, in ein Städtchen, das schon Fontane (1861) als »sauber und an Wohlhabenheit wachsend« empfand. Im Kreisverkehr folgen wir dem Schild nach **Tiefensee**. Am dortigen Bahnhof wartet eine Draisine auf Besucher, um sie ins 12 km entfernte Sternebeck zu bugsieren. Dort kann man den High-Tech-Atombunker Harnekop sehen, der zu DDR-Zeiten für den »Ernstfall« angelegt wurde. Nach 20 verkehrsarmen Alleekilometern auf der B 158 erreichen wir ① **Bad Freienwalde**, das in seine Moorbäder, den Lenné-Kurpark oder auf die 38 m hohe, nördlichste deutsche Skisprungschanze von 1929 einlädt. Der Ausblick aus Springersicht ist grandios. Am nostalgischen Holzpavillon Blaue Zwiebel neben der alten Papenmühle gönnen wir uns eine Kaffeepause *(www.cafe-blaue-zwiebel.de)*. Wir folgen der B 158 gen Norden, überqueren nach ca. 3 km die Alte Oder, nach der wir links und gleich wieder rechts abbiegen. Bald darauf geht die B 158 in die 158A über, die uns bis **Hohenwutzen** durch Auenwälder mit schwarzen Pappeln und ins Binnendelta des Oderbruchs führt. Der Parkplatz ist schnell gefunden. Bei einem Deichspaziergang lassen wir in der bezaubernden Flusslandschaft des Grenzlandes die Seele baumeln.

ZU FUSS
Östlich von Tiefensee führen **Rundwanderwege** um den malerischen Gamen-, Mittel- und Langen See.

ACHTUNG!
Auf der **B 158** sind meist nur 80 km/h erlaubt, und einige stationäre Blitzer sorgen für unbeliebte Erinnerungsfotos.

Schloss Gusow präsentiert sich im Stil englischer Landsitze

ETAPPE 2
VON HOHENWUTZEN ÜBER FLUSSPOLDER NACH SEELOW

⟷ 62 km ⏱ 75 Min.

Auf der 158A fahren wir circa 4 km wieder zurück und biegen dann links Richtung Gabow auf die L 28. So gelangen wir in das größte zusammenhängende **Flusspoldergebiet** Deutschlands. Das stille Idyll scheint fast unwirklich, es gibt kaum Verkehr. Dieses faszinierend angelegte Grabensystem besticht mit einer fast unberührten Pflanzen- und Tierwelt. Sogar Biber gibt es hier wieder. In der Landschaft verstreut liegen die typischen Gehöfte, Loose genannt. Friedrich II. hatte sie seinerzeit für (s)ein starkes Preußen angeordnet und die Odersümpfe trockenlegen lassen, um Menschen aus aller Herren Länder hier anzusiedeln. Mehr über diese Alt- und Kolonistendörfer erfahren wir in den kleinen Dörfchen um ② **Oderaue**, z. B. Neulewin oder Altwriezen, die schon seit Längerem Künstler und Kunsthandwerker anziehen. So freuen sich das **Theater am Rand** und die Ziegenzüchter in Zollbrücke, die Oderbruchscheune in Neulewin und das **Oderbruch Museum Altranft** *(oderbruchmuseum.de)* immer über Gäste. Kinder sind sicher begeistert von den Rotgesichtsmakaken und Streifenhörnchen im Oderbruchzoo Altreetz. Gemächlich zuckeln wir via Letschin weiter über die L 33 nach Süden zum

Schloss Gusow mit seiner herrlichen Parklandschaft. Ein Berliner Architektenpaar hat das Gebäude liebevoll saniert. Stimmungswechsel nach etwa 7 km auf der B 167: Die **Gedenkstätte Seelower Höhen** erinnert an die größte Schlacht des Zweiten Weltkriegs auf deutschem Boden. Im Frühjahr 1945 ließen hier mehr als 100 000 Soldaten verschiedener Nationen ihr Leben. Heute informieren und begegnen sich dort Menschen aus aller Welt und genießen von der Anhöhe den Blick ins friedliche Land.

ABSTECHER
Das prächtige Schloss und die bekannte Schinkelkirche in **Neuhardenberg** sind nur 7 km von Gusow entfernt und über die B 167 in nördlicher Richtung schnell erreicht.

ETAPPE 3
VON DEN ODERHÄNGEN SEELOW-LEBUS NACH MÜNCHEBERG

⟷ 26 km ⏱ 30 Min.

Wir verlassen **Seelow** in westlicher Richtung und treffen auf die B 1. Wir biegen nach links ab: unendliche Felder, Wiesen und Wälder, kleine Hügel und eine zauberhafte Allee, die bis nach Berlin reicht. Wie an einer Kette reiht sich hier See an See, Schloss an Schloss und Park an Park – ein herrliches Kontrastprogramm zum flachen Oderbruch mit seinem schier endlosen Himmel. Kaum verwunderlich also, dass sich Künstler wie Ulrich Plenzdorf, Bettina Wegner oder Klaus Schlesinger hier zu Hause fühl(t)en. Schattige, gepflegte Rastplätze seitlich der Allee sind gut fürs Fahrergemüt. Ebenso der Anblick des privat sanierten **Schlosses Diedersdorf** im Gutshausstil. Schon ein kurzer Blick in den Schlosspark links der Straße lohnt. Für die 150 Skulpturen und 4000 Zeichnungen des Bildhauers Gustav Seitz im **Museum Schloss Trebnitz** *(www.schloss-trebnitz.de)* braucht es mehr Zeit (in Jahnsfelde rechts abbiegen und 3 km weiterfahren). Fantastisch ist auch der große Schlosspark, seinerzeit eigens von Meister Lenné kreiert. In **Jahnsfelde** im Stammschloss derer von Pfuel dagegen legte Konkurrent Graf Pückler gekonnt Hand an – überwältigend schön. So auch die Schlosskirche aus Feldstein, dem typischen Baumaterial der Gegend. Nachdem wir unseren Hunger im Landgasthof Jahnsfelde gestillt haben, nehmen wir Kurs auf ③ **Müncheberg**, das Tor zur Märkischen Schweiz. Dafür biegen wir von der Umgehungsstraße B 1 rechts in die Seelower Straße ab und bewundern zunächst die Stadtmauer nebst Türmen, die wie die Kirche Jahnsfelde aus bearbeiteten Feldsteinen bestehen. Nur noch wenige Baumeister beherrschen dieses Handwerk. Es wird in der Region aber wieder gelehrt, um die vielen alten Gemäuer zu restaurieren.

ETAPPE 4
VON MÜNCHEBERG IN DEN KNEIPPKURORT BUCKOW

⟷ 15 km ⏱ 20 Min.

Direkt von der Stadtmitte Münchebergs aus fahren wir auf die B 168 gen Norden und streifen bald darauf **Waldsieversdorf**. Die Seen rund um diesen kleinen staatlich anerkannten Erholungsort inmitten von Laub- und Nadelwäldern wären einen eigenen Tagesausflug wert. Wir machen aber einen kurzen Abstecher zum ehemaligen Sommerhäuschen von **John Heartfield** *(www.heartfield.de)*. Die heutige Begegnungsstätte erinnert in einer kleinen Ausstellung an den Künstler, der für seine

Blühende Bäume säumen eine Landstraße bei Buckow im Havelland

politischen Fotomontagen Berühmtheit erlangte. Sein Freund Bert Brecht hatte ihm den abgeschiedenen Ort empfohlen. Auch heute noch – ob am Lauf der Stobber, im Roten Luch oder an den herrlichen Seen – ahnt man bald, warum.
Wir fahren weiter: in nördlicher Richtung auf der Berliner Straße bis **Buckow** durch die ④ **Märkische Schweiz**, dem ersten und kleinsten Naturpark Brandenburgs. Alles, was die Eiszeit formte, erleben wir hier auf engstem Raum: Sölle, Seen und Fließe, Quellen und Moore, Schluchten und »Berge« und bei Müncheberghofe sogar eine Binnendüne. In Buckow angelangt, atmen wir die nachweislich nervenstärkende Luft des einzig anerkannten Kneippkurortes in Brandenburg. Wir parken in der Bertolt-Brecht-Straße. Nun können wir entweder das **Brecht-Weigel-Haus** besuchen, in dem Bertolt Brecht seine letzten Sommer verbrachte *(www.brechtweigelhaus.de)*, oder wir gönnen uns nach der Autofahrt eine Kneippkur und waten im kühlen Wasser des klaren Schermützelsees mitten im Ort.

ALTERNATIVE
Von Mai bis Anfang Oktober pendelt an Wochenenden die Kleinbahn **»Buckower«** zwischen Müncheberg und Buckow. Und das seit über 120 Jahren!

ETAPPE 5
VON BUCKOW NACH ALTLANDSBERG

⟷ 30 km ⏱ 35 Min.

Ein letzter Blick zurück, dann verlassen wir Buckow gen Norden und biegen links auf die L 34 nach ⑤ **Strausberg**. Das Städtchen liegt idyllisch am Straussee, dessen waldiges Ufer ein 9,5 km langer Rundweg erschließt. Wer abkürzen will, nimmt mitten im Ort die einzige elektrisch betriebene Personen-Seilfähre Europas, die ganzjährig auf die andere Seite übersetzt.
Uns zieht es aber noch weiter zum nahen **Bötzsee** im Fredersdorfer Mühlenfließ: In Strausberg biegen wir vor der Stadtmauer links ab und im Ort wieder links in die Große Straße, nach der Tankstelle rechts und im nächsten Kreisverkehr links nach Postbruch. Parkplätze an der Altlandsberger Chaussee gibt es reichlich. Das Strandbad ist nah. Hier könnten wir auch ein Ruderboot mieten und weiter draußen ins Wasser springen oder in einer der vielen kleinen Sandbuchten anlegen.

Herbststimmung am Großem Tornowsee im Schutzgebiet Stobbertal

Anschließend geht es westlich weiter auf der L 33. In 10 Minuten ist die Eisdiele am Berliner Tor in ⑥ **Altlandsberg** erreicht. Bei einem Spaziergang durch den idyllischen Stadtkern erfahren wir einiges über die 800-jährige Geschichte. Zu dieser gehört auch das einstige Armenhaus in der Stadtmauer, das heutzutage in originellem Ambiente regionale Gerichte von Schnitzel bis Zander serviert *(armenhaus-altlandsberg.de)* – ein schöner Abschluss für unsere Landpartie.

ZU FUSS
Auch den **Bötz-** und den **Fängersee** kann man in gut zwei Stunden umrunden, meist direkt am Ufer entlang durch den Wald.

ÜBERNACHTEN
Maschinenhaus Freundliche Zimmer und ein traumhaft weiter Blick über die Oder. # Hafenstr. 2, 15324 Letschin, OT Groß Neuendorf, Tel. 03 34 78/38 77 10, *www.maschinenhaus-online.de*

The Lakeside Burghotel zu Strausberg Übernachten vom Feinsten und Spa am Straussee. # Gielsdorfer Chaussee 6, 15344 Strausberg, Tel. 033 41/346 90, *www.burghotel-strausberg.de*

ENTLANG DER ROUTE

❶ Bad Freienwalde

Zwischen Oderbruch, Barnim und der Märkischen Schweiz liegt die Stadt Bad Freienwalde mit ungewöhnlich steilen Straßen und Gassen. Die preußische Königin Friedericke Luise, Gemahlin von König Wilhelm II., wählte den Ort einst als Sommersitz und ließ sich im Jahr 1798 hier ein Schloss bauen. Später kreierte Gartenkünstler Peter Joseph Lenné den Schlosspark dazu. Als älteste Kurstadt Brandenburgs profitiert sie vom Naturmoor im Finower Polder. *www.bad-freienwalde.de*

❷ Theater am Rand, Oderaue

Das Theater am Rand ist das östlichste Deutschlands. Es spielt im Oderbruch, nahe der polnischen Grenze und ohne Eintrittskarten. Man zahlt am Ende der Vorstellung, was man will. Die Landschaft ist Kulisse. Gerade das zieht Tausende zu den Künstlern Tobias Morgenstern und Thomas Rühmann. Ein wahres Kunsterlebnis! *www.theateramrand.de*

❸ Müncheberg

Die Kleinstadt Müncheberg umschließt eine weitgehend erhaltene Stadtmauer aus Feldsteinen (14. Jh.). Bestehen blieben auch der runde Küstriner- und der quadratische Berliner Torturm. Die frühgotische Kirche St. Marien mit dem von Karl Friedrich Schinkel entworfenen Westturm (1829) ist ein faszinierendes Beispiel für die Weiternutzung eines wegen rückgängiger Gläubigenzahlen überdimensionierten Gotteshauses. Indem man nämlich, einem Schiffsrumpf gleich, ein Kulturzentrum in den Kirchenraum hineinbaute, gewann man Platz für ein zeitgemäßes Kulturzentrum mit Stadtbibliothek.

❹ Märkische Schweiz

Auf 205 km² sind in Brandenburgs kleinstem Naturpark dennoch alle typischen Landschaften vertreten. Hügelig von der letzten Eiszeit geformt, können hier Sölle, Seen, Quellen, Fließe, Fischteiche, Buchenwälder, Kiefernforste, Schluchten, Berge, Moore, Wiesen sowie eine Binnendüne auf einer 20,8 km langen Naturparkroute erwandert werden. Fast die gesamte Fläche des Parks ist auch Europäisches Vogelschutzgebiet. *www.maerkische-schweiz-naturpark.de*

Münchebergs Pfarrkirche St. Marien wird heute auch für kulturelle Zwecke genutzt

5 Strausberg

Die grüne Stadt am Straussee hält für jeden etwas bereit. In der Stadt oder um den See lässt es sich gemütlich wandern oder Rad fahren. Eine kleine Badestelle lädt zum Ausruhen ein. Wer den Grund des Sees erleben möchte, kann das an der Tauchstation. Vom Turm der Marienkirche kann man den Weitblick auf Stadt und See genießen. Die Kirche, seit 1254 von den Dominikanermönchen des einstigen Klosters benutzt, gilt heute als ältestes Bauwerk der Stadt. *www.stadt-strausberg.de*

6 Altlandsberg

Die Kleinstadt (9500 Einw.) vor den Toren Berlins besitzt noch seinen mittelalterlichen Grundriss. Vorwiegend zweigeschossige Bürgerhäuser aus dem 19. Jh. prägen das Stadtbild, aus dem die gotische Marienkirche mit großem, barockbehelmten Feldsteinturm und die ebenfalls barocke Schlosskirche (1768) herausragen. Die Stadtmauer aus unbearbeiteten Feldsteinen blieb fast vollständig erhalten, auch der Strausberger Torturm im Osten und der Berliner Torturm im Süden. *www.altlandsberg.de*

Besonders gut lässt sich das Biosphärenreservat Spreewald bei einer Kahnfahrt entdecken

VOM DAHMELAND ÜBER DEN SPREEWALD INS LAUSITZER SEENLAND

1–2 Tage

Vom Preußischen ins Slawische: eine Tour voller Kontraste. Vom Naturpark Dahme-Heideseen geht es Richtung Süden durch das wald- und seenreiche Dahmeland in das Wasserlabyrinth des Spreewaldes. Die Reise führt danach in die größte künstlich geschaffene Seenlandschaft Europas, die aus dem ehemaligen Tagebau »herauswächst« und spektakuläre Natur- und Sportabenteuer bietet. Auf Schritt und Tritt begegnen wir Zeitzeugen der Industriekultur sowie sorbischen Traditionen und Bräuchen.

König Wusterhausen
Großräschen
157 km
ca. 3 Std.

ETAPPE 1
VON KÖNIGS WUSTERHAUSEN NACH LÜBBENAU

⟷ 65 km ⏱ 60 Min.

Startpunkt unserer Tour ist das Schloss des »Soldatenkönigs Friedrich Wilhelm I. *(www.spsg.de)* in ① **Königs Wusterhausen**. Von da ab ist in wenigen Minuten über die Cottbuser Straße die Bundesstraße B 179 erreicht. Wir fahren gen Süden durch den herrlichen **Naturpark Dahme-Heideseen** bis zur Kreuzung mit der B 87. Tropical Islands und Karibikfeeling lassen wir rechts liegen und sind nun nur noch wenige Kilometer von Lübben entfernt. Wir befinden uns mitten im sagenumwobenen ② **Spreewald**, dem Siedlungsgebiet der slawischen Sorben (Wenden). Die Fließsysteme und Weiher sind in ihrer Art weltweit einzigartig. Ebenso die leckeren Spreewälder Gurken, die hier überall verkauft werden. Deren Rezept und Name sind geschützt. Viele Urlauber staken im Kahn durch das riesige Gelände bis zum Großen Spreewaldhafen ③ **Lübbenau**. Doch auf der Landstraße L 49 erreicht man diesen schnell mit dem Pkw. Auch von Lübbenau aus kann man die historische Kulturlandschaft ringsum mit ihrer unendlichen Stille, Flora und Fauna mit der Familie oder der Gruppe im Spreewaldkahn beobachten und genießen.

PER KAHN
Vom Hafen Lübbenau empfiehlt sich eine zweistündige Erkundungstour per Spreewaldkahn bis ins **Sorbische Freilandmuseum Lehde**. Hier macht der Kahn 30 Min. Station.

ABSTECHER
Es lohnt sich, in Lübben auf die Landesstraße L49 abzubiegen, um dem originalgetreuen Fachwerkhof in **Alt Zauche-Wußwerk** einen Besuch abzustatten oder in der Osterzeit bei Zampern und Spinteball dabei zu sein.

Malerisch und verwinkelt: die Altstadt von Lübbenau

ETAPPE 2
VON LÜBBENAU NACH LICHTERFELD-SCHACKSDORF

⟷ 39 km ⏱ 40 Min.

Für die Weiterfahrt nehmen wir für wenige Kilometer die A 13 bis Bronkow, damit genügend Zeit für den Besuch des **Besucherbergwerks F60** (gut ausgeschildert) bleibt. Schon von Weitem ist der tonnenschwere Stahlkoloss zu sehen. Scherzhaft »Liegender Eiffelturm« genannt, thront die 502 m lange umgenutzte Kohle-Abraumförderbrücke über dem künftigen Bergheider See. Vom 78 m hohen Ausleger bietet sich eine grandiose Aussicht weit über den Flutungssee. Im einstigen Werkstattwagen kann man Führungen hoch hinauf oder das Abseilen von der F60 buchen.

NATURSCHAUSPIEL
Unzählige **Kraniche** kann man im Frühherbst in der Heinz-Sielmann-Naturlandschaft Wannichen bei der Rast beobachten *(www.wannin chen-online.de)*.

ETAPPE 3
VON LICHTERFELD-SCHACKSDORF NACH LAUCHHAMMER

⟷ 15 km ⏱ 20 Min.

Die Landstraße L 60 in die Stadt des Kunstgusses Lauchhammer entführt in eine außergewöhnliche Landschaft mit bizarren Dünen aus Kohle-Sandstaub und einigen kleinen Seen. Urige Pflanzen und Tiere erobern sich ihr Terrain auf dem stillgelegtem Tagebaugelände zurück, wunderschöne junge Birkenwäldchen am Straßenrand begleiten unsere weitere Fahrt. In **Lauchhammer** sind wir schließlich am Ziel unserer Tagestour. Kunstgussmuseum oder ein Glockenguss live in der Kunstgießerei? Beides lohnt sich. Doch wir entscheiden uns für die **Biotürme**. Ähnlich dem Castel del Monte fügen sich hier 24 Turmtropfkörper einer Großkokerei aus den 1950er-Jahren zusammen und sehen in ihrer sanierten Klinkerarchitektur einfach sensationell aus. Ein Blick von den gläsernen Aussichtskanzeln auf den »Park der Bergbaurelikte« gleicht einer Zeitreise in die 150-jährige Industriegeschichte. Den Abend lassen wir am besten bei einem kurzen Spaziergang im **Mückenberger Park** im Süden der Stadt ausklingen. Er erinnert an die dänisch-deutsche Adlige und Gründerin des Eisenwerkes in Lauchhammer, Benedicta Margareta von Löwendal, die den kleinen Park um das Jahr 1700 mit Schloss und Kirche anlegen ließ. Letztere steht auch heute noch *(www.lauchhammer.de)*.

ETAPPE 4
VON LAUCHHAMMER NACH SENFTENBERG

↔ 22 km ⏱ 30 Min.

Die Bundesstraße B 169 ist sehr gut ausgebaut, von Lauchhammer aus geht es nun zügig voran. Zuletzt noch ein Blick auf die herrliche Teichlandschaft entlang der Schwarzen Elster, dann ist schon bald die alles überragende Kirche der Gartenstadt **Marga-Brieske** in Sicht. Ein kurzer Rundgang durch die erste und wohl schönste Werkssiedlung Deutschlands ist zu empfehlen. Nach Plänen des Dresdner Architekten Georg Heinsius von Mayenburg wurde sie um 1907 für die Arbeiter und Angestellten der

AUSSICHTSPUNKT
Rund um die Uhr lässt sich die 30 m hohe Plattform des Kunstobjekts **»Rostiger Nagel«** besteigen. Die Aussicht ist einmalig! Zu erreichen über die Dorfstraße Kleinkoschen (*www.lausitzerseenland.de*).

22 m hoch erheben sich die monumentalen Biotürme in den Himmel über Lauchhammer

einstigen »Grube Marga« im Auftrag der Ilse-Bergbaugesellschaft gebaut. Kreisförmig um die Kirche angelegt, beherbergt die Stadt wunderschön hergerichtete Häuser im Jugendstil. Wenige Kilometer später spazieren wir vom nahe gelegenen Zentrum ④ **Senftenbergs** auf dem wegweisenden Pfad der blauen Stelen und Quader direkt zum neuen Stadthafen. Vor uns erstreckt sich ein 1300 ha großes Freizeitparadies. Baden mit und ohne Badekleidung am 7 km langen Strand, Tauchen, Segeln, Wasserwandern – alles ist möglich. Ein 18 km langer Radweg führt um den See herum. Einfacher geht das Ganze mit dem Solarkatamaran »AquaPhönix« *(www.lausitzerseenland.de)*, der über den Koschener Kanal mit Schleuse bis zum Geierswalder See fährt. Wir sind mittendrin im **Lausitzer Seenland**, der größten künstlich geschaffenen Seenlandlandschaft Europas – faszinierend!

EINKEHREN
Restaurant Hänig Einfach und lecker speisen wie einst die Kohlearbeiter – vom fangfrischen Fisch bis zu Lausitzer Spezialitäten. # Briesker Str. 17, 01968 Senftenberg. Tel. 03573/73251, *www.pension-haenig.de*

ETAPPE 5
VON SENFTENBERG NACH GROSSRÄSCHEN

⟷ 16 km ⏱ 20 Min.

Nachmittag und Abend gehören der Seestadt ⑤ **Großräschen**. Wir gelangen direkt auf der Bundesstraße B96 dahin, vorbei am nahe gelegenen Sedlitzer See. Von der B96 biegen wir links in die Seestraße ab und stoppen auf dem großen Parkplatz nahe der **IBA-Terrassen**. Dort begeben wir uns zu Fuß auf den Rundweg, vorbei am Flutungssee des ehemaligen Tagebaus Meuro hinauf zur **Viktoriahöhe**. Der grandiose Ausblick auf die Seebrücke, einem umfunktionierten Bergbaugerät, den neugebauten Stadthafen am Fuße der »Weißen Stadt«, die Weinreben am Ufer der IBA-Terrassen – mediterranes Feeling pur. Hinab führt der Weg auf die Allee der Steine mit inszenierten Bergbaufindlingen und herrlichen Streuobstwiesen ringsum. Auch das **IBA Studierhaus**, das frühere Beamtenhaus der Bergbaugesellschaft, ist zu sehen. Von 2000 bis 2010 war es Sitz der Internationalen Bauausstellung »Fürst-Pückler-Land«. Hier

Der Senftenberger See ist ein hervorragendes Segelrevier

werden Filme zur Lausitzer Region und zur IBA vorgeführt sowie Bücher und Prospekte verkauft – bei italienischem Espresso und hausgemachtem Kuchen im hauseignen Café, versteht sich. Uns zieht es ins **Fälschermuseum** nebenan. Die über 100 ausgestellten Reproduktionen des russischen Falschmalers Posin sind mehr als nur Fake und durchaus einen Besuch wert. Die Seestraße ist wie die Stadt durch die B96 zweigeteilt. Auf der anderen Seite sehen wir uns am neu gestalteten Marktplatz den **Kurmärker** mit wunderschönem Fachwerk von 1781 an. Hier ist fast täglich etwas los: Auf dem Programm stehen Theateraufführungen, Shows, Karneval, Konzerte und Kinovorführungen *(www.grossraeschen.de)*. Im **Landwirtschaftsmuseum** gleich nebenan mit angeschlossenenm Hofladen und Weinscheune lassen wir unsere Reise bei einem Glas Wein an den Uferterrassen des Großräschener Sees ausklingen.

KONDITOREI
Das Kosten von Blechkuchen und Torten nach altem Handwerk aus der **Bäckerei Weise** ist ein Muss. # Gartenstr. 13, 01983 Großräschen, Tel. 034753/5444

ÜBERNACHTEN
Villa K In typischer Architektur der 1920er-Jahre präsentiert sich dieses Haus und lädt mit gemütlichen Einzel-, Zwei- oder Dreibettzimmern zum Übernachten ein. # Wilhelm-Külz-Str. 2, 01979 Lauchhammer, Tel. 03574/862011, *www.gaestehaus-villa-k.de*

Hotel-Pension Mandy Fabelhafte Drei-Sterne-Qualität, Zimmer und Apartments im Stadtzentrum, 1 km vom Senftenberger See entfernt. # Kreuzstr. 27, 01968 Senftenberg, Tel. 03573/790058, *www.pensionmandy.de*

ENTLANG DER ROUTE

1 Königs Wusterhausen

Die größte Stadt im Landkreis Dahme-Spreewald zeigt viele Facetten, pflegt ihre Historie und Kultur, sorgt für viel Sport und Gesundheit. Von Wäldern, Wiesen und Seen umgeben, kommt für Besucher keine Langeweile auf. Schloss Königs Wusterhausen war ein Weihnachtsgeschenk für den 10-jährigen Kurprinzen (später Soldatenkönig Friedrich Wilhelm I.). Das Bauwerk deutet auf eine mittelalterliche Wehrburg zwischen Teltow und Lausitz hin. Heute zu besichtigen sind die ehemaligen königlichen Wohnräume, ausgestattet mit Mobiliar und Gemälden des anfänglichen 18. Jh., darunter auch ein eigenhändiges Gemälde des Soldatenkönigs und die Offiziersgalerie, eine Leihgabe des Hauses Hohenzollern. *www.koenigs-wusterhausen.de*

2 Spreewald

Etwa 100 km südöstlich von Berlin verzweigt sich die Spree samt den beiden Zuflüssen Malxe und Berste auf etwa 75 km Länge und bis zu 16 km Breite in ein fein verästeltes Netz von sog. »Fließen« und fast stehenden Gewässern. Die uralten Auenwälder des Spreewaldes säumen dieses insgesamt rund 1500 km umfassende Fließsystem. Umso ungestörter gedeiht hier eine reiche Pflanzen- und Tierwelt mit rund 18000 Arten, und noch heute stoßen aufmerksame Besucher zwischen Sumpfdotterblumen und Hahnenfuß auf Bekassine, Rotbauchunke oder die seltene Libellenart der Grünen Mosaikjungfer. Auch Fischotter, hier Wassermarder genannt, fühlen sich im Spreewald wohl. So bedeutend ist diese Naturlandschaft, dass sie 1991 als Biosphärenreservat unter den Schutz der UNESCO gestellt wurde. *www.spreewald-info.de*

3 Lübbenau

Das sorbische Lubnjow (17000 Einw.) ist der Geburtsort des Spreewald-Tourismus. Schon 1882 hatte ein findiger Lübbenauer erstmals Kahnfahrten für Ausflügler aus Berlin angeboten. In Lübbenau selbst rahmen freundliche Bürgerhäuser den idyllischen Marktplatz ein, auf dem eine Postmeilensäule von 1740 Ziele in Sachsen anzeigt. Das Torhaus am Topfmarkt beherbergt das Spreewaldmuseum. Hier kann man die Geschichte der Regi-

Faszinierende Kulturlandschaft: Der Spreewald ist weit über die Grenzen Brandenburgs hinaus bekannt

on in allen Facetten und mit Erlebnisstationen erleben. Im Ortsteil Lehde gewährt ein Freilandmuseum Einblick in das Leben sorbischer und deutscher Spreewaldbewohner vor über 100 Jahren. Zu sehen sind Hofanlagen aus den verschiedenen Regionen des Spreewalds, die eifrig zusammengetragen und hier liebevoll wiederaufgebaut wurden. *www.luebbenau.de*

4 Senftenberg

Wie viele alte Orte der dünn besiedelten Braunkohleregion hat Senftenberg seit seiner ersten Erwähnung im Jahr 1279 wechselvolle Geschichte(n) erlebt. Einst am Tagebau gelegen, verfügt es heute über den größten künstlichen See Europas (entstanden durch Flutung einer Braunkohlegrube ab 1967) und ist für Wassersportler und Familien ein begehrtes Naherholungsgebiet. Das Hafencamp Senftenberg See bietet alles zum Ausleihen an, was man für den Wassersport gebrauchen kann. *www.senftenberg.de, www.senftenberger-see.de*

LAUSITZRING

Die Rennstrecke auf dem Gelände des einstigen Braunkohletagebaus Meuro erlebte im Jahr 2000 die ersten Autorennen. Bis zu 120 000 Besucher können dort Rennen der DTM zusehen. Auch für Fahrsicherheitstrainings und Open-Air-Konzerte wurde der Ring genutzt. Im Jahr 2017 kaufte die Prüfgesellschaft Dekra die Strecke und baut sie seitdem zum Testzentrum für autonomes Fahren aus (*www.dekra-lausitzring.de*).

5 Großräschen

Eine 150-jährige Bergbautradition, die Lage in der größten Landschaftsbaustelle Europas sowie die Idee und Projekte der internationalen Bauausstellung Fürst-Pückler-Land (2000–2010) machten die Stadt weithin bekannt. Aus einem Ort des Bergbaus entwickelte sich eine Seestadt mit eigenem Hafen, der Großräschen zum Tor des Lausitzer Seenlandes macht. Am Rande des ehemaligen Tagebaus Meuro, der derzeit geflutet wird, breiten sich die IBA-Terrassen an der Seebrücke, über dem Weinberg und an der Victoriahöhe aus. Drei Gebäudewürfel sind über die Terrassen miteinander verbunden. In den Würfeln befindet sich das Besucherzentrum Lausitzer Seenland mit der Ausstellung »IBA meets IBA«, die einen Überblick über 100 Jahre Internationale Bauausstellungen (IBA) schafft. *www.grossraeschen.de*

Von der kleinen Siedlung Torfhaus bietet sich ein wunderbarer Blick auf das Bergmassiv des Broken

WALD, WASSER UND WEITBLICK: DIE GROSSE HARZTOUR

1–2 Tage

Die große Harztour führt in fünf Etappen mit Pausen, Tipps und Abstechern von Goslar nach Quedlinburg. Vom idyllischen Flusstal über den Brockenblick bis zum Fachwerktraum ist alles dabei – und das an einem Tag. Es gibt sogar unterwegs einen Kick für ganz Mutige.

Goslar
Quedlinburg
162 km
ca. 3,5 Std.

ETAPPE 1
VON GOSLAR ZUM SÖSESTAUSEE

⟷ 38 km ⏱ 45 Min.

Aus dem altehrwürdigen Zentrum ① **Goslars** mit der Kaiserpfalz geht es auf die B 241 Richtung Clausthal-Zellerfeld. Schon bald zeigt sich der Harz von seiner Baumseite. Die Straße windet sich in Serpentinen hinauf. Obwohl es in den Süden geht, gleicht diese Etappe einer Reise nach Skandinavien. Das hat mehrere Gründe. Zunächst einmal liegt **Hahnenklee** auf dem Weg. Hier lohnt sich ein Stopp an der Gustav-Adolf-Kirche. Sie ist aus Harzer Fichtenholz gebaut, aber nach norwegischem Vorbild gestaltet – und dieses steht in Borgund in Südnorwegen. Mit etwas Fantasie erkennt der Betrachter: Eigentlich ist das Gotteshaus ein Schiff, das auf dem Kopf steht. Wikinger bauten die ersten Stabkirchen, und die Seefahrer hatten meist nur Schiffe im Sinn. Es geht weiter auf der B 241, die Teil der Deutschen Fachwerkstraße ist. In ② **Clausthal-Zellerfeld** finden sich zahlreiche Fachwerkhäuser, das Oberharzer Bergwerksmuseum ist einen Stopp wert, ebenso die hellblaue Clausthaler Holzkirche. Je weiter es jetzt nach Süden geht, desto skandinavischer mutet die Natur an. Das liegt am nur noch leicht gewellten Landschaftsbild mit See. Doch zunächst kommt ③ **Osterode** und glänzt wieder durch Fachwerk. Ein Stopp in der Altstadt ist angeraten, vielleicht hat gerade der Wochenmarkt geöffnet. Wer einkehren möchte, sollte das hier tun, denn das Ziel dieser Etappe liegt in der Wildnis. Es ist der Parkplatz an der **Sösetalsperre**; die B 498 führt östlich aus Osterode heraus dorthin. Hier erinnert der Anblick von Wald im ansteigenden Gelände und dem Stausee an eine finnische Landschaft. Fotos von hier könnten bei Ortsfremden glatt als skandinavisch durchgehen.

Die Gustav-Adolf-Stabkirche im Goslarer Stadtteil Hahnenklee

ABSTECHER
Für Kinder eine willkommene Unterbrechung: in Hahnenklee hinauf zum **ErlebnisBocksBerg** und Zweierbob fahren.

ETAPPE 2
VOM SÖSESTAUSEE NACH TORFHAUS

⟷ 27 km ⏱ 30 Min.

Herrlich, diese Kurven am Stausee entlang. Es geht Richtung Nordosten und Altenau weiter auf der B 498. Es ist die Ruhe am See, die diesen Abschnitt auszeichnet. Angler lieben das Gewässer, besonders das östliche Vorbecken. 1,5 Stunden dauert es etwa, den Stausee zu Fuß zu umrunden. Auch das wäre eine gute Idee. Doch es lockt der Brockenblick in **Torfhaus**, das Ziel der Etappe. Garantieren kann diesen allerdings niemand, denn der Harzer Gipfel scheint etwas scheu zu sein. Nur rund 60 Tage im Jahr lässt er sich aus der Ferne nebelfrei betrachten, sonst zieht er den Wolkenvorhang zu. Aber so weit ist die Tour noch nicht fortgeschritten. Zunächst führt der Weg durch Riefensbeek-Kamschlacken, den kleinsten, staatlich anerkannten Erholungsort im Harz. Nach einem kleinen Zick-Zack über die B 242 geht es am Sperberhaier Dammhaus auf der B 498 weiter nach **Altenau** – und immer durch den Wald. Der Ort ist überschaubar, aber mit dem Wellenbad und dem Kräuterpark, wo sich viele Gewürzmischungen kaufen lassen, einen Stopp Wert. Die Straße führt weiter nach Osten, steigt ständig an und endet auf dieser Etappe in Torfhaus. Das Nationalpark-Besucherzentrum lohnt sich für einen Rundgang, denn hier lernt der Besucher schnell alles über den Harz, und das höchst anschaulich und unterhaltsam. Kleiner Tipp:

ABSTECHER
Von Altenau geht es 4 km nördlich zur Einkehr zum **Windbeutelkönig** am Okerstausee, in Torfhaus lockt das **Halali**.

Auf der Rückseite des Hauses liegen drei große Steine, zwischen denen eine Weltkugel schwebt. Von dort eröffnet sich ein guter Blick Richtung Osten (zum Brocken). Von Torfhaus führt der Goetheweg zum ④ **Brocken** hinauf (8 km lang, 340 m Höhenunterschied, Gehzeit hinauf mindestens 2 Stunden). Wer nun nicht widerstehen kann, findet Einkehr im »Gipfel der Gemütlichkeit«, der Bavaria Alm, die hier ein bisschen fremdartig wirkt. Aber die Gäste strömen hinein, in diese »bayerische Botschaft«.

ETAPPE 3

VON TORFHAUS NACH RÜBELAND

⟷ 51 km ⏱ 60 Min.

Von Torfhaus aus geht es bergab nach Braunlage, immer die B 4 und B 242 entlang. Hier zeigt sich der Hochharz von seiner besten Seite. Oderbrück und Königskrug liegen auf dem Weg. Beide eignen sich als Ausgangspunkt für kleine Rundwanderungen. Die Stadt ⑤ **Braunlage** hat den Wurmberg vor der Tür – schönes Ziel für einen kurzen Abstecher. Es geht weiter Richtung Osten, vorbei an der früheren Grenze zwischen der BRD und der DDR. Daran erinnern ein Stein und Schilder. Nun bleibt einem das Elend nicht erspart. Der kleine Ort dieses Namens muss viel Schabernack ertragen. Schon Goethe, der hier wanderte, erwähnte ihn. In **Elend** steht die kleinste Holzkirche Deutschlands. Weiter geht es Richtung Schierke. Von Schierke fährt man zurück auf die L 100. Drei Annen-Hohne mit einem Abstecher zum Hohnehof und dem Löwenzahn-Entdeckerpfad bietet sich an. Dann naht schon ⑥ **Wernigerode**, das mit seinem Fachwerk-Charme viel Sehenswertes bietet – schließlich ist die Stadt von den Besucherzahlen her die Nummer eins im Harz. Der Aufenthalt lässt sich beliebig ausdehnen. Sich den Oberharz mit dem Brocken von dieser östlichen Seite her anzusehen, hat einen besonderen Reiz (Fernglas einpacken!). Die Etappe führt schließlich nach Rübeland zu **Baumanns-** und **Hermannshöhle**. Zu Fuß sind sie im Rahmen einer Führung gut zu erkunden – und im heißen Sommer eine willkommene Abkühlung.

ABKÜRZUNG
Wer Schierke und Wernigerode schon gesehen hat, kann von Elend aus auf der **B 27** direkt nach Rübeland fahren.

ETAPPE 4

VON RÜBELAND NACH THALE

⟷ 20 km ⏱ 30 Min.

Kaum liegt **Rübeland** hinter einem, lacht eine echte Herausforderung. Die 458,5 m lange Hängebrücke über die aufgestaute Bode schwankt leicht im Wind. Es ist ein wunderbares Gefühl, sie zu beschreiten. Der Blick, die Freiheit, das Wasser unter einem – all das würzt den Urlaub. Zu bewundern sind die noch Mutigeren nebenan. Dort steht Europas größte Doppelseilrutsche,

Nur für Schwindelfreie: die Hängebrücke an der Rappbodetalsperre

sie führt über den **Rappbodestausee**. Jeweils zwei Personen starten vom Turm aus und sausen fest verankert am Seil hinab zum anderen Ufer. Der Weg führt weiter nach **Wendefurth**, wo man einkehren oder eine kleine Bootstour unternehmen kann. Nach etwa 1 km auf der B 81 Richtung Blankenburg biegt man in Almsfeld rechts nach Altenbrak ab und durchfährt nun das ⑦ **Bodetal**, den »Grand Canyon des Harzes«. Ganz so tief wie in den USA hat sich der Fluss hier freilich nicht eingegraben, doch die Bode formte eines der schönsten Täler in diesem Mittelgebirge, das zu einer gelungenen Harztour unbedingt dazugehört. Noch besser wäre hier eine Wanderung entlang des rauschenden Flusses. Spätestens in **Treseburg**, einem kleinen Städtchen in unberührter Natur, bietet sich ein Stopp an. Es geht dann nördlich der Bode weiter über Benneckenrode nach **Thale**. Besonders zu empfehlen ist hier die Auffahrt per Seilbahn zum Hexentanzplatz, einem 454 m hohen Plateau hoch über dem Bodetal. Mit Walpurgishalle, Tierpark, Hexengolf und Bobbahn ist es ein grandioser Aussichts- und Erlebnisplatz (Zeitbedarf etwa 2 Std.).

EINKEHREN
In der Seegaststätte **Zum Hecht** in Wendefurth *(www.erlebnis-talsperre-harz.de)*.

Spektakulärer Blick vom Hexentanzplatz Thale in das Bodetal

ETAPPE 5
VON THALE NACH QUEDLINBURG

⟷ 26 km ⏱ 30 Min.

Von Thale aus geht es nach Süden durch das Rambergmassiv nach Friedrichsbrunn. Die geschwungene Straße durch den Wald liefert noch einmal einen anderen Eindruck vom sanfteren Harz. Langsam geht es wieder zur Ebene hinab. Bad Suderode und Gernrode liegen am Übergang zum nördlichen Harzvorland, zu dem Quedlinburg gehört. In ⑧ **Gernrode** bietet sich ein Blick in die Stiftskirche St. Cyriakus an. Ein Abstecher nach Süden ins Selketal (zum Wandern) ist ebenfalls reizvoll. Doch dann lockt ⑨ **Quedlinburg**, die Fachwerkstadt, die mit ihren malerischen Gassen und dem historischen Marktplatz zum Weltkulturerbe gehört. Dort zu übernachten, um auch das abendliche Flair zu erleben, ist sicher eine gute Idee.

ABSTECHER
Von Gernrode lohnt sich die Fahrt ins idyllische **Selketal** und nach **Harzgerode**.

ÜBERNACHTEN

Hotel Theophano Vier Sterne, am Markt. # Markt 13–14, 06484 Quedlinburg, Tel. 039 46/963 00, *www.hotel-theophano.de*

Vorhof zur Hölle Hübsches Fachwerkhotel, zentrale Lage. # Breite Str. 52, 06484 Quedlinburg, Tel. 039 46/91 93 34, *www.quedlinburger-hotel.de*

ENTLANG DER ROUTE

1 Goslar

Das Ensemble historischer Gebäude, Gassen und Plätze gehört seit dem Jahr 1992 mit dem Schauerzbergwerk Rammelsberg zum UNESCO-Weltkulturerbe. Gleichzeitig zeigt die Stadt Lebendigkeit, Moderne wie im Mönchehaus Museum und einen schönen Ausblick wie vom Nordturm der Marktkirche. Die 922 als Vicus Goslariae erstmals urkundlich erwähnte Bergbaustadt dokumentierte ihren Reichtum mit der Kaiserpfalz. Bis zum Jahr 1219 fanden hier 23 Reichstage statt, mehr als einhundertmal hielt sich ein Kaiser in Goslar auf. Dass auch die Kirche den Herrschern nahe sein wollte, bezeugen die Türme von 47 Kapellen und Kirchen, die über die Giebeldächer hinausragen. Sie brachten der Stadt den Beinamen »Nordisches Rom« ein. Am sehr belebten, von kleinen Geschäften und Cafés gesäumten Jakobikirchhof erhebt sich das älteste noch genutzte Gotteshaus Goslars. Es stammt von 1073 und präsentiert sich nach mehreren Umbauten als dreischiffige Hallenkirche mit zwei wuchtigen Türmen auf dem Westriegel. Auch das Bergwerk Rammelsberg prägte über ein Jahrtausend lang die Geschicke Goslars und gehört heute zu den bedeutendsten Industriedenkmälern Deutschlands. *www.goslar.de*

2 Clausthal-Zellerfeld

Die vielen Teiche sind Teil der Oberharzer Wasserwirtschaft. Ungefähr 5000 Studierende der Technischen Universität bringen Leben in die Stadt. Schon 1775 war in Clausthal die Bergakademie gegründet worden. Die Straßen von Zellerfeld verlaufen seit dem Brand von 1672 auf einem schachbrettartigen Muster, während sich in Clausthal das mittelalterliche Erscheinungsbild erhalten hat. Das 1673 errichtete schmucke Dietzelhaus ist mit Wappen verziert. Im Erdgeschoss des Fachwerkhauses befindet sich die Touristeninformation. Vor seinem Elternhaus am Kronenplatz 12 erinnert eine Büste an den berühmten Mediziner und Mikrobiologen Robert Koch. Er entdeckte den Erreger der Tuberkulose und baute die Tropenmedizin in Deutschland auf. *www.clausthal-zellerfeld.de*

3 Osterode

Die malerische Fachwerkstadt liegt am Ausgang von Lerbach- und Sösetal. Die Historiker streiten sich, ob die germanische Frühjahrsgöttin Ostera oder eine bereits im 9. Jh. urkundlich erwähnte Rode-Siedlung Namenspate für die heutige Kreisstadt war. Seine Blütezeit hatte Osterode jedenfalls im 13. und 14. Jh., als der Handel mit Eisen, Kupfer und Gips Wohlstand brachte. Die einst 1,7 km lange Stadtmauer ist noch in Teilen erhalten und erinnert anhand der Straßennamen an die vier ehemaligen Tore. *www.osterode.de*

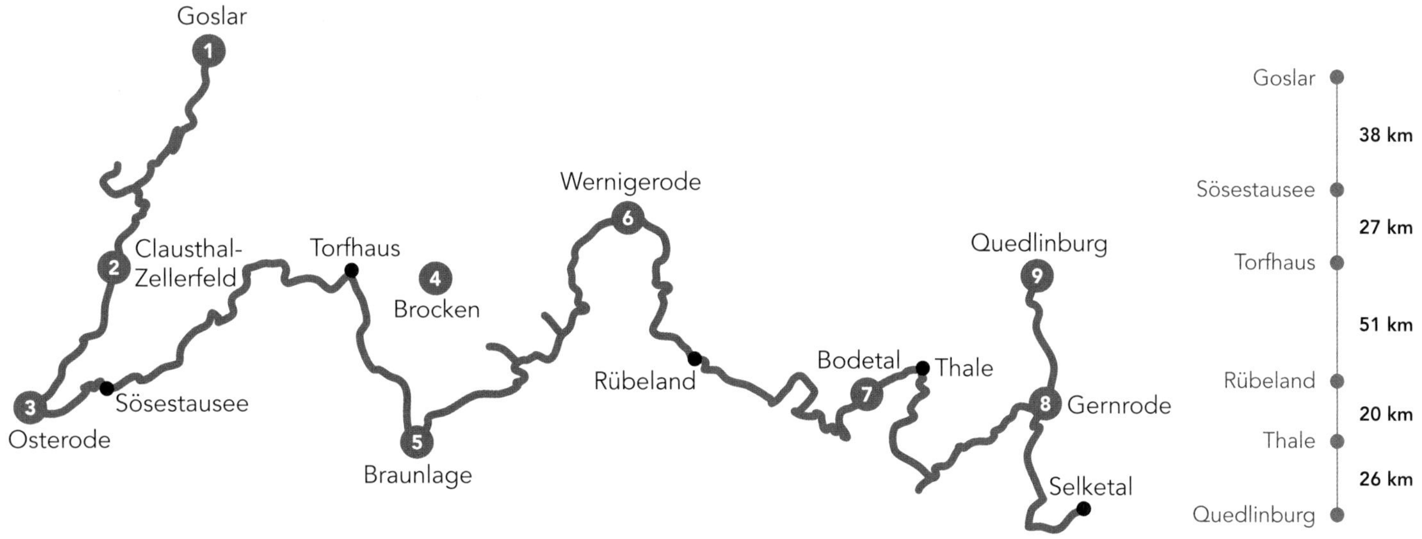

❹ Brocken

Die Anziehungskraft des mit 1141 m höchsten Harzgipfels ist ungebrochen. An schönen Tagen besuchen ihn bis zu 15 000 Menschen. Wegen der rauen Wetterbedingungen mit rund 300 Wolkentagen hat er die niedrigste Baumgrenze aller deutschen Mittelgebirge: Ab 1100 m Höhe weicht der Fichtenwald subalpinen Zwergsträuchern. *www.nationalpark-brockenhaus.de*

❺ Braunlage

Wintersportzentrum und Funsportzentrale: Sein altbackenes Image hat Braunlage schon lange abgelegt. Die umliegenden Bergwälder locken zu ausgedehnten Wanderungen. Eine Seilbahn führt auf den Wurmberg, wo sich die Aktiven tummeln. Wer Lust hat, fährt im Monsterroller wieder hinab. Auch der Kurpark lockt die Gäste. *www.braunlage.de*

❻ Wernigerode

Mit jährlich 860 000 Gästen liegt Wernigerode auf Platz eins im Harz. Vor allem das besondere Flair mit den Fachwerkhäusern aus dem 14. bis 18. Jh. rund um den Marktplatz und auf der Breiten Straße sowie im Klint zieht die Besucher an. An der Stelle des heutigen Chorherrenstifts St. Sylvester entstand vor mehr als 1000 Jahren die erste Siedlung. Im 13. Jh. wurde das alte Gotteshaus (St. Georg) umgebaut und diente fortan als Klosterkirche. Blickfang im Zentrum ist das spätgotische Rathaus aus dem 15. Jh. mit seinem dekorativen Fachwerk. Den Wohltäterbrunnen fertigte 1848 die Fürst Stolberg Hütte in Ilsenburg. Im Kunsthandwerkerhof in der Marktstraße 1 verkaufen Künstler originelle Mitbringsel. 1674 ließ der Berliner Kornhändler Heinrich Krummel das Krummelsche Haus in der Breiten Straße 72 errichten. Unter den Fenstern der oberen Etagen zeigen geschnitzte Halbreliefs in Kassettenfächern symbolisch die vier Erdteile. Die nackte Frau auf einem Krokodil symbolisiert Amerika. *www.wernigerode.de*

❼ Bodetal

Die 17 km Flussverlauf von der heutigen Rappbodetalsperre bis Thale waren noch zu Anfang des 19. Jh. unbezwingbar. Ab 1818 wurden Wanderwege angelegt. Die rechte Flussseite gehörte einst zu Preußen, die linke oberhalb des Bodekessels zum Herzogtum Braunschweig. Schon 1937 wurde das romantische Tal Naturschutzgebiet. Neben vielen Wanderwegen sind auch Stellen zum Klettern geeignet. Sehenswert ist 3 km westlich Thale der Bodekessel. Das Wasser schäumt und wird in die Tiefe gerissen. Der frühere Wasserfall wurde 1790 gesprengt, um Holz besser zur Eisenhütte in Thale flößen zu können.

NACHT DER NÄCHTE

Nicht nur auf dem sagenumwobenen Brocken, sondern auch auf dem Hexentanzplatz Thale und in vielen Harzorten wird in der Nacht zum 1. Mai die **Walpurgisnacht** ausgiebig gefeiert. Der perfekte Anlass, sich als Hexe oder Teufel maskiert unters bunt gekleidete und geschminkte Volk zu mischen. Spaß pur! *www.walpurgis-harz.de*

❽ Gernrode

Die »Rodung des Gero«, wie der ursprüngliche Name des Ortes Geronisroth vor mehr als 1000 Jahre übersetzt wurde, ist seit 2014 ein Stadtteil von Quedlinburg. Im Zentrum der Kleinstadt gibt es hübsche Fachwerkhäuser aus dem 17. und 18. Jh. Mittendrin ist auch das Rathaus mit seinem kleinen, von einer Barockhaube gekrönten Uhrturm. 959 ließ Markgraf Gero ein Kononissenkloster errichten und vermachte es nach seinem Tod den Nonnen. Die Stiftskirche St. Cyriakus dominiert im doppelten Sinne Gernrode.

❾ Quedlinburg

Mit 2000 Fachwerkhäusern aus sechs Jahrhunderten steht die Altstadt als Weltkulturerbe unter Schutz. Über allem thront die Stiftskirche auf dem Schlossberg. Reste von Fundamenten belegen, dass dort schon um 800 ein rechteckiger Adelsbau stand. Diese Quitlingaburg ließ der sächsische Herzog Heinrich I. (876–936) 919 nach seinem Aufstieg zum König des Ostfrankenreiches zur Reichspfalz ausbauen. Bis in die Mitte des 12. Jh. fanden hier häufig Reichstage statt. 1426 schloss sich Quedlinburg der Hanse an. Der Brühlpark (Eingang am Platz des Friedens) südlich des Schlossbergs wurde ab 1685 von der Äbtissin Anna Dorothea von Sachsen-Weimar als barocker Landschaftsgarten gestaltet, der zur Bärlauchblüte im Mai eine Augenweide ist. Ein Höhepunkt zum Jahresende ist »Advent in den Höfen«, wenn Ausstellungen in Künstlerateliers und Galerien sowie Kleinkunst, Speis und Trank in 24 Innenhöfen geboten sind. Dagegen ist die Lyonel Feininger Galerie ganzjährig geöffnet. *www.quedlinburg.de*

Eine Hängeseilbrücke verbindet die Altstadt von Grimma mit dem Stadtwald

REISE IN EINE STILLE LANDSCHAFT: LEIPZIGER LANDPARTIE

2 Tage

Wilde Flussauen, uralte Schlösser, traditionsreiche Städte und klappernde Wassermühlen säumen die Täler der Mulde, deren Arme sich östlich von Leipzig vereinen und als mäandernder Strom Richtung Elbe fließen. Reisende erwartet eine stille, poetische Landschaft, die zum Wandern und Entspannen – aber immer auch zum Staunen einlädt!

Leipzig
Leipzig
260 km
5–6 Std.

ETAPPE 1
VON LEIPZIG NACH TORGAU

⟷ 60 km ⏱ 75 Min.

Noch rasch die Badesachen eingepackt. Auch Picknickdecke und feste Schuhe liegen im Kofferraum parat. Man weiß ja nie! Wir verlassen Leipzig auf der B6 ostwärts (Beschilderung Halle/Dresden), immer der Morgensonne entgegen. Schnell weicht das Grau der Vorstadt dem taufrischen Grün der flachen, von Wald und Hecken gesäumten Felder. Schon nach gut 18 km Fahrt bietet sich ein erster Stopp im Ort ① **Machern** an. Im gleichnamigen Schloss kann man sein Frühstück nachholen *(www.schlossmachern.de*, mit Voranmeldung) und im Landschaftspark des Anwesens Tempel, Burgruinen und andere Märchenbauten bestaunen. Wer will, schultert anschließend den Rucksack: Eine kurzweilige Runde (ca. 7 km) führt nordwärts zu den Lübschützer Teichen, an deren Ufern sich ein alter Stasibunker versteckt. Der Weg führt weiter bis nach **Püchau**. Am Ortsrand unweit der Muldenauen ragen die neogotischen Türmchen des Püchauer Schlosses in den Himmel *(www.schloss-puechau.de*, Besichtigung nur am Wochenende). Wieder auf Achse folgen wir der B6 noch ein Stück ostwärts bis ② **Wurzen**.

Meisterwerk der Renaissance: Schloss Hartenfels in Torgau

Hier erblickte 1833 der Lyriker Joachim Ringelnatz (1883–1934) das Licht der Welt. Am Marktplatz hat ihm die Stadt ein Denkmal gesetzt; Hauptattraktion ist jedoch der Dom St. Marien aus dem 12. Jh., der auf einem Hügel über der Altstadt emporragt.

Weiter geht die Fahrt auf kleinen Nebenstraßen über Röcknitz, Schönau und Mockrhena (ab hier B87) zu den südlichen Ausläufern der Dübener Heide. Nach rund 30 km grüßt das Ortsschild der alten Residenzstadt ③ **Torgau**.

EINKEHREN
Satt und glücklich werden Gäste bei **Herr Käthe** am Schloss. Mit gemütlichem Freisitz! # Katharinenstr. 4, 04860 Torgau, Tel. 03421/778665, *www.herrkaethe-torgau.de*

ETAPPE 2
VON TORGAU NACH WERMSDORF

⟷ 55 km ⏱ 60 Min.

Torgau? Nie gehört? Viele Besucher überrascht die Schönheit und bewegte Geschichte der nordsächsischen Kleinstadt an der Elbe. Ein längerer Aufenthalt ist fast schon Pflicht – denn es gibt viel zu entdecken! Allen voran Schloss Hartenfels *(www.schloss-hartenfels.de)*, das zu den ältesten Renaissanceschlössern Deutschlands zählt. Zu Zeiten der Reformation residierte hier der Kurfürst von Sachsen und die Schlosskirche wurde 1544 von Martin Luther persönlich eingeweiht. Eine Attraktion sind auch die leibhaftigen, grummelnden Bären, die bis heute den Burggraben bewachen. Am Elbufer gleich hinterm Schloss kann man den Schiffen zuwinken. Westlich des Bärenzwingers erstreckt sich das Torgauer Zentrum mit herausgeputzten Bürgerhäusern aus dem 16. und 17. Jh. Nach einem kurzen Bummel sagen wir Torgau Lebewohl und setzen die Route Richtung Süden fort. Auf der S24 geht es quer durch die **Dahlener Heide** – eine der größten Waldregionen Sachsen mit unzähligen Wanderwegen – über Schildau und Dahlen nach

RADTOUR
In Torgau kann man in den **Elberadweg** einsteigen *(www.elberadweg.de)*. Er schlängelt sich nordwärts Richtung Wittenberg, südwärts über Dresden in die Sächsische Schweiz. Leihfahrräder gibt's bei Bikes and More *(www.diddisbam.de)* in der Torgauer Altstadt.

Landpartie auf einer Birkenallee in der Dahlener Heide

Wermsdorf. Kurz vor dem Etappenziel lohnt sich ein Stopp in der pittoresken Tuchmacherstadt ④ **Oschatz**. Hier zaubert auch der O-Schatz-Park *(www.lebenshilfe-oschatz.de)* gelangweilten Kindern schnell wieder ein Lächeln ins Gesicht. Westlich des Ortes erhebt sich der Collmberg (313 m). Vom Albertturm auf seiner Gipfelkuppe genießt man einen fantastischen Rundblick.

ETAPPE 3
VON WERMSDORF NACH ROCHLITZ

⟷ 60 km ⏱ 70 Min.

Besuchermagnet in **Wermsdorf** ist das Jagdschloss Hubertusburg *(www.hubertusburg-wermsdorf.de)*. In seiner jetzigen Gestalt wurde der Barockbau Mitte des 18. Jh. fertiggestellt, die kostbare Ausstattung jedoch kurz während des Siebenjährigen Krieges (1756–1763) von preußischen Truppen bis auf den letzten Silberlöffel geplündert. Unberührt und in aller Pracht erhalten blieb nur die Schlosskapelle. Das Areal ist riesig, und ein paar Erinnerungsfotos müssen für heute genügen. Über zwei Brücken (S 38) queren wir die Wermsdorfer Seen am Ortsrand und stoßen 17 km weiter südlich bei ⑤ **Leisnig** aufs tief eingeschnittene Tal der Freiberger Mulde. Hoch über der Stadt thront Burg Mildenstein (13. Jh.) auf einem Bergsporn. Die Route folgt jetzt dem verschlungenen Flusslauf der Mulde ostwärts in die Schuhmacherstadt **Döbeln**. Kaffeepause? Die Kostbar *(www.kaffeebatavia.de)* nicht weit vom Marktplatz ist eine gute Wahl für Liebhaber exklusiver Bohnen. Wer will, wirft in Döbeln einen Blick auf den kunstfertigen Hochaltar (16. Jh.) in der Nikolaikirche. Dann geht's auf der B 175 westwärts über Geringswalde nach Rochlitz.

ABKÜRZUNG
Wenn die Zeit davonläuft: Ab Wermsdorf führt die **S 38** in westlicher Richtung direkt nach Kaditzsch (ca. 16 km). So spart man sich die Südschleife über Döbeln und Rochlitz und steigt bei Etappe 5 wieder in die Route ein.

ETAPPE 4
VON ROCHLITZ NACH KADITZSCH

⟷ 25 km ⏱ 35 Min.

Porphyr, der »sächsische Marmor«, hat ⑥ **Rochlitz** und die Gegend rundherum einst reich und bekannt gemacht. Das rötlich-violette Vulkangestein ist u. a. im Alten Leipziger Rathaus, aber natürlich auch kunstvoll vor Ort, etwa auf Schloss Rochlitz *(www.schloss-rochlitz.de)* und an der Rückseite der Kunigundenkirche, verbaut. Noch schöner ist es, das Material in natura aus nächster Nähe zu erleben. Am **Rochlitzer Berg** (349 m) gibt es einen Porphyrlehrpfad und auch links und rechts der umliegenden Wanderwege *(www.rochlitzer-muldental.de)* blitzt der schroffe, leuchtend rote Tuff immer wieder zwischen Bäumen und aus den Steinbrüchen hervor. Die Sonne steht zwar schon tiefer, doch die Zeit reicht immerhin für einen kurzen Spaziergang. Ein kleines Stück Porphyr landet selbstverständlich als Andenken in der

ABSTECHER
Die **Stiftskirche** (12. Jh.) des Wechselburger Klosters 10 km südlich von Rochlitz zählt zu den schönsten romanischen Gotteshäusern Sachsens. Sehenswert ist auch das himmelhohe **Viadukt** an der S 242 im Ortsteil Göhren.

Hosentasche. Dann folgen wir der B 107 immer am Wasser entlang nach Colditz und Schönbach, überqueren bei Großbothen den Fluss und tauchen jetzt ins Tal der Hauptmulde ein. Auf schmalen Asphaltbändern sind es ab Kössern noch 7 km bis **Kaditzsch**.

ETAPPE 5
VON KADITZSCH NACH LEIPZIG

⟷ 60 km ⏱ 75 Min.

Von Kaditzsch aus führt der Turmweg hinunter zum **Jutta-Park**, den Jutta Gleisberg, wohlhabende Witwe eines Großmühlenbesitzers, 1904 am Muldesteilhang anlegen ließ. Zwischen knorrigen Bäumen und blühenden Wiesen versteckt sich hier auch viel Kunst. Einen Überblick verschafft man sich vom 16 m hohen runden Bismarckturm, der sich am oberen Rand des Areals erhebt. Zuvor statten wir aber noch den stimmungsvollen Fachwerkhäusern der Denkmalschmiede in der Ortsmitte einen Besuch ab. Wer will, kann hier auch schon eine Kleinigkeit essen. Im winzigen Nachbardorf Höfgen ist die Seilfähre über die Mulde eine Attraktion für sich. Der Fährmann kommt, wenn man die Glocke läutet, und bringt Passagiere dann trockenen Fußes hinüber zur **Klosterruine Nimbschen** *(www.kloster-nimbschen.de)*. Von dem 1285 gegründeten und 1530 aufgelassenen Zisterzienserinnenkloster sind nur noch einige Außenmauern vorhanden, aber der wildromantische Ort atmet Geschichte. Hier lebte 14 Jahre lang Katharina von Bora (1499–1552), die spätere Ehefrau des Kirchenreformators Martin Luther. Sie kam als Zehnjährige in die Klostergemeinschaft, legte im Alter von 16 Jahren ihr Ordensgelübte ab, entfloh jedoch 1523 nach Wittenberg, wo sie Luther kennenlernte. In unmittelbarer Nähe des Klosters befindet sich das gleichnamige Hotel mit Restaurant. Zurück in Kaditzsch führt uns die letzte Etappe über Döben und Dorna nach ⑦ **Grimma**. Die Stadt ist so schön, dass sich ein Tagesausflug unbedingt lohnt. Also bummeln wir für dieses Mal nur zum Rathaus, holen uns im Café am Markt in der Malzgasse eine Kugel Eis, genießen die Atmosphäre und versprechen, bald wiederzukommen. In einer weiten Schleife geht es jetzt in südwestlicher Richtung (über Bad Lausick, dann B 95) ins ⑧ **Leipziger Neuseenland**. Am Ostufer des **Cospudener Sees** hat die blutrote Sonne schon mit ihrer Dinnershow begonnen! Ein perfekter Ort, um die kleine Rundreise in Ruhe ausklingen zu lassen. Zum Entspannen und Abendessen ist das schicke Seehaus eine gute Wahl *(www.seehaus-cospuden.de)*. Und auf der Terrasse ist man ganz nah am abendlichen Himmelsspektakel. Zurück ins Leipziger Zentrum sind es knapp 10 km (15 Min. Fahrt).

Am Cospudener See bei Leipzig klingt unsere Tour aus

ABKÜRZUNG
Wer auf schnellstem Weg nach Hause möchte, fährt ab Grimma auf der **A 14** und **B 6** zurück nach Leipzig (ca. 35 km).

ÜBERNACHTEN

Goldener Anker Gemütliches Stadthotel im sehenswerten Torgau. # Markt 6, Torgau, Tel. 034 21/732 13, *www.goldener-anker-torgau.de*

Zur Schiffsmühle Direkt am Muldeufer, ideal für Familien! # Zur Schiffsmühle 2, Höfgen (Grimma), Tel. 034 37/760 20, *www.schiffsmuehle.de*

ENTLANG DER ROUTE

1 Machern

Westlich des Muldetals beginnt bei Machern das reizvolle Hügelland, das den Norden Sachsens prägt. Nicht weit von der Durchgangsstraße des Dorfes liegt Schloss Machern. Ursprünglich im 16. Jh. als Wasserburg errichtet, wurde es nach dem Dreißigjährigen Krieg zur Barockanlage und später zum historistischen Wohnschloss umgebaut. Blickfang im umliegenden Englischen Landschaftspark sind der kleine Hygieia-Tempel (1797) sowie eine künstlich geschaffene Burgruine (1753–1815). Ein beklemmender Kontrast zur Schlossromantik ist der ehemalige Stasibunker an den nahe gelegenen Lübschützer Teichen. *www.gemeinde-machern.de*

2 Wurzen

Weithin sichtbar sind die Türme der Stadt an der alten Muldenfurt, in der die Wasserkraft des Flusses schon früh für den Mühlenbetrieb genutzt wurde. Der Dom St. Marien war Sitz des letzten katholischen Bischofs von Sachsen vor der Reformation. Der Bau wurde 1931 von Georg Wrba ausgestaltet. Neben den Türmen von Dom und dem ebenfalls sehenswerten Bischofsschloss wird Wurzens Silhouette vom Turm der spätgotischen Stadtkirche St. Wenceslai geprägt. Im bedeutendsten Renaissancegebäude Wurzens in der Domgasse 2 ist das Kulturhistorische Museum Wurzen untergebracht. Es erinnert, wie auch der Brunnen am Marktplatz, an den bedeutendsten Sohn der Stadt, Joachim Ringelnatz (1883–1934). *www.tourismus-wurzen.de*

3 Torgau

Ein Besuch Torgaus (20 000 Einw.) ist eine Zeitreise in die Ära Martin Luthers. Schloss Hartenfels, das bekannteste Bauwerk der Stadt, wurde im 16./17. Jh. an der Stelle der mittelalterlichen Burg als repräsentatives Residenzschloss errichtet. In der Stadtkirche St. Marien ist eines der Hauptwerke Cranachs, der in sächsischen Diensten stand, zu sehen: die Altartafel »Die vierzehn Nothelfer«. Bekanntestes Monument der spätgotischen Hallenkirche ist jedoch die Grabplatte der Katharina von Bora, der Ehefrau Martin Luthers, die 1552 in Torgau verstarb. Zwischen Schloss und Altstadt steht das Kanzleihaus, wo sich einst Zar Peter von Russland und der Gelehrte Leibnitz trafen und heute das Kulturgeschichtliche Museum eingerichtet ist. *www.tic-torgau.de*

4 Oschatz

Das Städtchen wird von den beiden 75 m hohen Türmen der Aegidienkirche überragt. Erbaut wurde das Gotteshaus nach dem Stadtbrand 1842, ebenso wie das Rathaus – Letzteres nach Plänen von Gottfried Semper. Von Oschatz aus fährt der »Wilde Robert«, die Döllnitzbahn, 17 km weit nach Kemmlitz. *www.oschatz.org*

Ein markanter Renaissancegiebel schmückt das Rathaus von Grimma

5 Leisnig

Die nahe dem Marktplatz auf einem Porphyrfelsen thronende Burg Mildenstein macht die 7000-Einwohner-Stadt reizvoll, schon das Panorama vom Bergfried über die Stadt und das Muldetal lohnt den Weg. Die Burgkapelle wartet mit kunstvollen Schnitzplastiken auf. Im Stiefelmuseum am Burglehn kann man den mit einer Schafthöhe von 4,90 m größten Stulpenstiefel der Welt bestaunen. Zum Bummeln lädt Leisnigs Stadtkern ein, vor allem im Viertel Teichgasse, Ziegelgasse und Webergasse bis hin zum Neumarkt. Direkt an der Freiberger Mulde liegen die sehenswerten Reste des Klosters Buch, einst eine der bedeutendsten Zisterzienserabteien in Sachsen. *www.leisnig.de*

6 Rochlitz

Die Kleinstadt wird im weiten Bogen von der Zwickauer Mulde umflossen. Sie zählt zu den ältesten Städten Sachsens (um 1100). Schon von Weitem sieht man die beiden »Jupen«, die Türme von Schloss Rochlitz, das als Burg erstmals 995 erwähnt wurde. 24

ABSTECHER
Wen es zum Leipziger Völkerschlachtsdenkmal zieht, dem sei vor allem der angrenzende **Südfriedhof** ans Herz gelegt. Es ist einer der der größten Parkfriedhöfe Europas. Besonders lohnt sich ein Spaziergang im Mai, wenn die 9000 Rhododendronbüsche ein wahres Blütenfeuerwerk entfachen.

Räume lohnen das Betrachten. Eine stilechte Burgküche kann man innerhalb Sachsens nur hier besichtigen. Die Schlosskapelle ist eine eindrucksvolle Aufführungsstätte für Kammerkonzerte. Zudem beherbergt das Schloss ein Heimatmuseum. *www.rochlitz.de, www.schloss-rochlitz.de*

7 Grimma

Wie ein langes Band schmiegt sich das mittelalterliche Zentrum der Stadt Grimma ans linke Muldeufer. Vom Wohlstand der einstigen Tuchmacher- und Handelsstadt zeugen bis heute herrliche alte Bürgerhäuser, vor allem aber das schmucke zweistöckige Renaissancerathaus am Marktplatz. Folgt man von hier der Langen Straße südwärts, grüßen schon von Weitem die beiden markanten, spitz zulaufenden Türme der gotischen Frauenkirche (1230). Sehenswert sind auch das 1550 als sächsische Fürstenschule gegründete Gymnasium St. Augustin, das Grimmaer Schloss (15. Jh.), die Klosterruine Nimbschen sowie die Pöppelmannbrücke. Sie wurde 1719 vom Baumeister des Dresdner Zwingers errichtet und bei der Flutkatastrophe 2003 und 2004 schwer beschädigt. *www.grimma.de*

8 Leipziger Neuseenland

Sogar auf Satellitenfotos sind »Cossi« & Co., die riesigen Gewässer südlich von Leipzig, zu erkennen. Sie alle sind ein Werk des Menschen. Denn wo heute Segelboote dahingleiten, wurde bis in die 1990er-Jahre Braunkohle abgebaut. Unzählige Dörfer mussten den riesigen Schaufelradbaggern weichen, die Gegend rund um den Cospudener, Zwenkauer, Markkleeberger und Störmthaler See glich seinerzeit einer Mondlandschaft. Im Freilichtmuseum des Bergbau-Technik-Parks am Westufer des Störmthaler Sees kann man die Ungetüme aus nächster Nähe betrachten. Durch Flutung der riesigen, ausgebaggerten des Tagebaus entstand schließlich ein großflächiges Freizeit- und Erholungsgebiet mit Stränden, Häfen und Fahrradwegen, in dem sich auch Tiere und Pflanzen wieder wohlfühlen dürfen. *www.leipzig.travel/de/leipzigerneuseenland*

Beliebtestes Ausflugsziel in der Sächsischen Schweiz: die Bastei

EINMAL ELBFLORENZ, ELBSANDSTEINGEBIRGE, ERZGEBIRGE UND ZURÜCK

2 Tage

Elbflorenz, Elbsandsteingebirge, Erzgebirge, Elbe – das könnten Lösungen des Spieleklassikers »Stadt, Land, Fluss« sein, aber auch Vorschläge für eine reizvolle Tour durch das abwechslungsreiche Umland der sächsischen Landeshauptstadt. Zu sehen und erleben gibt es auf einem solchen Ausflug Schlösser im lieblichen Elbtal, Naturschönheiten im Elbsandsteingebirge, Bergbaukultur im Erzgebirge, Porzellantradition und Abenteurerfantasien, Geopark und Weinverkostung. Kommen Sie mit und entdecken Sie die Vielfalt vor Dresdens Haustür.

Dresden
Dresden
230 km
ca. 6,5 Std.

ETAPPE 1
VON DRESDEN NACH PIRNA

⟷ 33 km ⏱ 90 Min.

Programmatischer Ausgangspunkt ist das Residenzschloss in der **Dresdner** Altstadt, von wo stadtauswärts entlang der Elbe und über die umstrittene Waldschlösschenbrücke schnell die drei Albrechtsschlösser auf dem rechten Hochufer erreicht sind. Wer in den einladenden Gartencafés von Lingnerschloss und Schloss Eckberg noch keine Pause einlegen will, sollte hier zumindest die bezaubernde Aussicht über den Fluss genießen. Weiter elbaufwärts liegt nach knapp 10 km das ① **Schloss Pillnitz**, das von Garten und Wassergraben umgebene einstige Liebesnest von August dem Starken und Gräfin Constantia von Cosel. Dresdens einzige Autofähre bringt uns anschließend von Pillnitz ans gegenüberliegende linke Elbufer, wo es durch Vorort-Dörfer südostwärts nach Großsedlitz geht. Das Schloss selbst ist klein, umso großartiger jedoch präsentiert sich der umliegende Barockgarten, der aus gutem Grund »Sachsens Versailles« genannt wird. Nur einen sprichwörtlichen Katzensprung entfernt blickt Schloss Sonnenstein von einer Anhöhe im Osten über die Stadt ② **Pirna**. Es ist als Baudenkmal und Gedenkstätte für hier geschehenes Nazi-Unrecht sehenswert. Heiterer ist ein Besuch der Botanischen Sammlungen im **Landschloss Pirna-Zuschendorf** *(kamelienschloss.de)* 5 km weiter südlich.

Ein Ausflugsdampfer auf der Elbe passiert das Schloss Pillnitz

AUTOFÄHRE

Die Fähre zwischen Kleinzschachwitz und Pillnitz verkehrt alle 10 Min. Von der Wasserseite bietet sich ein imposanter Blick auf das Schloss *(www.dvb.de)*.

ETAPPE 2
VON PIRNA NACH BAD SCHANDAU

⟷ 35 km ⏱ 60 Min.

Für einen kurzen Bummel durch die hübschen Altstadtgassen der historischen Canaletto-Stadt Pirna sollte Zeit sein, bevor es über die Stadtbrücke Pirna wieder ans rechte Elbufer geht. Durch Felder und Dörfer führt die Wehlener Straße ostwärts zur Stadt Wehlen am Rand des Nationalparks Sächsische Schweiz im wald- und felsreichen ③ **Elbsandsteingebirge**. Sie ist ein beliebter Ausgangspunkt für Wanderungen, etwa nordwärts zum Uttewalder Felsentor (einfach ca. 2,5 km) mit Einkehrmöglichkeit im Gasthaus Waldidylle *(www.waldidylle-online.de)*. Nur 4 km von Wehlen liegt der kleine Luftkurort ④ **Rathen**, allerdings nur im Beinahe-Vogelflug, wenn man der Elbe flussaufwärts folgt. Die autotaugliche Strecke führt via S 165 und S 163 in weitem Bogen 17 km durch freies Feld und dichten Wald. Dabei umgeht sie die wilden Steinformationen des für seine gleichnamige Felsnadel berühmten Basteigebiets. Kleinstädtisches Zentrum des Elbsandsteingebirges ist der Kneippkurort ⑤ **Bad Schandau** an der Elbe, der auch den Sitz des Nationalparkzentrums Sächsische Schweiz beherbergt. Trotz des ansehnlichen Kurparks, der Toskana-Therme und des historischen Personenaufzugs in einer stählernen Turmkonstruktion spielen auch hier Wandern, Klettern und sonstige Outdoor-Aktivitäten die eigentliche Hauptrolle – wenn auch nicht im Rahmen unserer heutigen Traumstraßenetappe.

HISTORISCHER PERSONENAUFZUG

Ein 50 m hoher **Stahlgerüstturm** verbindet das Elbtal zwischen Bad Schandau und dem östlichen Ortsteil Postelwitz mit der Anhöhe. Der Aufzug war Schauplatz einiger Szenen in Wes Andersons Film »Grand Budapest Hotel«.

ETAPPE 3
VON BAD SCHANDAU NACH FREIBERG

⟷ 75 km ⏱ 100 Min.

Auf der Schandauer Straße überqueren wir erneut die Elbe. Bad Schandau war gewissermaßen ein Wendepunkt unserer Tour, nun führt uns die B 172 am linken Flussufer wieder westwärts direkt nach Königstein. Bedeutender als das Städtchen an der Mündung der Biela in die Elbe ist die darüber auf dem dicht bewaldeten gleichnamigen Tafelberg aufragende ⑥ **Festung Königstein**. Die im 16. Jh. mächtig ausgebaute Anlage ist heute eine der größten und besterhaltenen Bergfestungen Europas – und eine der panoramareichsten Aussichtsplattformen des ganzen Elbsandsteingebirges. Auf schmalen, oft kurvigen Landstraßen geht es südlich der Elbe weiter durch das hier merklich ansteigende Osterzgebirge, Teil der größeren Montanregion Erzgebirge. Gemächlich zuckeln wir durch ruhige Orte wie **Bahretal**, in dem jedes Jahr der Sachsenmeister im Auto-Rodeo-Cross gekürt wird, oder die Große Kreisstadt **Dippoldiswalde** mit sehenswerter Altstadt, romanischer Basilika, Renaissancerathaus und barockem Schloss. Sehr schmuck präsentiert sich auch die lebendige Universitätsstadt ⑦ **Freiberg**. Ihr teilweise noch mauerumgebener historischer Stadtkern bietet sich für einen lauschigen Bummel mit später Mittagspause an, lohnt aber auch ohne Einkehr den Besuch. Nicht umsonst bewirbt sich die alte Silberstadt mit ihren mehr als 1200 Einzelbaudenkmälern – vom spätgotischen Dom St. Marien bis zu Bergbaurelikten wie dem intakten Freibergsdorfer Hammer, einem frühindustriellen Hammerwerk vom Beginn des 17. Jh. –, als UNESCO-Welterbe.

Bad Schandau mit Toskana-Therme und St. Johanniskirche

EINKEHREN
Stadtwirtschaft Freiberg Kulinarische Völkerverständigung dank Pivo, Knedlík und anderen böhmisch-tschechischen Spezialitäten. # Burgstr. 18, Freiberg, Tel. 037 31/41 91 13, *www.stadtwirtschaft.de*

ETAPPE 4
VON FREIBERG NACH MEISSEN

⟷ 57 km ⏱ 90 Min.

Freiberg ist Teil der Boomregion »Silicon Saxony«, gekennzeichnet von zahlreichen leistungsstarken Forschungs- und Produktionsstätten. Längst haben hier Informations- und Energietechnologie den früher so bedeutenden Bergbau und das Hüttenwesen als wesentliche Wirtschaftsfaktoren abgelöst. Verlässt man die Stadt Richtung Nordosten, säumen denn auch Industriehallen, später zunehmend Felder die B 173 und S 194, bevor nach rund 10 km recht abrupt der **Tharandter Wald** beginnt. In dem laut Regionalwerbung »schönsten Wald Sachsens«, genauer gesagt im Tännichtgrund, liegt nicht nur der geografische Mittelpunkt des Freistaats, die ganze Region ist dank ihrer erdgeschichtlich relevanten Gesteinsschichtungen als Geopark ausgewiesen.
Das zeigt sich auch auf der Weiterfahrt, wenn etwa der Kurort **Hartha** am Nordostrand des Tharandter Walds mit dem 12-km-Rundkurs des Geologischen Freilichtmuseums und einem 4 km langen geologischen Wanderweg aufwartet. Das kleine Wildsdruff am Bächlein Wilde Sau dagegen ist für seine Syrenit- und Porphyrvorkommen bekannt. Regionaler Quarz und Sand sind auch der eigentliche Grund, warum so gut wie alle Besucher der Region einen Stopp im Meißener Vorort **Triebischtal** einlegen, wo die Schauwerkstatt mit Werksverkauf der

THARANDTER WALDKÖNIGIN
Jeweils im Herbst in ungeraden Jahren wählt der Verkehrs- und Verschönerungsverein Tharandter Wald im Kurort Hartha eine Waldkönigin *(www.tharandt.de)*.

Über einen Weinberg schweift der Blick hinüber zur spätgotischen Albrechtsburg auf dem Burgberg von Meißen

Staatlichen Porzellan-Manufaktur Meissen angesiedelt ist. Die einstige Residenzstadt ⑧ **Meißen** selbst ist zwar Station unserer Tour, eine Besichtigung werden viele aber aus Zeitgründen auf einen anderen Tag verschieben wollen.

ETAPPE 5
VON MEISSEN ZURÜCK NACH DRESDEN

⟷ 30 km ⏱ 50 Min.

Von Meißen geht es auf der Dresdner Straße das rechte Elbufer entlang, die Nachmittagssonne im Rücken, zurück Richtung Osten. Zwischen Elbe und Spaargebirge weisen immer wieder Weingärten darauf hin, dass wir uns auf der Sächsischen Weinstraße befinden. Davon zeugt auch das Sächsische Staatsweingut **Schloss Wackerbarth**, stilvoll untergebracht in einer barocken Schloss- und Gartenanlage mit schmuckem Belvedere am Fuß der Weinterrassen. Hier erhalten wir bei einer Führung Einblicke in die jahrhundertealte Weinbautradtition Sachsens. Nur wenige Hundert Meter weiter lädt der baumbestandene Dorfanger von **Altkötzschenbroda** ebenfalls zu einer Rast ein. Der restaurierte alte Ortskern besticht mit hübschen Cafés, Geschäften, Galerien und Werkstätten.

Ein Muss für jeden Winnetou-und-Old-Shatterhand-Fan ist schließlich ein Abstecher ins Karl-May-Museum in ⑨ **Radebeul**. Neben Reminiszenzen an den fantasievollen Romanautor prägen Villen und Weingärten weite Teile dieses »sächsischen Nizza«. Statt oder nach dem Museumsbesuch sei denn auch beim Radebeuler Weingut Hoflößnitz noch der ebenso reizvolle wie schweißtreibende Aufstieg auf der sogenannten »Himmelsleiter« empfohlen. 397 Stufen führen die barocke Weinbergtreppe hinauf. Oben warten als Belohnung der Bismarckturm und das Spitzhaus *(www.spitzhaus-radebeul.de)*, ein Restaurant mit Biergarten und herrlichem Panoramablick bis nach Dresden, dem Endpunkt unserer erlebnisreichen Tour.

EINKEHREN

Im Restaurant von **Schloss Wackerbarth** wird eine gehobene regionale Küche geboten. # Wackerbarthstr. 1, 01445 Radebeul, Tel. 0351/8955310, *www.schloss-wackerbarth.de*

ÜBERNACHTEN

Landgasthof Pension Fischer Zimmer und Ferienwohnungen in historischem Ambiente auf einem Reiterhof, 5 km nordwestlich von Freiberg. # Waltherstal 57, 09599 Freiberg, Tel. 03731/247812, *www.pension-fischer-freiberg.de*

Hotel Ettrich Zentral im Kurort gelegenes Wellnesshotel, einige Zimmer mit Blick auf die Bastei. Einladend auch für Radfahrer und Wanderer. # Elbweg 2, 01824 Rathen, Tel. 035021/68524, *www.ettrichs-hotel.de*

ENTLANG DER ROUTE

❶ Schloss Pillnitz

Dem Pillnitzer Schloss nähert man sich am besten auf der Elbe mit einem Raddampfer, auf demselben Wege, den Kurfürst August der Starke oft für den Besuch bei seiner Mätresse Gräfin von Cosel nahm. Ihr hatte er das Renaissanceschloss mit herrlichem Barockpark geschenkt. Die zauberhafte Anlage mit Wasserpalais, Bergpalais und Neuem Palais, mit weitläufigen Gärten, Orangerie, Palmenhaus und Pavillons präsentiert sich als harmonisches Ensemble von Architektur und Landschaft. Vom Wasserpalais führt eine Treppe zum Elbufer, wo einst die Gondeln aus Dresden anlegten. Und für die umfangreiche kurfürstliche Pflanzensammlung wurden in der zweiten Hälfte des 19. Jh. die Orangerie erweitert und das Palmenhaus errichtet. *www.schlosspillnitz.de*

❷ Pirna

Eine Stadt wie von Canaletto gemalt. Als Handels- und Tuchmacherszentrum ging es Pirna nach dem Dreißigjährigen Krieg recht gut. Sandstein aus Pirna wurde für den Bau von Frauenkirche und Zwinger im nahen Dresden verwendet, aber auch für das Brandenburger Tor in Berlin, das Rathaus von Antwerpen und das Kopenhagener Stadtschloss. Das damalige Erscheinungsbild des schmucken Städtchens blieb weitgehend erhalten, weil Pirna im Zweiten Weltkrieg nicht bombardiert wurde. So kann man hier noch heute den Blickwinkel finden, unter dem Canaletto 1753/54 seine berühmte Vedute »Der Marktplatz zu Pirna« malte. *www.pirna.de*

❸ Elbsandsteingebirge

Durch viele Flussschleifen stampfen die Raddampfer von Dresden elbaufwärts bis nach Bad Schandau, vorbei an mächtigen Tafelbergen und spitzen Felsnadeln. Dicht bewaldet zieht sich hier der Nationalpark Sächsische Schweiz weit über das wildromantische Elbsandsteingebirge hin, mit den angrenzenden Landschaftsschutzgebieten und dem Nationalpark Böhmische Schweiz im benachbarten Tschechien über eine Fläche von insgesamt mehr als 700 km^2. Die aufregende Landschaft mit ihren abenteuerlich-fantastischen Felsen, Plateaus und Höhlen entstand aus bis zu 600 m dicken Sandsteinablagerungen vor 100 Mio. Jahren. Die folgende Eiszeit und fortschreitende Verwitterung haben den Sandstein zerklüftet. Ein Netz von Wanderwegen und Klettersteigen, durchzieht heute diese Wildwestkulisse. Wie wäre es zum Beispiel ab der kleinen Stadt Wehlen mit mindestens einem Teilstück des romantischen Malerwegs? Auch Caspar David Friedrich fand hier Inspiration, etwa für sein Bild »Wanderer über dem Nebelmeer« (1818).

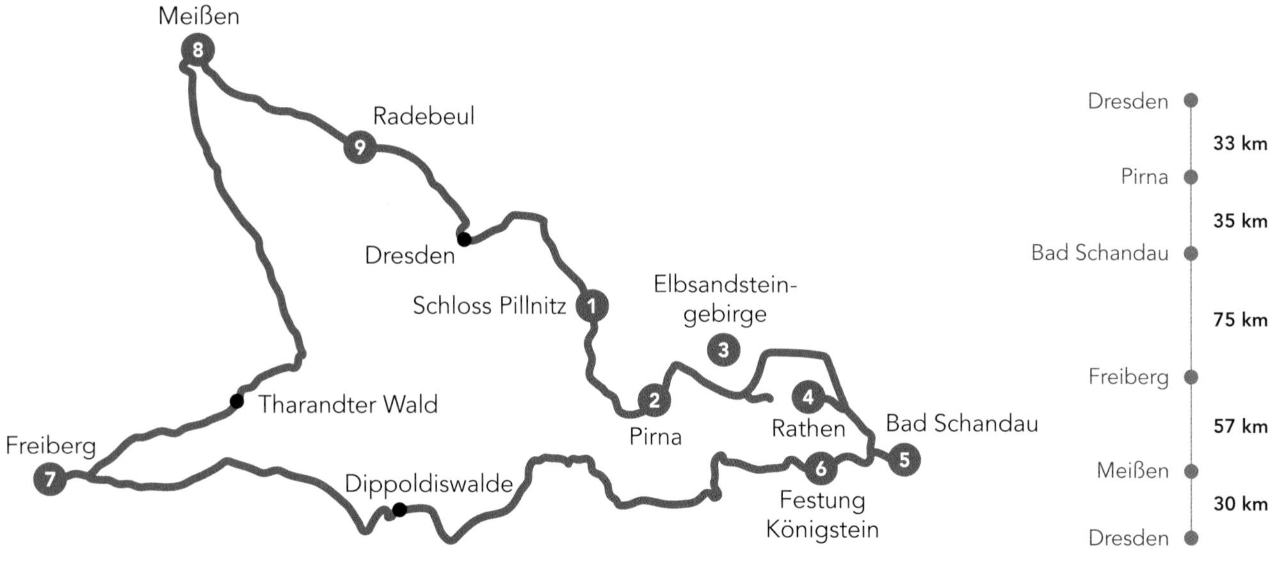

4 Rathen und die Bastei

Der 340-Seelen-Kurort Rathen liegt malerisch, aber wie eingezwängt zwischen Elbe und dem gewaltigen Felsmassiv der Bastei. Letzteres kann man von unten in einer dreiviertelstündigen Wanderung, aber auch auf einem Umweg per Auto erreichen. Vom Basteifelsen bietet sich ein schwindelerregender Panoramablick auf die Tafelberge und die sich in fast 200 m Tiefe dahinschlängelnde Elbe. Seit 1851 ist der Felsen »von hinten her« durch eine Steinbrücke erschlossen. Kletterer trainieren an den Steilwänden. *www.kurort-rathen.de*

5 Bad Schandau

Größter Ferienort des Elbsandsteingebirges ist der Kneippkurort Bad Schandau. Viele Wanderer erkunden von hier aus zum Beispiel die Schrammsteine im Osten des Städtchens. Der richtige Standort also für das Nationalparkzentrum Sächsische Schweiz mit allen Informationen über Flora und Fauna des Naturschutzgebietes. Modelle veranschaulichen die geologischen Besonderheiten der Region, Computeranimationen verdeutlichen die Entstehungsgeschichte des Elbsandsteingebirges. *www.bad-schandau.de*

6 Festung Königstein

Die Festung Königstein erstreckt sich über 9,5 ha und ist damit die größte Bergfestung Deutschlands. Sie thront auf einem 246 m hohen Plateau links der Elbe und bietet einen herrlichen Ausblick auf die Sächsische Schweiz. Der etwa 45-minütige Aufstieg von der Stadt Königstein an ihrem Fuße ist beeindruckend, aber anstrengend. Bequemer geht es per Aufzug oder Panoramalift auf das Plateau vom Parkhaus an der B 172 (800 m Fußweg) bzw. mit dem Festungsexpress von Königstein aus. Oben führt ein etwa 2 km langer Spazierweg parallel um die Festungsanlage. Innen liegen das Garnisonshaus von 1589, die barocke Friedrichsburg, die Garnisonskirche aus dem 17. Jh. und einige Dutzend weitere historische Gebäude. In diversen Gebäuden dokumentieren Ausstellungen die Geschichte der Festung als Königsburg, sächsisches Staatsgefängnis, Kriegsgefangenenlager und geheimes Depot für Kunstschätze aus den Dresdner Sammlungen. Prominente Festungshäftlinge waren der Alchemist Johann Friedrich Böttger, der Sozialdemokrat August Bebel, der Anarchist Michail Bakunin und der Dichter Frank Wedekind. *www.festung-koenigstein.de*

7 Freiberg

In Sachsens ältester und bedeutendster Bergstadt (41 000 Einw.) fand man 1168 das erste Silber. Als Markgraf Otto von Meißen den Fundort zum »freien Berg« erklärte, löste er einen Silberrausch aus. Im 13. Jh. gehörte Freiberg zu den größten Städten Sachsens, bis ins späte 15. Jh. war es zudem die reichste. Obwohl der Bergbau 1969 um Freiberg eingestellt wurde, wird er in der Stadt weiter gelehrt. Die Bergakademie von 1765 gilt als älteste Montan-Hochschule der Welt. Ein Kunstwerk ersten Ranges ist die Goldene Pforte (1230) des Doms St. Marien, im Inneren verzaubert der frei stehende Tulpenaltar mit seinem Dekor. Über die regionale Bergbaugeschichte informiert das Besucherbergwerk Freiberg mit einem Untertagelehrpfad und Erlebnisführungen in den Schächten »Reiche Zeche« und »Alte Elisabeth«. *www.freiberg.de*

8 Meißen

Am Anfang war die Albrechtsburg, von der man einen herrlichen Blick auf die Stadt Meißen (28 000 Einw.) und das Elbtal mit den von Wein bewachsenen Hängen genießt. Von der »Wiege Sachsens« aus regierten seit dem Mittelalter die Wettiner, im Schutze ihrer Mauern ließ Kurfürst August der Starke einst sein geliebtes Porzellan produzieren. Nach der Wiedervereinigung wurde hier am 3. Oktober 1990 der neue Freistaat Sachsen proklamiert. Nahebei ragt der Meißner Dom mit seinen 70 m hohen Doppeltürmen in den Himmel und bildet zusammen mit der Albrechtsburg ein grandioses architektonisches Ensemble. Am Fuße des Burgbergs breitet sich die von den Zerstörungen des Zweiten Weltkriegs verschont gebliebene Altstadt mit ihren mittelalterlichen Häusern und den verwinkelten Gässchen aus. Rund um Theaterplatz, Heinrichsplatz und Marktplatz laden zahlreiche Kunsthandwerksläden, Cafés und Weinstuben zur Einkehr. *www.stadt-meissen.de*

9 Radebeul

Etwa 10 km flussabwärts von Dresden liegt Radebeul im malerischen Obst- und Weinanbaugebiet Lößnitz. Ihre Entwicklung zum »sächsischen Nizza« verdankt sie der Reblaus, die Ende des 19. Jh. auch im Elbtal ganze Weinberge zerstörte. Als die danach brachliegenden Grundstücke zur Terrassenbebauung freigegeben wurden, errichteten reiche Fabrikanten und andere Vertreter der Dresdner Hautevolee hier ihre Sommerresidenzen. *www.radebeul.de*

Die Leuchtenburg bei Seitenroda im Saaletal beherbergt die Ausstellung Porzellanwelten

TRAUMSTRASSE THÜRINGEN: WEISSE FELSEN, WEITES MEER UND VIEL GOETHE

1–2 Tage

Wie ein spannender Geotrip durch eine magische Kulturlandschaft entführt uns die Reise in das romantische Saaletal zum Thüringer Meer. Durch das märchenhafte Schwarzatal erreichen wir den Thüringer Wald. Hinter jeder Kurve überraschen urige Städtchen und Dörfer. Schade, dass der Tag nur 24 Stunden hat.

Jena-Göschwitz
Ilmenau
145 km
ca. 3 Std.

ETAPPE 1
VON DER JENAER AUTOBAHN ZUR KÖNIGIN DES SAALETALS

⟷ 19 km ⏱ 15 Min.

Unsere Route startet frühmorgens in ① **Jena**-Göschwitz. Wir fahren auf der B 88 gen Süden. Nur wenige Meter später biegen wir in die Straße Am Leutrabach links ab, stellen unser Auto auf dem Parkplatz Rabenschüssel ab und gönnen uns am breiten Kiesstrand einen ersten Eindruck von der Lebensader Thüringens, der Saale. Die Morgensonne taucht den Muschelkalk an den steilen Hängen vor uns in gleißendes Licht. Dieser Anblick begleitet uns durchs gesamte Mittlere Saaletal. Von Weitem winken uns Kanuten und Radfahrer, die auch Richtung Kahla unterwegs sind. Obwohl stark befahren, wirkt die Reise auf der B 88 am Flusslauf entlang völlig entspannend. Knapp 4 km weiter stoßen wir auf **Maua** an der Via Regia. Das hergerichtete mittelalterliche Oberdorf ist mehr als nur einen Blick wert – man braucht mindestens eine Stunde, um alles zu bewundern. Kurz darauf in **Rothenstein** biegt die B 88 in einem ungewöhnlichen 90°-Winkel nach rechts ab, genau wie die Saale. Kurzer Fotostopp: Die **Leuchtenburg** ist schon aus der Ferne eine Aufnahme wert. Wie eine Königin herrscht sie auf dem 395 m hohen Bergkegel über die herrlichen Wiesen und Wälder ringsum. Sie zeigt uns, dass wir gleich in der Porzellanstadt ② **Kahla** sind. Wir fahren mitten in die Stadt. Noch schöner als der Burganblick von unten ist der Ausblick von oben ins weite Holzland.

Schloss Kochberg ist ringsum von einem Wassergraben umgeben

ACHTUNG!
Rothenstein erhält eine Ortsumgehung mit einem Tunnel unter dem Trompetenfelsen. Deshalb kann es dort auf der B 88 bis 2021 zu Umleitungen kommen.

ETAPPE 2
VON KAHLA BIS ZUM RESIDENZSCHLOSS HEIDECKSBURG

⟷ 23 km ⏱ 30 Min.

Der Tag ist noch jung. Wir fahren zügig weiter zur historischen Hängebrücke zwischen Groß- und Kleineutersdorf. Wenige Kilometer weiter fällt die meterhohe, riesige Bunkeranlage auf: der **Walpersberg**. Er lieferte nicht nur Sand für Porzellan, sondern auch Jagdbomber für den Zweiten Weltkrieg. Eine Gedenk- und Mahnstätte erinnert daran. Die Straße steigt steil an und nähert sich **Orlamünde** auf dem roten Sandsteinfelsen. Die Skyline von Kemenate, Marienkirche und Rathaus beeindruckt. Links vom Bahnhof mündet die Orla in die Saale. Der Flößerort **Uhlstädt-Kirchhasel** etwas weiter passt dazu. Ort und Gegend sind mit Sehenswürdigkeiten und Geschichte nur so gespickt: ③ **Wasserschloss Kochberg**, Burg Weißenburg, Gutsschloss, Burgruine Schauenforst, Waldkirche Weißbach, Luisenturm und … ja, und immer wieder Goethe. Verständlich, dass er hier nicht nur Charlotte von Stein besuchte, sondern auch die »ganz herrliche Gegend«. Schon ist die nächste Attraktion in Sicht: das Residenzschloss Heidecksburg hoch über ④ **Rudolstadt**, das prachtvollste Barockschloss Thüringens. Wir genießen den Blick vom historischen Markt aus beim Mittagessen im Verrückten Kartoffelhaus.

EINKEHREN
Verrücktes Kartoffelhaus
Der Name ist Programm!
Markt 5, 07407 Rudolstadt, Tel. 03672/414747, *www.kartoffelhaus-rudolstadt.de*

PANORAMA
Einen Rundblick über das Saaletal, die Saale-Ilm-Platte bis hin zum Thüringer Wald verschafft der **Luisenturm** in Kleinkochberg.

ETAPPE 3
VOM BAROCKEN RUDOLSTADT ZUR SAALEKASKADE

↔ 31 km ⏱ 35 Min.

Gestärkt brechen wir auf zum Thüringer Meer nach Hohenwarte. Die Saale weist uns den Weg direkt neben der B 88/B 85. Wir streifen **Volkstedt**, bekannt durch seine Porzellanmanufaktur und Schiller. Ihn beeindruckten seinerzeit die Glockengießer des Ortes dermaßen, dass er sie in »Das Lied von der Glocke« 1799 für immer verewigte. Ein Blick nach links auf den Kulm bei **Saalfeld**. Saalfeld selbst, mit seinen bekannten Feengrotten, lassen wir links liegen. Denn die 800 m lange und 100 m hohe Felswand »Bohlen« *(www.bohlenblick.de)* linker Hand beschäftigt uns gerade mehr – ein gekürter »Nationaler Geotop«, zweifelsohne ein Naturwunder. Wir schwärmen bis nach **Kaulsdorf** davon und treffen gleich auf ein technisches Wunderwerk. Den Schildern folgend biegen wir links zur Eichichttalsperre ab und stoppen in ⑤ **Hohenwarte** an der Staumauer. Unglaublich! Der Blick in 75 m Tiefe auf das Pumpspeicherwerk einerseits und auf den riesigen Stausee andererseits ist spektakulär. Als Teil der fast 80 km langen, fünffach gestuften Saalekaskade ist er Hochwasserschutz, Wassersportparadies und Erholungsort zugleich Fast hätten wir bei diesem Anblick das Baden vergessen. Acht herrliche Badestellen existieren hier *(www.rennsteigsaaleland.de unter »Wasserspaß am Thüringer Meer«)*. Wir entscheiden uns für die kinderfreundliche Schäferwiese westlich von Neidenberga. Am langen Kiesstrand ist des Eintauchen ins kühle Nass gratis.

ALTERNATIVE
Die **Autofähre** von Linkenmühle nach Altenroth bringt auch zu Badestränden auf der anderen Stauseeseite.

ETAPPE 4
VON DEN STAUSEEN IN DIE LAVENDELSTADT BAD BLANKENBURG

↔ 30 km ⏱ 35 Min.

Erholt machen wir uns in der Nachmittagssonne wieder auf den Weg zurück gen Westen zur B 85, passieren das **Schloss Eichicht** *(www.eichichter.de)* und das genau darunter gelegene **Schloss Kaulsdorf** *(www.kaulsdorf-saale.de)*. Im Mittelalter fuhren hier die Händler von Nürnberg nach Saalfeld vorbei. Wir dagegen wollen auf der B 85 etwas nördlicher nach **Unterwel-**

Morgenstimmung an der Saaleschleife am Hohenwarte-Stausee im Naturpark Thüringer Schiefergebirge

lenborn zum Industriedenkmal Gasmaschinenzentrale *(www.gmzuborn.de)*, das an die legendäre Maxhütte erinnert, genauso wie die »Eisenstraße« am Roten Berg. Die kann man per Rad oder Wanderschuh bis nach Saalfeld hinein erkunden. Natürlich wollen wir auch den berühmten Kirchturmknopf mit Pfeil in **Schwarza** sehen, der von einem baschkirischen Bogenschützen aus den Napoleonischen Befreiungskriegen übrig blieb. Dazu biegen wir von der B 85 auf die B 88 ab, in die Stadt bis zur Humboldtstr. 2, wo die Kirche St. Laurentius mit dem Pfeil auf dem Turm steht. Das Foto ist schnell gemacht. Wenige Meter westlich stoßen wir wieder auf die B 88, die uns nach ⑥ **Bad Blankenburg** bringt. Eine Stadt, die zweifelsohne sehr stolz auf ihren berühmtesten Mann ist – den Kindergartenerfinder Fröbel.

SPAZIERGANG
Besonders wenn der Lavendel blüht, duften es in allen Parks und Grünanlagen der Lavendelstadt **Bad Blankenburg**.

ETAPPE 5
DURCHS MÄRCHENHAFTE SCHWARZATAL BIS ZUM ILMENAUER HAUSBERG

⟷ 42 km ⏱ 60 Min.

Das landschaftlich traumhafte Schwarzatal muss man in seiner ganzen Länge auf 53 km einfach erleben. Wir starten mit dem Auto mitten in Bad Blankenburg auf der Schwarzatalstraße (an der B 88/L 1112). Nächster Ort: das kleine Städtchen **Schwarzburg** mit seinem schönen alten Schloss, das Stück für Stück saniert wird. Dann folgt Kurve auf Kurve, auch steil aufwärts. Wir fahren sehr vorsichtig, denn die vielen Motorradfahrer überholen schnell und genießen die Kurven. Hinter jeder überrascht uns ein neuer Berg mit wild wachsenden Orchideen, ein rauschender Gebirgsbach oder ein tiefes Tal. Goldwäscher in der Schwarza treffen wir heute nicht. Sie kommen aber gern hierher und versuchen – natürlich organisiert – ihr Glück in dieser einstigen Bergbaugegend.
Spätestens am schmucken Bahnhofsgebäude der Oberweißbacher-Bergbahn-Talstation **Obstfelderschmiede** sollte man eine kleine Pause einlegen. Bei einem längeren Urlaub ist eine Fahrt im offenen Wagen durchs Thüringer Schiefergebirge unbedingt

Typisches Thüringer Fachwerkhaus mit Schieferdach

zu empfehlen. Wir allerdings fahren auf der Schwarzatalstraße weiter bis zum Ort **Zirkel**, wo uns die Schwarza gen Süden verlässt. Wir biegen auf die L 1144 in nördliche Richtung ab, dann links auf die B 88 und erfreuen uns schon kurze Zeit darauf an **Gehrens** Altstadt. Schmale Straßen und schiefergedeckte Häuser sind typisch für die Region. Manchmal braucht man hier etwas länger, wenn einen der Zubringerverkehr zur A 71 Ilmenau-Ost aufhält. Nach 8 km beschließen wir, unsere Reise in ⑦ **Ilmenau** bei einem Glas Wein im ältesten Gasthaus und Pension der Stadt »Zur Post« *(www.nasse-post.de)*.
Hier tanken wir Kraft für den morgigen einstündigen Fußmarsch hinauf auf den Gipfel (861 m) des Kickelhahns, den schon Goethe einst erklomm.

ALTERNATIVE
Schneller ist die Route von Bad Blankenburg bis Gehren auf der **B 88** mit 23 km in 30 Min., aber nicht so schön.

ÜBERNACHTEN
Hotel Anker Historisches Haus im modernen Gewand mit Blick auf den Saalfelder Marktplatz. # Markt 25/26, 07318 Saalfeld, Tel. 03671/5990, *www.hotel-anker-saalfeld.de*

Kains Hof Landhotel bei Rudolstadt mit gemütlichem Ambiente und Spabereich nahe der Saale. # Weißen 19, 07407 Uhlstädt-Kirchhasel, Tel. 036742/61130, *www.hotelkainshof.com*

Waldhotel am Stausee Stilvolle Zimmer mit idyllischem Blick auf den Wald oder den Stausee. # Preßwitzer Str., 07333 Unterwellenborn, Tel. 036732/363, *www.waldhotel-am-stausee.de*

ENTLANG DER ROUTE

1 Jena

Jena ist dank seiner 1558 gegründeten Friedrich-Schiller-Universität mit rund 17 400 Studierenden und dem hochkarätigen Jena-Glas weltberühmt. 1846 entstanden die Mechanischen Werkstätten von Carl Zeiss und Ernst Abbes. Zudem liegt die Saalestadt in einer malerischen Landschaft eingebettet, in die es einst auch den Wissenschaftler Goethe zog. Nur das historische Rathaus blieb von den Zerstörungen des Zweiten Weltkriegs verschont. Jede volle Stunde zieht hier der »Schnapphans« am Uhrturm die Blicke auf sich. An Jenas Bildungsvater erinnert der Hanfried, wie der Volksmund das große Bronzestandbild des Kurfürsten nennt. Für Sternengucker ist das im Jahr 1926 erbaute Zeiss-Planetarium eine Attraktion. *www.jena.de*

2 Kahla

Enge Gassen durchziehen die denkmalgeschützte Altstadt von Kahla am Fuße der Leuchtenburg. Bis heute umgibt sie eine fast vollständig erhaltene Stadtmauer mit zwei Wehrtürmen. Stadtbildprägend wirkt die spätgotische Kirche St. Margareten im Norden der Altstadt. *www.kahla.de*

3 Schloss Kochberg

Der 26-jährige Johann Wolfgang von Goethe traf hier seine Charlotte von Stein auf dem Landsitz der Familie, 30 km von Weimar entfernt. Viele Ausstellungsstücke erinnern an die zahlreichen Besuche Goethes und berichten über das Leben der Familie Stein. Auch der Landschaftspark mit seinem prächtigen alten Baumbestand, mit Leinwandhäuschen, Turmruine, Grottenanlage mit Begräbnisplatz, mit Badesee sowie einem außergewöhnlichen Blumengarten sind unbedingt sehenswert. *www.klassik-stiftung.de*

❹ Rudolstadt

Als frühere Schwarzburger Residenzstadt birgt das an den Ufern der Saale gelegene Rudolstadt eine Menge architektonische Kostbarkeiten in sich: Das Alte Rathaus in der Stiftsgasse 2, der historische Markt mit hübschen Bürger- und Handwerkerhäusern sowie das Neue Rathaus oder das Stadtschloss Ludwigsburg (heute Thüringer Landesrechnungshof). *www.rudolstadt.de*

❺ Hohenwarte-Stausee

Der See entstand in den Jahren 1936–1942 mit dem Bau der Hohenwartetalsperre, welche die zweitgrößte (75 m hoch, 412 m lang) Deutschlands ist. Sie dient der Energiegewinnung und dem Hochwasserschutz und ließ eine einzigartige Landschaft entstehen, die Besucher in ihren Bann zieht. So schlängelt sich die angestaute Saale heute über eine Länge von 27 km durch tiefe Täler des Thüringer Schiefergebirges. Wie an der Bleilochtalsperre kann man auch hier gemütlich mit dem Boot fahren, schwimmen, wandern und sich erholen. *www.talsperrren.net*

❻ Bad Blankenburg

Im ruhigen Luftkurort, wo die Schwarza in die Saale mündet, öffnete Pädagoge Friedrich Fröbel (1782–1852) den ersten Kindergarten überhaupt. Das war bereits 1840. Burg Greifenstein, die einzige deutsche Königsburg, schmückt heute noch die Lavendelstadt. *www.bad-blankenburg.info*

❼ Ilmenau

In der einst vom Erzbergbau bestimmten Stadt verlässt die Ilm die Berge des Thüringer Waldes und sucht sich ihren Weg zur Saale. Dichte Fichtenwälder mit vielen Wanderwegen umgeben die Stadt. Selbst Goethe wanderte zum 861 m hohen Kickelhahn. Das GoetheStadtMuseum beherbergt eine wertvolle Sammlung von Archivalien und Büchern zu Goethe und dem Ilmenauer Bergbau. *www.ilmenau.de*

> UNTERWEGS
> Mehrmals täglich fahren Schiffe auf dem **Bleilochsee** zur 65 m hohen Staumauer der Bleilochtalsperre oder in Richtung Saaldorf zum fast senkrecht emporsteigenden Totenfelsen. Ausflugsboote starten in Saalburg-Ebersdorf.

Die Johannisstraße ist eine beliebte Flaniermeile in Jenas Altstadt

Angesichts der uralten Hutebuchen im Nationalpark Kellerwald-Edersee fällt es nicht schwer, an Märchen zu glauben

NORDHESSEN: VON BAD HERSFELD BIS ZUR MÄRCHENHAFTEN KNALLHÜTTE

2 Tage

Die liebliche Berg- und Tallandschaft Nordhessens ist geprägt von Wäldern, Fachwerkstädten, dem Edersee, dem Knüll, dem Kellerwald sowie dem Habichtswald. Kurvenreiche Strecken gehören dazu. Gerade für Motorrad- und Wohnmobilfahrer ist das ideal zum Cruisen und für schöne Ausblicke. Der Freizeitspaß kommt nicht zu kurz. Es geht ums Wandern, Wassersport und Weltnaturerbe. Grimms Märchen begleiten die Tour. Wer sich alles anschauen will und Zeit zum Verweilen oder für Besichtigungen braucht, sollte gleich zwei Tage einplanen.

Bad Hersfeld
Baunatal
206 km
ca. 5 Std.

ETAPPE 1
VON BAD HERSFELD NACH FRITZLAR

↔ 60 km ⏱ 60 Min.

In der größten romanischen Kirchenruine der Welt gehen jedes Jahr im August die Festspiele von ① **Bad Hersfeld** über die Bühne. Das »hessische Salzburg« ist auch sonst unterhaltsam. Die Stadt in Nordhessen liegt dicht an der A 4, auch die A 7 (Kirchheim) ist nur wenige Kilometer entfernt. Sie ist ein geeigneter Startpunkt für die etwas andere Nordhessen-Tour, dann geht es über die B 324 durch Waldhessen. Der Name deutet es schon an: Hier wachsen wunderbare Wälder. Licht und Schatten wechseln bei der Fahrt einander ab. Schnell geht es Richtung **Knüll**. Hier bietet sich eine kleine Wanderung zum Knüllköpfchen an. Der erloschene Vulkan (633 m) bei Schwarzenborn hat eine Einkehrstation, das Boglerhaus *(www.boglerhaus.de)*. Weiter führt die Etappe nach ② **Homberg an der Efze**. Die Kreisstadt des Schwalm-Eder-Kreises ermöglicht von der Hohenburg, die auf einem Basaltkegel steht, einen traumhaften Blick in die Schwalmebene. Anschließend führt der Weg durch kleine Dörfer Richtung Norden entlang der Deutschen Fachwerkstraße. Kurz bevor die Schwalm in die Eder mündet, ist das Städtchen ③ **Wabern** einen Stopp wert. Bahnreisende kennen oft zumindest den ICE-Halt. Nun führt die Route über eine kurze Strecke weiter nach ④ **Fritzlar**. Die Dom- und Kaiserstadt schmückt ein historischer Stadtkern, durch den sich ein Rundgang anbietet.

ZU FUSS
Schnuddelbänke sind an wechselnden Standorten in Fritzlar zu sehen. Sie laden zum Schwätzchen ein und erzählen selbst kleine Geschichten *(www.grimmheimat.de)*.

Liebevoll saniertes Fachwerk säumt dem Fritzlarer Marktplatz

ETAPPE 2
VON FRITZLAR NACH HERZHAUSEN

↔ 44 km ⏱ 60 Min.

Dieser Abschnitt führt zum Edersee, zur Staumauer und zur Schifffahrt. Da bieten sich viele Stellen zum Rasten und Schauen, zum Unternehmen und Einkehren. Von Wassersport bis zum Wildtierpark ist alles da. Zunächst geht es in Schleifen von Wabern nach ⑤ **Bad Wildungen**. Wieder führt die Straße an Feldern und Wäldern vorbei bis Edertal-Affoldern. Nächster Stopp ist die **Sperrmauer**. An der Südseite sind mehr Parkplätze, ein Bootsanleger, der Aqua Park und gute Gastronomie zu finden. Auch das Sperrmauer-Museum befindet sich in Edertal *(www.edersee.com)*. Abends wird die Staumauer in farbiges Licht getaucht. Das ist hübsch anzusehen. Sollte es eine Zweitagestour werden, böte sich hier oder weiter westlich am Edersee eine Übernachtung an. Dann geht es zum **Schloss Waldeck**, das von der Terrasse einen herrlichen Überblick bietet. Restaurant und Hotel gehören auch dazu *(www.schloss-hotel-waldeck.de)*. Es empfiehlt sich, nun die Ederrandstraße am nördlichen Ufer des Stausees zu nehmen. Es geht dann über Nieder-Werbe, Basdorf, Vöhl nach **Herzhausen** am westlichen Rand des 27 km langen Stausees. Endpunkt der Etappe ist das moderne ⑥ **Nationalparkzentrum Kellerwald** an der B 252 bei Herzhausen.

EINKEHREN
Das **Waffelhaus** ist anerkanntes Zentrum dieses Gebäcks. # Bilsteinstr. 67, 34537 Bad Wildungen, Tel. 056 21/51 90, *www.waffelhaus.de*

ABSTECHER
Frankenberg (Eder) ist ebenfalls ein nordhessisches Kleinod. Dazu passend liegt mittendrin das Hotel Sonne, ein Spitzenhotel mit Gourmetrestaurant *(www.sonne-frankenberg.de)*.

ETAPPE 3
VON HERZHAUSEN NACH KORBACH

⟷ 12 km ⏱ 30 Min.

Diese Etappe ist zwar nur kurz, aber es bleibt somit genug Zeit, sich genauer im Nationalparkzentrum umzusehen, einen kleinen Spaziergang durch das Weltnaturerbe Kellerwald zu unternehmen sowie vielleicht auch eine kleine Schiffstour auf dem Edersee einzuplanen *(www.edersee.com)*. Dann geht es in Richtung Norden weiter. Die Route führt zur prächtigen Fachwerkstadt **Korbach**. Die einstige Hansestadt hat sich ihren Charme bewahren können. Deshalb bieten sich hier ein Spaziergang oder gar eine geführte Tour durch die Innenstadt an. Der mittelalterliche Markt im Oktober versprüht besonderen Reiz *(www.korbacher-hanse.de)*. Nicht weit davon liegt Deutschlands reichste Goldlagerstätte in Goldhausen.

ABSTECHER
Lehrreich und unterhaltsam ist der Besuch in der nahen **Eisenberg-Hütte** von Goldhausen. # Turmweg 2, 34497 Korbach, Tel. 05631/53232, *www.goldspur-eisenberg.de*

EINKEHREN
In gemütlichem Fachwerk kann man im Restaurant **Am Pranger** mediterran speisen. # Stechbahn 22, 34497 Korbach, Tel. 05631/620221, *www.pranger-korbach.de*

ETAPPE 4
VON KORBACH NACH ZIERENBERG

⟷ 60 km ⏱ 90 Min.

Von Korbach aus geht es über die Dörfer. Helmscheid, Mühlhausen und Twiste gehören dazu. Neben Dorfidyll und frischer Luft ist viel Natur zu erleben. Dann liegt schon **Bad Arolsen** auf dem Weg. Die ehemalige Residenzstadt der Grafen und Fürsten von Waldeck-Pyrmont zeigt sich auch heute noch in Rokoko und Barock. Dazu passen die Barockfestspiele im Juni. Das Festspielhaus an der Fürstlichen Reitbahn bietet den feierlichen Rahmen dazu. Der noch junge Kurort – seit 1997 mit Bad im Namen – besitzt auch ein ansprechendes Freizeitbad und hübsche Kureinrichtungen. Nächster Erfrischungsstopp ist der **Twistesee** mit Strandbad – östlich von Bad Arolsen bei Wetterburg. Fast alle Wassersportarten lassen sich hier ausüben. Vielleicht ist auch noch Zeit zum Angeln oder Bootfahren.

Dann geht es weiter über Volkmarsen und Breuna Richtung **Naturpark Habichtswald**. Das Naturparkzentrum in Zierenberg auf dem Dörnberg *(www.naturpark-habichtswald.de)* liefert bestes Hintergrundwissen und Einblicke in Ökologie, die Geschichte des Waldes, seine aktuellen Bedrohungen sowie Tipps für schöne Wanderungen. So führt beispielsweise ein 85 km langer Weg von hier bis zum Edersee (Premiumwanderweg Habichtswaldsteig). Hünengräber und Ringwälle sind in den Buchenwäldern zu finden. Auch die Wichtelkirche in **Zierenberg** ist einen Besuch wert (Blumenstein 11). Die zugehörige Sage handelt vom Ende der germanischen Religion und dem Beginn des christlichen Glaubens.

ZU FUSS
Der **Alpenpfad** ist ein Wanderweg mit wenig Höhenunterschieden und besten Blicken in die Landschaft (5 km). Es geht rund um den Kleinen Dörnberg.

Versailles stand Pate beim barocken Residenzschloss in Bad Arolsen

Vulkanisches Gestein prägt die beeindruckende Landschaft im Naturpark Habichtswald

ETAPPE 5
VON ZIERENBERG NACH BAUNATAL

⟷ 30 km ⏱ 60 Min.

Weil bisher die Märchen, für die Nordhessen berühmt ist, zu kurz kamen, endet diese Etappe und damit die Tour in der Knallhütte. Die liegt in Baunatal, ist heute ein beliebtes Gasthaus und war einst das Zuhause der hugenottischen Wirtstochter Dorothea Viehmann. Sie lieferte sehr viele Märchen, die die Brüder Grimm aus Kassel eifrig aufschrieben. Ihr sind mindestens 36 der Märchen für den zweiten Band der Kinder- und Hausmärchen der Grimms zu verdanken. Doch zunächst geht es von Zierenberg über Dörnberg zum **Herkules**. Die Kupferstatue des Halbgottes steht im Bergpark Wilhelmshöhe in Kassel und ist das Wahrzeichen der Stadt. Der Ausblick von dort oben ist enorm. Schloss Wilhelmshöhe und die Kurhessen Therme liegen in der Nähe. Nach einem Stopp geht es aber nicht hinab nach Kassel, sondern westlich am Rand der Stadt entlang Richtung Süden. Über Brasselsberg, Nordshausen und Altenbauna ist dann **Baunatal** das Ziel. Dort lässt sich in der Knallhütte mehr über Grimms Märchen und die Brautradition erfahren. Dazu lassen sich drinnen oder im Biergarten die deftigen Speisen genießen. Von hier sind es schließlich nur ein paar Meter zu den Autobahnen A 44 und A 49 sowie zur A 7.

EINKEHREN

Im **Brauhaus Knallhütte** sind gute Speisen und erstklassiges Bier zu finden. # Knallhütte 1, 34225 Baunatal, Tel. 0561/49 20 76, *www.brauhaus-knallhuette.de*

ÜBERNACHTEN

Gasthof Zur Linde Als traditioneller Familienbetrieb in fünfter Generation ist das gut geführte Haus der ideale Ausgangspunkt für Erkundungen in Nordhessen. # Haldorfer Str. 9, 34295 Edermünde, Tel. 056 65/57 59, *www.zurlinde-edermuende.de*

Zur hessischen Schweiz Mit Motorradgarage und modern eingerichteten, hellen Zimmern ist das Haus ein Hit. Im Restaurant genießt man saisonale Köstlichkeiten. # Melsunger Str. 42, 34277 Fuldabrück, Tel. 056 65/31 83, *www.zurhessischenschweiz.de*

Hotel Eichholz Das freundliche Drei-Sterne-Haus mit Restaurant und Biergarten hat preiswerte Zimmer und eine verkehrsgünstige Lage. # Oberzwehrener Str. 49, 34132 Kassel, Tel. 0561/94 27 10, *www.hotel-eichholz.de*

ENTLANG DER ROUTE

1 Bad Hersfeld

Von der Tuchmacher- zur Festspielstadt: Alljährlich bietet die Ruine der Stiftskirche Theaterfreunden bei den Bad Hersfelder Festspielen eine grandiose Kulisse. Im Kurpark mit Wandelhalle, Park und Quellpavillon fühlt man sich zurückversetzt in eine andere, ruhigere Zeit. Ein Bummel durch die Altstadt führt zum spektakulären Rathaus aus dem Jahr 1371, das im 17. Jh. im üppigen Stil der Weserrenaissance umgebaut wurde. Der Marktplatz ist von Patrizier- und Fachwerkhäusern gesäumt. Im Katharinenturm östlich der Stiftsruine hängt die älteste Glocke Deutschlands (1038). Geweiht wurde sie Lullus, dem Missionar und Erzbischof von Mainz, der 786 in Hersfeld starb und in der Klosterkirche beigesetzt wurde. 30 Jahre lang Schuldirektor in Bad Hersfeld war Konrad Duden. In seinem ehemaligen Wohnhaus wird an Leben und Werk des Erfinders der einheitlichen deutschen Rechtschreibung erinnert. Um Sprache dreht sich auch alles in der originellen Mitmach- und Erlebnisausstellung »wortreich«. *www.badhersfeld-tourismus.de*

2 Homberg (Efze)

Obwohl Homberg heute 20 Stadtteile umfasst, ist ein städtischer Charakter unverkennbar – es ist vor allem das geschlossene Ensemble aus Kirchen und Befestigungsmauern, aus Türmen, Stiftsgebäuden, verwinkelten Gassen, stolzem Fachwerk und harmonischen Plätzen, das seinen Reiz ausmacht. Homberg konnte seinen mittelalterlichen Stadtkern mit zahlreichen historischen Bauten rund um den schmucken Marktplatz bis heute erhalten. Über alledem thront die hochgotische Marienkirche, das weithin sichtbare Wahrzeichen der Kreisstadt. *www.homberg-efze.eu*

3 Wabern

Seit 1849 fährt in Wabern schon der Zug ab, zunächst gab es eine Verbindung bis Kassel. Bald war der Ort ein wichtiger Knotenpunkt, was sich heute noch am ICE-Halt ablesen lässt – für eine Gemeinde mit etwa 7300 Einwohnern eher ungewöhnlich. Sehenswert sind das barocke Jagdschloss von 1707 (nur von außen zu besichtigen) mit dem Park sowie die Muqeet-Moschee einer aus Indien stammenden Religionsgemeinschaft. Die Bauweise aus Lehmsteinen sowie das 9 m hohe Zierminarett stechen hervor. Zwei Fernradwege kreuzen sich in Wabern und unterstreichen die herrliche naturräumliche Lage in der Flusslandschaft von Schwalm und Eder. *www.wabern.de*

4 Fritzlar

Die Dom- und Kaiserstadt Fritzlar im burgenreichen Edertal ist Teil des Waldecker Landes. Prunkstück der mittelalterlichen

Stadtmauer ist der Graue Turm (13.Jh.), der größte erhaltene Wehrturm Deutschlands. Genau an der Stelle, an der sich heute die romanisch-gotische Stiftskirche St. Peter (12.–14. Jh.) erhebt, soll der Überlieferung nach der hl. Bonifatius im Jahr 723 eine den Franken und Sachsen heilige Donar-Eiche gefällt und damit die Christianisierung Mittel- und Norddeutschlands in die Wege geleitet haben. Eine neuzeitliche Bronzeskulptur vor dem Dom erinnert an das Ereignis. Außerdem fand in Fritzlar im Jahr 919 der Reichstag statt, auf dem Heinrich I. zum König der Deutschen gewählt wurde und mithin gewissermaßen das Deutsche Reich begründet wurde. Von schönstem Fachwerk eingefasst ist der Marktplatz mit dem Rolandsbrunnen. *www.fritzlar.de*

5 Bad Wildungen

Hessens bedeutendstes Heilbad ist eine Schönheit von herrschaftlichem Glanz. Das Stadtbild ist geprägt vom ungewöhnlichen Kontrast zwischen stolzem Fachwerk und Prunkbauten aus Gründerzeit und Jugendstil, einer Zeit, als eine Kur in Bad Wildungen einfach dazugehörte. Hoch über der Altstadt thront das barocke Schloss Friedrichstein mit seinen vielfältigen Sammlungen vor allem zur Jagd und Militärgeschichte – dort, wo vordem eine mittelalterliche Burg stand. Von der alten Burg ist nach dem 1714 vollendeten Umbau nur der Turm erhalten geblieben. *www.bad-wildungen.de*

NATUR ERLEBEN

Je nach Gusto lässt sich der **Edersee** mit einem angemessenen Wassergefährt erkunden. Ob mit lautlosem Elektroboot, Stand-up-Paddle-Board, rudernd, segelnd oder paddelnd– die Fortbewegung auf dem Wasser ist der ideale Kontrast zu der Spazierfahrt durch das nördliche Hessen.

6 Nationalparkzentrum Kellerwald

Wie ein Fjord schmiegt sich der Edersee ins hügelige Waldecker Land. Am Nordufer des 1908–1914 gebauten Stausees, heute beliebter Treff von Seglern, Surfern und Schwimmern, breitet sich der Nationalpark Kellerwald-Edersee aus. Mit 50 Bergen und Kuppen, die sich auf 57 km² erstrecken, bildet er das Kernstück des 406 km² großen Naturparks. Die in ihrer Art einzigartigen Buchenwälder werden aus Naturschutzgründen sich selbst überlassen und gehören seit 2011 zum Weltnaturerbe der UNESCO. Das in Architektur und Ausstattung moderne Nationalparkzentrum an der B 252 bei Herzhausen macht mit dem dort entstehenden Urwald vertraut. *www.nationalparkzentrum-kellerwald.de*

Die Brunnenallee ist die Flaniermeile der nordhessischen Kurmetropole Bad Wildungen

TOUR 16–30

Was für ein Panorama! Eine der Etappen der Deutschen Alpenstraße führt hinauf zum Sylvensteinspeicher im Isarwinkel

Hoch über dem Rhein bei Königswinter thront der Drachenfels samt Burgruine und Schloss Drachenburg

VOM SAUERLAND DURCH DAS SIEGTAL INS SIEBENGEBIRGE

2 Tage

Diese Tour beginnt im Hochgebirge, denn zumindest in Nordrhein-Westfalen und unter den vielen niederländischen Gästen genießt das auf 668 Metern Höhe gelegene Winterberg diesen Status. Weiter geht es vorbei am Rothaargebirge an den Biggesee, ehe die historische Stadt Siegen lockt. Durch das Tal der Sieg führt die Strecke nach Stadt Blankenberg auf einen stattlichen Hügel, bevor zum krönenden Abschluss mit Königswinter und dem Drachenfels das romantische Rheintal aus verschiedenen Perspektiven aufwartet.

Winterberg
Königswinter
225 km
ca. 5 Std.

ETAPPE 1
VON WINTERBERG NACH LENNESTADT

↔ 42 km ⏱ 60 Min.

Je nach Jahreszeit sind ① **Winterberg** und Umgebung ein herrliches Revier zum Wandern, Radfahren oder Langlaufen. Wer ohne hochalpines Gelände auskommt, kann sich zudem an Skiabfahrten erfreuen. Nicht zuletzt ist Bewegung in die lange recht schlafmützige Hotellandschaft gekommen. Abgesehen von seinen eigenen Qualitäten aber eignet sich Winterberg auch vorzüglich als Ausgangspunkt für einen Roadtrip durch die ländlicheren Gefilde Nordrhein-Westfalens. Der Wintersportort befindet sich am östlichen Ende des ② **Naturparks Sauerland-Rothaargebirge**, der mit fast 4000 km² der zweitgrößte Deutschlands ist. Aus dem Ort heraus führt die Strecke vorbei an den Skiliften von Winterberg und den Flanken des **Kahlen Astens** bis zur Abzweigung nach Altastenberg. Dort geht sie nach links ab, um auf kurviger Streckenführung als Hochsauerland-Höhenstraße (L 640) in Richtung Westen zu streben, bis das historische Textilstädtchen Schmallenberg erreicht ist. Parallel zum Flüsschen Lenne geht es auf einer hübschen Strecke weiter nach **Lennestadt**.

EINKEHREN
Der **Landgasthof Schütte** verwöhnt auf hohem Niveau. # Eggeweg 2, 57392 Schmallenberg, Tel. 029 75/820, *www.hotel-schuette.de*

ABSTECHER
Von Schmallenberg aus führt eine Straße zum 658 m hohen **Wilzenberg**. Auf dem Gipfel thront ein Aussichtsturm *(www.naturpark-sauerland-rothaargebirge.de)*.

Spektakuläres Panorama: die Plattform Biggeblick in Attendorn

ETAPPE 2
VON LENNESTADT ZUM BIGGESEE

↔ 32 km ⏱ 45 Min.

An der Lenne geht die Fahrt auf der B 236 weiter in Richtung Nordwesten, ehe in Grevenbrück die B 55 nach links abzweigt. Diese erreicht mit der Bigge bald einen weiteren Fluss, der den etwas schmächtigen Ahauser Stausee mit Wasser speist. Südlich vorbei an Attendorn geht es weiter zum ③ **Biggesee**. Er ist mit einer Oberfläche von fast 9 km² der zweitgrößte in NRW. Sein glasklares Wasser und seine dicht bewaldeten Ufer sind exzellente Argumente für einen Kurzurlaub im eigenen Land. Sowohl Schwimmer wie auch Wassersportler kommen auf dem Gewässer auf ihre Kosten. Nachdem wir Attendorn auf der Umgehungsstraße passiert haben, führt der Biggeweg zur imposanten Staumauer.

ABSTECHER
In unmittelbarer Nähe sind die **Sauerländer Pyramiden** im Galileo-Park Schauplatz wechselnder wissenschaftlicher Ausstellungen *(www.galileo-park.de)*.

ETAPPE 3
VOM BIGGESEE NACH SIEGEN

↔ 42 km ⏱ 45 Min.

Vom Westufer des Sees kommt bald die Gilberginsel in Sicht, die sich mitten im Gewässer ausbreitet. Kurz vor der Ortschaft Sondern ermöglicht die gleichnamige Talbrücke die Überquerung des lang gezogenen Sees. Alternativ kann man kurz davor in die Straße »Am Sonderner Kopf« zu einem Campingplatz abbiegen, wo ein erneuter Sprung ins Wasser möglich ist. Am Ostufer angekommen, führt die L 563 In Richtung Kreisstadt Olpe, ehe die B 54 vorbei an der Brauereistadt Krombach Kurs auf ④ **Siegen** nimmt. An den Ufern der Sieg gelegen, blickt der Ort auf eine fast 1000-jährige Geschichte zurück. Als Oberzentrum des Siegerlandes ist die Stadt von acht stattlichen Hügeln umgeben. Die Einheimischen teilen sie in eine

ZU FUSS
Von Hauptbahnhof in Siegen führt eine gut 1 km lange Strecke (70 m Höhendifferenz) zum **Oberen Schloss** mit dem Siegerlandmuseum.

weniger auffällige Unterstadt und die sehr fotogene Oberstadt auf. Dort befindet sich auch das Siegerlandmuseum *(www.siegerland museum.de)*, das sich mit verschiedenen Aspekten von Leben und Werk des berühmtesten Sohns der Stadt beschäftigt: Peter Paul Rubens (1577–1640). Das Museum zeigt diverse Werke aus allen Schaffensphasen des Meisters.

ETAPPE 4
VON SIEGEN NACH STADT BLANKENBERG

⟷ 84 km ⏱ 105 Min.

Die Strecke folgt nun im weitesten Sinne den verschlungenen Pfaden der Sieg, die sich vorbei an oftmals dicht bewaldeten Hängen ihren Weg in Richtung Rhein bahnt. Erster größerer Ort ist **Betzdorf**, das sich schon seit dem Jahr 1879 rühmen kann, dienstags und freitags einen der größten Wochenmärkte (7–12.30 Uhr) von Rheinland-Pfalz auszurichten. Als nächstes Highlight wartet der Ort Kirchen, wo sich der berühmte **Druidenstein** befindet. Dabei handelt es sich um einen formschönen Basaltkegel, der vor mehr als 1 Mio. Jahren nach einer Vulkaneruption Gestalt angenommen hat. Seitdem ist er immer wieder Gegenstand von Mythen, Legenden und Sagen gewesen.

Weiter flussabwärts wartet mit dem **Windecker Ländchen** der für viele schönste Teil des Siegtals auf. Neben der sanften Landschaft locken hier mit dem Naturdenkmal Blauer Stein, dem sagenumrankten Heilbrunnen bei Ohmbach, dem Siegwasserfall und der Ruine der Pulvermühle Elisenthal einige Attraktionen für eine spannende Entdeckungstour. Flussabwärts in Eitorf steht mit **Schloss Merten** ein ehemaliges Kloster, das im frühen 13. Jh. erstmalig erwähnt und

ZU FUSS

Das Siegtal ist ein tolles Wanderrevier, das durch den **Natursteig** gut erschlossen ist. Bei Wissen gibt es einen 25 km langen Rundkurs *(http://naturregion-sieg.de)*.

ABSTECHER

Ein kleiner Umweg führt in den Naturerlebnispark **Panarbora** mit Baumwipfelpfad und einer ungewöhnlichen Jugendherberge *(http://panarbora.de)*.

Der Biggesee und die umliegenden Wälder locken Naturliebhaber und Ruhesuchende

Schloss Drachenburg: Privatvilla des Börsenspekulanten von Sarter

im 19. Jh. zu einem Schloss umgebaut wurde – mit entsprechend aufwendig gestalteten Gartenanlagen.
Nach den vielen ländlichen Impressionen nähern wir uns nun langsam wieder urbaneren Gefilden. Ehe die Kölner Bucht erreicht wird, biegt in Hennef-Stein die Straße Steinermühle ab, die über zwei Serpentinen nach ⑤ **Stadt Blankenberg** führt. Oben wartet ein malerisches Ensemble aus mittelalterlichen Gassen und Fachwerkhäusern, das von einer weithin intakten Stadtmauer umgeben ist. Dabei sollte der hochtrabende Name nicht darüber hinwegtäuschen, dass es sich bei Blankenberg um ein Dorf von sehr überschaubarem Ausmaß handelt.

ETAPPE 5
VON BLANKENBERG NACH KÖNIGSWINTER

⟷ 25 km ⏱ 30 Min.

Von Blankenberg führt die Strecke nun in Richtung Siebengebirge. Über sanfte Hügellandschaften erreicht die L 268 zunächst den Königswinterer Stadtteil Oberpleis, ehe sie kurz vor Ittenbach in die L 331 übergeht. Dort gilt es nun, eine steile Rampe zu überwinden, die zur **Margarethenhöhe** führt – die mit 320 m höchste »Passstraße« des Siebengebirges. Die Abfahrt ins Rheintal ist mit gut 6 km deutlich länger. Sie geleitet unmittelbar ins Zentrum von ⑥ **Königswinter**. Das Städtchen hat sich immer noch nicht festgelegt, ob es ein nobler Wohnort mit romantischer Grandezza sein möchte, oder ob es sich mit dem Status als eher rummeliger Touristenort zufrieden gibt. Der Boulevard am Rheinufer allerdings ist über jeden Zweifel erhaben. Und die wenige hundert Meter rheinaufwärts beginnenden Weinberge sind eine Augenweide.

EINKEHREN
Das **Weingut Pieper** tischt mitten in Königswinter solide deutsche Küche auf. # Hauptstr. 458, 53639 Königswinter, Tel. 022 23/226 50, *www.weingut-pieper.de*

ETAPPE 6
VON KÖNIGSWINTER NACH DRACHENFELS

⟷ 2,5 km ⏱ 60 Min. zu Fuß ⏱ 15 Min. mit der Zahnradbahn

Mit der Ankunft in Königswinter ist die Traumstraße noch nicht zu Ende. Vielmehr folgt der wohl spektakulärste Abschnitt noch – allerdings ist dieser für Autos gesperrt. So bleiben für den Aufstieg auf den ⑦ **Drachenfels** mehrere Alternativen. Die ebenso ehrwürdige wie anhaltend populäre Zahnradbahn (*www.drachenfelsbahn.de*) bringt Passagiere in etwas mehr als zehn Minuten auf stilvolle Weise zur Burgruine Drachenfels. Wer stramme Waden hat, kann den Aufstieg auch zu Fuß meistern. Kinder bevorzugen unterdessen den Ritt auf einem Esel. Alle Besucher können sich auf einen Parcours mit durchaus kuriosen Sehenswürdigkeiten freuen, zu denen neben einem Reptilienhaus auch eine Gedenkstätte für den Romantiker Lord Byron und natürlich die extravagante Drachenburg gehören. Höhepunkt freilich bleibt der Blick vom 321 m hohen Gipfel auf das Rheintal, das sich hier von einer sehr schönen Seite präsentiert.

ÜBERNACHTEN
Romantikhotel Platte Familiengeführtes Haus im Landhausstil nahe des Biggesees. Ein Spa mit Schwimmbad und ein Golfplatz gegenüber erhöhen den Freizeitwert. # Repetalstr. 219, 57439 Attendorn-Niederhelden. Tel. 027 21/13 10, *www.platte.de*

Steigenberger Petersberg In der noblen Herberge residierten zu Bonner Hauptstadtzeiten in der Nähe von Königswinter die Staatsgäste der Bundesrepublik. # Petersberg, 53639 Königswinter, Tel. 022 23/740, *www.steigenberger.com*

ENTLANG DER ROUTE

❶ Winterberg

Winterberg heißt nicht nur so. Für mehr als 5,3 Mio. Menschen im Pott – und weitere Sportfreunde in Holland – ist der Kahle Asten über der Kleinstadt das nächstgelegene Skigebiet. Ist der Schnee im Frühjahr geschmolzen, geht der Spaß, etwas leiser, weiter: beim (Nordic) Walken, Radeln und Mountainbiken (1700 km Wegenetz), beim Baden, Golfen und Wandern auf dem Rothaarsteig, einem der »Top Trails of Germany«. *www.winterberg.de, www.rothaarsteig.de*

❷ Naturpark Sauerland-Rothaargebirge

2015 gegründet ist der Naturpark Sauerland-Rothaargebirge, bestehend aus Sauerland, Siegerland, Wittgensteiner Land und Medebacher Bucht, ein ganz besonderes Ausflugsziel. Ob wandernd oder mit dem Fahrrad lässt sich dieser Rückzugsort für seltene Pflanzen und Tiere, etwa Wanderfalken, Eulen oder Uhus, bestens erkunden. Kultur- und Industriedenkmäler wie Bergbaurelikte oder Handwerksmuseen zeugen von einer der ältesten Industrieregionen Europas und begeistern Kultur- und Geschichtsfreunde. *www.naturpark-sauerland-rothaargebirge.de*

❸ Biggesee

Die Staumauer des Biggesees wurde 1965 vollendet, um fortan den Wasserstand der Ruhr besser regulieren zu können. Ganz nebenbei ist auf diese Weise zwischen Olpe und Attendorn ein Badesee entstanden, dessen Einzugsbereich bis nach Köln, Düsseldorf, Essen und Dortmund reicht. Das Gewässer schlängelt sich durch eine reizvolle Landschaft, die von herrlichen Wäldern geprägt wird. Fotogenes Highlight ist die unter Naturschutz stehende Gilberg-Insel. Die Reize des Biggesees wirken auf dem Stausee am besten. Daher gehört neben dem Spring ins kühlende Wasser ein Ausflug auf den örtlichen Personenschiffen zum Pflichtprogramm. *biggesee.de*

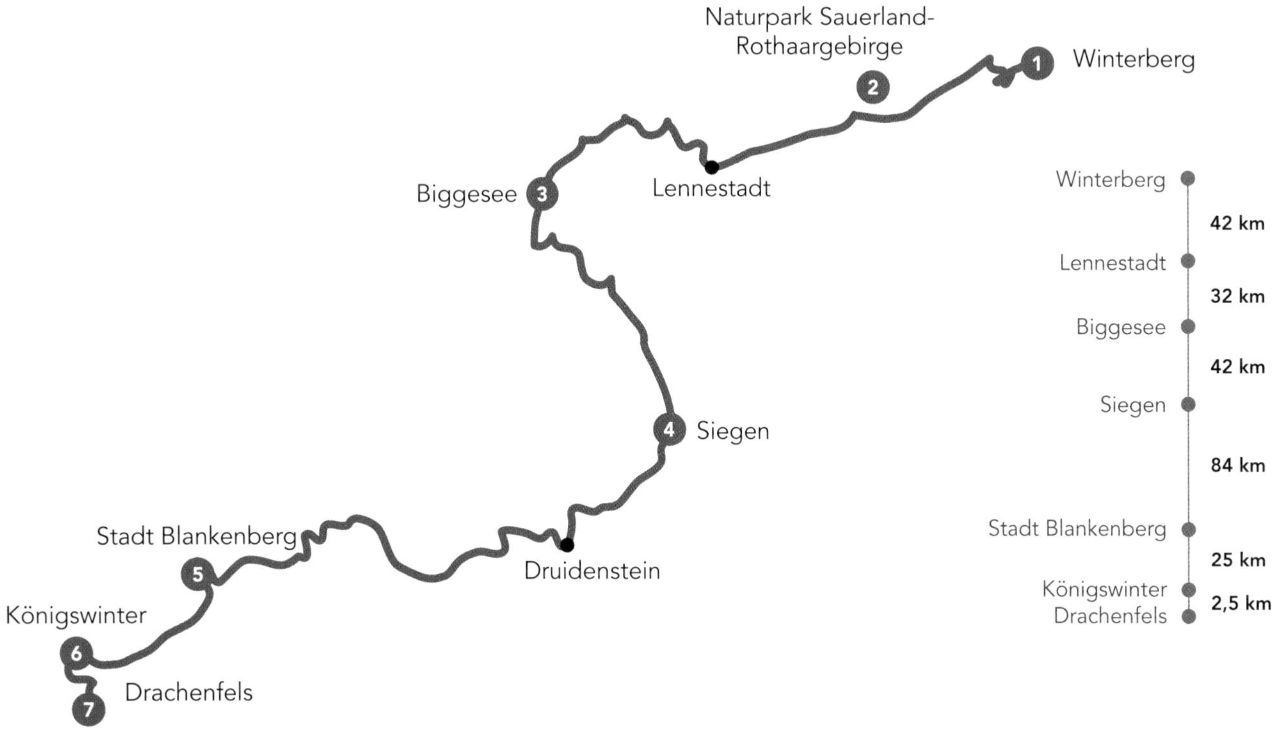

4 Siegen

Mit 103 000 Einwohnern ist Siegen eine der kleinsten Großstädte Deutschlands. Zum markanten Erscheinungsbild gehören neben einer Unter- und einer Oberstadt auch die vielen Studenten. Prägende Bauwerke sind zwei Schlösser: Im sogenannten Unteren Schloss aus dem 16. Jh. sind heute Teile der Universität untergebracht, das Obere Schloss aus dem 13. Jh. beherbergt derweil das renommierte Siegerlandmuseum. In dem Ausstellungshaus sind neun Originale eines Siegeners zu sehen, ohne den die Kunstgeschichte einen anderen Verlauf genommen hätte: Peter Paul Rubens. *www.siegen.de*

5 Stadt Blankenberg

Stadt Blankenberg (630 Einw.) gehört politisch zwar zu Hennef, da es jedoch 1245–1805 Stadtrechte besaß, darf Blankenberg als Titularstadt weiterhin den Zusatz »Stadt« tragen. Hier fühlt man sich ins Mittelalter zurückversetzt. Hoch über der Sieg thront die Burganlage auf einem Felssporn. Burg, Vorburg und die wehrhafte Stadtmauer aus dem 13. Jh. sind weitgehend erhalten. Innerhalb der Umwehrung mit ihren mächtigen Tortürmen gibt es sorgsam restaurierte Fachwerkbauten zu entdecken. Das Turmmuseum im Katharinentorturm zeigt eine heimatkundliche Sammlung. *www.stadt-blankenberg.de*

6 Königswinter

Das gegenüber von Bad Godesberg gelegene Königswinter wurde bereits im Jahr 1015 erstmals urkundlich erwähnt. Sein Name bedeutet so viel wie »königlicher Winzerort«. Das Städtchen blickt auf eine lange touristische Tradition zurück. Schon ab 1838 empfing das Hotel Europäischer Hof erholungsuchende Gäste. 1861 ließen die Stadtväter eine Promenade ins Nachtigallental bauen, 1883 folgte der Bau der Drachenfels-, 1889 der der Petersbergbahn. Bequem erreichte so die immer größer werdende Besucherzahl die schönsten Aussichtsberge in der Umgebung. An der Rheinpromenade entstanden in dieser Zeit weitere eng nebeneinanderstehende große Hotelbauten. Viele dieser Häuser werden noch heute als Hotel betrieben, und so verströmt die Rheinpromenade nach wie vor das Flair einer Sommerfrische. In der hübschen Altstadt laden Cafés und kleine Geschäfte zum Bummeln ein. *www.koenigswinter.de*

WANDERUNG

Wenn Sie den **Lohrberg-Rundweg** entlanggehen, haben Sie dreimal eine tolle Aussicht – auf den Ölberg, den Drachenfels und von der Löwenburg hinab ins Rheintal (Start an der Margarethenhöhe oder am Forsthaus Lohrberg, ca. 3,5 km).

7 Drachenfels

Angeblich erschlug Siegfried den Drachen im Siebengebirge, badete anschließend im Drachenblut und war fortan unverwundbar. So viel zur berühmten Sage, die dem Felsen seinen Namen gab. Wissenschaftlich erwiesen ist, dass der Drachenfels vulkanischen Ursprungs ist. Die Römer betrieben an seinem Fuß einen Steinbruch, bei extremem Niedrigwasser soll ein alter römischer Hafen im Rheinbett zu sehen sein. Später wurden Steine für den Kölner Dom abgebaut, was zu handgreiflichen Auseinandersetzungen zwischen den Steinmetzen und der Bevölkerung führte.
Die 2,5 Mio. Touristen, die den Drachenfels heute zu »Europas meistbestiegenen Berg« machen, schreckt der neoromanische Kitsch der sich auf halbem Weg zum »Gipfel« befindenden Drachenburg nicht. Es zieht sie noch weiter hinauf, zur alten Burgruine, die einen tollen Ausblick bietet, Gastronomie – und natürlich die Drachensage. *www.der-drachenfels.de*

Blick von Bad Godesberg über den Rhein zum Petersberg

Der beschauliche Ort Einruhr am Ufer des Rursees ist ein beliebtes Wochenendziel von Städtern aus Aachen, Köln und Bonn

VOM EHRWÜRDIGEN BONN DURCH DIE EIFEL NACH AACHEN

2 Tage

Mit einem ausführlichen Schlenker durch die schönsten Ecken der Eifel führt diese am besten in zwei Tagen zu bewältigende Tour von der ehemaligen Bundeshauptstadt in die Grenzstadt. Zunächst locken ein Vulkansee und die höchsten Erhebungen des Mittelgebirges. Anschließend folgen eine legendäre Rennstrecke, das Ahrtal mit seinen Weindörfern und der Nationalpark Eifel, ehe eine fast schon abenteuerliche Straße den Weg nach Aachen ebnet.

Bonn
Aachen
246 km
ca. 5,5 Std.

ETAPPE 1
VON BONN NACH MARIA LAACH

↔ 48 km ⏱ 65 Min.

Die Tour beginnt am Poppelsdorfer Schloss in ① **Bonn**. Nach einem kurzen Schlenker durch die Südstadt geht es über die Reuterstraße in Richtung Süden auf die B 9. Diese führt durch das ehemalige Regierungsviertel und das vornehme ② **Bad Godesberg**, um hinter der Landesgrenze zu Rheinland-Pfalz am Bahnhof von ③ **Rolandseck** endlich auf das Rheinufer zu treffen. Der Strom zeigt sich hier von seiner romantischen Seite. Gut also, dass die Strecke sich überwiegend an das linke Rheinufer schmiegt, ehe sie hinter Brohl-Lützing scharf nach rechts abbiegt, um fortan dem Brohlbach zu folgen. Bald windet sich die Straße hinauf zum **Laacher See**, der sich auf immerhin 275 m Höhe ausbreitet. An den Ufern des größten Sees von Rheinland-Pfalz haben die Benediktinermönche schon im 12. Jh. die bis heute aktive ④ **Abtei Maria Laach** eingerichtet. Zum Anwesen gehört mittlerweile ein populärer Hofladen *(www.hofladen-laach.de)*.

ZU FUSS
Eine kurze, aber knackige Wanderung ermoglicht den Aufstieg vom Bahnhof Rolandseck (1,2 km, 65 Höhenmeter) hinauf zum **Rolandsbogen** mit fantastischem Blick aufs Siebengebirge.

Schönste romanische Baukunst: die Basilika der Abtei Maria Laach

ETAPPE 2
VON DER ABTEI MARIA LAACH NACH NÜRBURG

↔ 31 km ⏱ 40 Min.

Weiter geht es über die L 412 in Richtung Westen, wo sich auf Höhe der Abzweigung nach Jammelshofen wahrhaftig ein Hinweisschild auf einen Skilift befindet. Die Gelegenheit dazu bietet die Hohe Acht, der mit 747 m höchste Gipfel der Eifel. Durch Mischwälder und vorbei an Wiesen, auf denen sich im Frühjahr ein dichter Blumenteppich ausbreitet, geht es weiter auf und ab. Motorsportfreunde spüren nun langsam ein Kribbeln im Bauch, denn der ⑤ **Nürburgring** mit seiner legendären Nordschleife rückt in greifbare Nähe.
Es mag zu den leisen Widersprüchen unseres Planeten gehören, dass das Dorf **Nürburg** gleichzeitig als Motorsport- und als Luftkurort firmiert. Von derlei Abwägungen unbeeindruckt, wacht in einer Höhe von 678 m auf einer Basaltkuppe die gleichnamige Burg über das Geschehen. Wer den Weg hinauf erklimmt, kommt bei guter Sicht in den Genuss eines herrlichen Rundblicks.

TANKEN
Die **Tankstelle Döttinger Höhe** ist mit zahlreichen Motorsportdevotionalien ausgestattet und gilt bei Fans des Nürburgrings als Institution *(doettinger-hoehe.de)*.

ETAPPE 3
VON NÜRBURG NACH MAYSCHOSS

↔ 35 km ⏱ 45 Min.

Nun heißt es Abschied nehmen von der Vulkaneifel. Durch das beschauliche Städtchen Adenau geht es in Richtung Dümpelfeld, wo der Adenauer Bach in die Ahr mündet. Der Fluss bahnt sich von hier aus seinen Weg in Richtung Rhein. Zunächst ahnt hier noch niemand, welch dramatische Landschaften er dabei durchkreuzt. Bei **Altenahr** aber wird das Tal enger. Nun wird die Ahr an beiden Ufern von steilen Bergketten flankiert, durch die sich der Fluss etwas umständlich hindurchschlängelt. Die Straße hingegen gönnt sich zuweilen eine Abkürzung durch einen Tunnel. Diese Szenerie hat dem Ort Altenahr zu allerlei touristischen Betrieben verholfen. Wanderwege und eine Sommerrodelbahn *(www.sommerrodelbahn-altenahr.de)* sorgen für Abwechslung. Besser gelungen aber ist die nächste Ortschaft ⑥ **Mayschoß**. Hier und im benachbarten Dernau sind mit dem Deutzerhof *(www.deutzerhof.de)* und Meyer-Näkel zudem einige der besten Rotweingüter Deutschlands beheimatet. Vor allem die Spätburgundertrauben gedeihen auf den Schieferböden des Ahrtals hervorragend.

EINKEHREN
Die Straußenwirtschaft des Weinguts **Meyer-Näkel** überzeugt auch mit einer gutbürgerlichen Küche. # Friedenstr. 15, 53507 Dernau, Tel. 02643/1628, *www.meyer-naekel.de*

ETAPPE 4
VON MAYSCHOSS NACH BAD MÜNSTEREIFEL

⟷ 36 km ⏱ 45 Min.

Kurz vor Dernau nimmt unter Zuhilfenahme einiger Serpentinen die Landstraße Richtung Esch ihren spektakulären Lauf. Etwa auf halber Höhe lädt ein Parkplatz dazu ein, letztmalig den Blick über das romantische Ahrtal schweifen zu lassen. Hinter Esch mündet die Straße in die L 267, die zurück nach Nordrhein-Westfalen führt. Dort wartet mit ⑦ **Bad Münstereifel** ein jüngst erfolgreich wiederbelebter Ort. Eigentlich war das Städtchen mit zahlreichen Vorzügen wie einer mittelalterlichen Burg, einem historischen Erscheinungsbild mit vielen Fachwerkhäusern und der gemächlich vor sich hinfließenden Erft ausgestattet. Ganz nebenbei hatte sich Bad Münstereifel auch einige Bekanntheit als Heimatort des Schlagersängers Heino (unbedingt besuchen: das gleichnamige Café, *www.kurhaus-badmuenstereifel.de*) erworben. Doch die Touristen schienen sich an dem Idyll satt gesehen zu haben, bis sich dort eine Vergnügungsstätte niedergelassen hat, auf die sich das Publikum der Gegenwart scheinbar mühelos einigen kann: ein Einkaufszentrum.

EINKAUFEN
Das **Outlet Center Bad Münstereifel** hat 2016 in 30 altehrwürdigen Häusern in der City aufgemacht und das Zentrum mit neuem Leben erfüllt *(www.cityoutlet badmuenstereifel.com)*.

ETAPPE 5
VON BAD MÜNSTEREIFEL NACH RURBERG

⟷ 48 km ⏱ 60 Min.

Nach diesem Zwischenstopp in den Untiefen des Kommerzes übernehmen die landschaftlichen Vorzüge der Eifel wieder das Kommando. Über die L 206 geht es über das beschauliche Städtchen Kall nach **Gemünd**. In dem Kurort befindet sich eines von vier Informationszentren zum ⑧ **Nationalpark Eifel**, dessen Anhänger das große Angebot an Wanderwegen durch den Park zu schätzen wissen.

Mit dem Wagen geht es weiter in Richtung **Rursee**. Nachdem der Stausee zunächst von heimischen Seglern und später von niederländischen Urlaubern entdeckt wurde, fand er zuletzt bei den bevorzugten Reisezielen der »New York Times« Erwähnung. Seitdem erfreut sich ein globales Publikum an den Reizen des »Eifel-Amazonas«, wie das verschlungene Gewässer von den Betreibern der örtlichen Schifffahrtsgesellschaft (sehr lohnenswerte Mini-Kreuzfahrten, *www.rursee-schifffahrt.de*) zärtlich genannt wird. Bei **Rurberg** lockt neben dem Schiffsanleger ein gut besuchter Badestrand. Doch Abkühlung ist auch an anderer Stelle möglich.

ABSTECHER
Ein Umweg führt zum Internationalen Platz **Vogelsang**. Die Ordensburg des NS-Regimes diente später als Kaserne für belgische Truppen *(www.vogelsang-ip.de)*.

In Bad Münstereifel fällt die Kaffeepause besonders lauschig aus

Monschau bietet nicht nur traumhaft schöne historische Bauten, sondern auch eine lebendige Kunst- und Kulturszene

ETAPPE 6

VON RURBERG NACH AACHEN

⟷ 48 km ⏱ 70 Min.

Von Rurberg schlängelt sich die L 266 mit kurvigem Verlauf vorbei an einer sowjetischen Kriegsgräberstätte und anderen Relikten aus den Weltkriegen in Richtung **Monschau**. In dem mittelalterlichen Städtchen mit seinen zum Teil turmhohen Fachwerkhäusern begegnen Besucher abermals der Rur – eine Kulisse, die zu den schönsten Gesamtkunstwerken der Eifel zählt. Wer gute Zähne hat, sollte sich die köstlichen Printen von der Bäckerei Hensch *(www.knusperhaus.de)* nicht entgehen lassen. Schönstes Fotomotiv ist die alte Wassermühle mitten in der Stadt. Monschau befindet sich in einem Landzipfel, der in drei Richtungen nur eine Handvoll Kilometer von der Grenze zu Belgien entfernt ist. Die B 258 führt als kürzester Weg nach Aachen gar über das Territorium des Nachbarlandes – und zwar nicht erst seit der permanenten Öffnung der Grenzen in Folge des Schengener Abkommens.

EINKAUFEN

Der **Monschauer Senf** ist weit über die Eifel hinaus populär. In der historischen Senfmühle *(www.senfmuehle.de)* wird in der sechsten Generation gekocht.

Zurück auf deutschem Gebiet wartet hinter Röttgen noch ein absolutes Kuriosum: die sogenannte **Himmelsleiter**. Unterbrochen von einigen Terrassen, scheint die schnurgerade Straße hier in die Tiefe zu stürzen. Ein schöner Anblick, nach dem es nur noch wenige Kilometer bis zum Ziel in ⑨ **Aachen** sind. Nicht wenige Fahrer allerdings wenden, sobald sie in der Talsohle angekommen sind, auch den Aufstieg auf der Himmelsleiter einmal mitmachen wollen, ehe sie in die alte Kaiserstadt einfahren.

ÜBERNACHTEN

Dorint Nürburgring Das Vier-Sterne-Haus ist mit allem Komfort ausgestattet – nur Ruhe ist aufgrund der Nähe zur Rennstrecke nicht immer gegeben. Dafür bereichern Erinnerungsstücke aus dem Motorsport das Interieur. # Grand-Prix-Strecke, 53520 Nürburg, Tel. 026 91/30 90, *hotel-eifel-nuerburgring.dorint.com*

Hotel im Fachwerkhof Einfacher Gasthof mit Blick auf den Rursee. Die Zimmer sind rustikal eingerichtet und die Gastgeber stets freundlich. # Rurstr. 29, 52152 Simmerath-Einruhr, Tel. 024 85/15 15, *www.eifelhotel-imfachwerkhof.com*

Kragemann Hübsches Hotel in einem gepflegten Fachwerkhaus mit angeschlossener Vinothek. # Am Markt 2, 52152 Simmerath, Tel. 024 73/927 75 71, *www.kragemann.de*

ENTLANG DER ROUTE

1 Bonn, Poppelsdorfer Schloss

Das Poppelsdorfer Schloss (oder auch Schloss Clemensruhe) 1753 fertiggestellt, diente Kurfürst Clemens August als Sommerresidenz. Seit 1818 ist es Sitz der Universität und des Mineralogischen Museums mit einer beeindruckenden Sammlung an Mineralien, Erzen, Edelsteinen und Meteoriten. Der Innenhof ist im Sommer Schauplatz der beliebten Schlosskonzerte. Zu jeder Jahreszeit schön sind auch die Botanischen Gärten Bonn, die als Lustgarten des Schlosses dienten und zu den ältesten Gartenanlagen Deutschlands zählen. *www.steinmann.unibonn.de, www.botgart.uni-bonn.de*

2 Bad Godesberg

Zu Hauptstadtzeiten war Bad Godesberg die Diplomatenstadt, die nach Bonn führende B 9 nannte man augenzwinkernd »Diplomatenrennbahn«. Auch nach dem Weggang der Botschaften nach Berlin leben in Bad Godesberg noch viele Menschen aus allen Ländern der Welt. Sie bringen mit ihrer Kultur, ihrer Sprache und ihren köstlichen Speisen ein ganz besonderes Flair in den lebensfrohen Kurort. Und über allem erhebt sich die Ruine der Godesburg. *www.godesberg.de*

3 Bahnhof Rolandseck und Arp-Museum

Der historische Bahnhof in Rolandseck, ein klassizistisches Bauwerk aus der Mitte des 19. Jh., beherbergt heute das Arp Museum mit einer umfangreichen Sammlung der Künstler Hans Arp (1887–1966) und Sophie Taeuber-Arp (1889–1943). Auf den Rheinhöhen hoch über dem Bahnhof wurde der Museumsanbau von Richard Meier 2007 für das Publikum geöffnet. Ein unterirdischer Tunnel verbindet das alte mit dem neuen Gebäude. Der Bau – selbst eine begehbare Skulptur – bildet einen würdigen Rahmen für die Kunstwerke. *www.arpmuseum.de*

4 Laacher See und Abtei Maria Laach

Das Herzstück der Klosteranlage Maria Laach, gegründet 1093 von Benediktinern, ist die dreischiffige Basilika, die als eine der schönsten und besterhaltenen romanischen Bauten Deutschlands

gilt. Das Kloster beherbergt mehrere Klosterbetriebe. So gehören eine Gärtnerei, ein Hofladen, ein Bootsverleih sowie ein Hotel mit Gastronomie zur Abtei. Heute leben hier 60 Mönche, die sich zu Gebet und Arbeit versammeln. »Meditative Rast« nennen sie ihr Angebot für Besucher, einige Tage in stiller Einkehr im Kloster zu verbringen. Wem das zu lang oder zu still ist, der kann auch einfach einem Konzert in der Basilika lauschen. Oder einen Spaziergang um den nahegelegenen Laacher See machen, um die eine oder andere bedrohte Pflanzen- oder Vogelart zu entdecken. *www.maria-laach.de*

5 Nürburgring

Alles andere als einen Kururlaub erlebt, wer den Nürburgring am südlichen Rand der Eifel während des dreitägigen Festivals Rock am Ring (meist im Juni) oder zu einem der vielen Motorsportevents besucht. Dann drängen sich hier Menschenmassen, das Wetter ist zwar häufig miserabel, aber die Stimmung grandios. Wer mag, kann sogar mit dem eigenen Wagen über die Grand-Prix-Strecke rasen, die legendäre Nordschleife inbegriffen. *www.nuerburgring.de, www.rock-am-ring.de*

6 Mayschoß

Malerisch liegt der Mayschoß, einer der bekanntesten Weinorte des Ahrtals, unterhalb der mittelalterlichen Burgruine Saffenburg. Nahezu alle Einwohner haben direkt oder indirekt mit dem Weinbau zu tun. Hier ist die Winzergenossenschaft Mayschoß-Altenahr ansässig – 1868 gegründet und somit die älteste der Welt. Eine Wanderung auf dem nahen Rotweinwanderweg ist vor allem im Herbst besonders schön, es bieten sich herrliche Aussichten in das Ahrtal und auf die umliegenden Ortschaften. *www.mayschoss.de*

7 Bad Münstereifel

Die Kleinstadt erhielt bereits 898 das Markt-, Münz- und Zollrecht und gilt als mittelalterliches Kleinod, mit vollständig erhaltener Stadtmauer und einer liebevoll restaurierten Altstadt. Von der oberhalb gelegenen Burganlage bietet sich ein schöner Blick auf die Stadt und ihre Umgebung. Seit rund 80 Jahren wird in Bad Münstereifel gekurt und gekneippt, das waldreiche Umland bietet viel Natur zum Wandern oder Radfahren sowie lohnenswerte Ausflugsziele. *www.bad-muenstereifel.de*

WELTREKORD

Die größte Blume der Welt, die **Titanwurz**, wird jedem Besucher der Botanischen Gärten Bonn nicht wegen ihrer Größe (bis zu 3 m hoch wird sie) in Erinnerung bleiben, sondern vor allem auch wegen ihres Geruchs: Dieser soll Käfer anlocken, die für ihre Bestäubung sorgen. Sie blüht nur alle fünf bis zehn Jahre.

8 Nationalpark Eifel

Allein oder in Begleitung kundiger Ranger kann man die Wälder und Gewässer des 11000 ha großen Gebiets erkunden, die oft ginstergelben Wiesen, Felsen, Heidegebiete und Moore durchstreifen und dabei Wildkatzen, Rothirsche oder Schwarzstörche beobachten. Der Nationalpark wurde 2004 eingerichtet, seither ist die Natur wieder ihren ureigenen Gesetzen überlassen und Besucher können den spannenden Prozess der neu entstehenden Wildnis hautnah miterleben. Rund 240 km Wanderwege laden zum Naturgenuss ein. Das Motto des Parks »Wald, Wasser, Wildnis« – wird schnell anschaulich, wenn man etwa bei Simmerath-Rurberg eines der fünf Nationalpark-Tore besucht.
Hier starten auch Rundfahrten auf dem von dichten Wäldern umstandenen Rursee, einem der größten Stauseen Deutschlands. *www.rursee.de, www.nationalpark-eifel.de*

9 Aachen

Manch einer sagt, das Besondere an Aachen sei seine schöne Altstadt mit dem Dom. Ein anderer meint, es sei seine verkehrsgünstige Lage im Dreiländereck Deutschland – Belgien – Niederlande. Vor allem der Vorteil dieser Lage, zusammen mit den hier sprudelnden Heilquellen, bewogen wohl vor rund 2000 Jahren auch die Römer, hier ihre Siedlung, zu gründen. Damit ist Aachen eine der drei ältesten Städte Deutschlands.
Was den Römern recht war, schien Kaiser Karl dem Großen (748–814) nur billig, der das hiesige Hofgut seines Vaters Pippin zur Kaiserpfalz ausbauen ließ. In der im Jahr 800 der Gottesmutter Maria geweihten Kapelle wurden in den Jahren 936–1531 mehr als 30 Könige und Kaiser des Römischen Reiches gekrönt. Die Pfalz selbst verfiel im Mittelalter, aber ihre zum Dom erweiterte Kapelle blieb erhalten und ist samt Domschatz von so überragender Bedeutung, dass die UNESCO sie 1978 zum Weltkulturdenkmal erklärte. *www.aachen.de*

Seinen besonderen Reiz verdankt das Moseltal der lieblichen Landschaft und dem besonders milden Klima

ENTLANG DER MOSEL: VOM DREILÄNDERECK BIS NACH KOBLENZ

2 Tage

Die Weinbaugemeinde Perl im Dreiländereck Deutschland–Frankreich–Luxemburg ist sehr gut als Startpunkt für die Traumstraße entlang der Mosel, die bis nach Koblenz führt, geeignet. Mit dicht bepflanzten, steilen Weinbergen, Wasser in sattem Grün, spektakulären Flussschleifen und romantischen Winzerorten zu beiden Seiten der Mosel, über denen geschichtsträchtige Burgen thronen, gehört die Landschaft zu den schönsten in Deutschland – und entlang des Flusses gibt es jede Menge Genuss!

Perl
Koblenz
221 km
ca. 4,5 Std.

ETAPPE 1
VON PERL NACH GREVENMACHER

↔ 31 km ⏱ 30 Min.

Idealer Start für die Tour ist vormittags auf der Moselbrücke in ① **Perl**. Ein Schild inmitten der Brücke weist darauf hin, dass man sich nun in Luxemburg befindet. In **Schengen**, dem kleinen Weindorf hinter der Brücke, wurde 1985 auf einem Moselschiff das Schengener Abkommen unterzeichnet. Das Europäische Museum, das über die Hintergründe informiert, liegt direkt am Moselufer unweit der Brücke. Die interessante interaktive Ausstellung lohnt sich für einen ersten Zwischenstopp. Schengen ist nicht nur die »Wiege des freien Europas«, hier beginnt auch die 42 km lange luxemburgische Weinstraße. Auf der N 10 geht es nun an der smaragdfarbenen Mosel entlang nach ② **Remich**. Was für ein Städtchen! Auf der endlos langen »Esplanade« kommt es einem so vor, als befände man sich in Italien, so südländisch wirkt die Promenade. Das mediterrane Flair lädt zum Verweilen ein. Kein Wunder, dass der Ort den Beinamen »luxemburgische Perle der Mosel« trägt. Nach einem Spaziergang durch die engen Gassen der Altstadt am Fuß der Weinberge kann man sich auf der Terrasse eines Cafés zu einem leichten Mittagessen mit Moselblick niederlassen. Danach flaniert man herrlich auf der Esplanade entlang und begutachtet die im Hafen liegenden Jachten. Wie herrlich wäre jetzt eine Spritztour auf der Mosel! Weiter geht es auf der N 10 nach ③ **Grevenmacher**, wo in der Kellerei Caves Bernard-Massard eine Weinprobe lockt. Nach der Weinverkostung ist man nicht mehr unbedingt fahrtauglich, daher wäre es ratsam, in Grevenmacher eine Übernachtung einzuplanen.

Das Örtchen Piesport steht ganz im Zeichen des Weins

ETAPPE 2
AN DER MITTELMOSEL ENTLANG NACH PIESPORT

↔ 50 km ⏱ 60 Min.

Gut ausgeruht geht's am Morgen über die N 10 ins 5 km entfernte Wasserbillig zur Moselfähre »Sankta Maria II«. Der Einfachheit halber hätte man auf der linken Moselseite weiterfahren können, aber der kleine Umweg empfiehlt sich, da man dann eine Fahrt mit der weltweit ersten vollelektrischen Solarfähre für Binnengewässer machen kann. Wie viel grüner die Mosel doch glitzert, wenn man sich direkt auf dem Fluss befindet! Vom gegenüberliegenden Oberbillig führt die B 419 Richtung Konz weg von der Obermosel. Dann wechselt man auf die B 53 nach ④ **Schweich**. In dem kleinen Winzerort könnte unter Palmen und mit Blick aufs Wasser eine Kaffeepause auf der Terrasse des maritimen Restaurants Zum Fährturm stattfinden. Kurz nach Schweich zieht die Mosel ihre wilden Schleifen, und nach jeder Kurve scheinen die Weinberge noch abschüssiger zu werden. An der Schönheit der Landschaft kann man sich kaum satt sehen! In ⑤ **Neumagen-Dhron**, dem ältesten Weinort Deutschlands, ist Zeit für ein Mittagessen mit Moselblick. Danach kann man zum Hafen schlendern und an Bord der »Stella Noviomagi« gehen, den hölzernen Nachbau des Neumagener Weinschiffs. Es bietet 90-minütige Rundfahrten nach Piesport zur römischen Kelteranlage an. Wenige Minuten später gleitet das Schiff entlang der Weinberge über die Mosel, und wieder hat man die Gelegenheit, festzustellen, dass die

EINKEHREN
Ein Glas Riesling, etwas zu essen, dazu der Blick auf den Jachthafen. Willkommen auf der Terrasse von **Käpt'n Cook**. # Moselstr. 21, 54347 Neumagen-Dhron, Tel. 06507/702082, *www.brasserie-kaeptn-cook-neumagen.de*

Landschaft vom Wasser aus noch mal so schön ist! Nach der Rundfahrt geht es auf der B 53 ins 4 km entfernte ⑥ **Piesport**, wo man vorher bereits mit dem Schiff vorbeigekommen ist. In der größten Weinbaugemeinde der Mosel liegt die weltberühmte Weinlage »Piesporter Goldtröpfchen«. Einen Riesling aus dieser Lage möchten wir uns zum Abendessen genehmigen und übernachten deshalb im Hotel Piesporter Goldtröpfchen.

ETAPPE 3
VON PIESPORT NACH TRABEN-TRARBACH

↔ 39 km ⏱ 40 Min.

Das Piesporter Goldtröpfchen sorgt für einen guten Schlaf! Nach dem Frühstück nimmt man die B 53 nach ⑦ **Bernkastel-Kues**, parkt das Auto am Moselufer, erkundet die Gassen der traumhaft schönen Altstadt und marschiert hoch zur Burg Landshut, wo sich eine grandiose Aussicht über Bernkastel-Kues bietet. Wieder unten, stärkt man sich am besten auf dem historischen Marktplatz in einem der Straßencafés bei Espresso und Eisbecher. Dann geht es weiter nach **Zeltingen-Rachtig**, das umgeben von Weinbergen inmitten einer großen Moselschleife liegt. Von der Rachtiger Seite aus geht der Blick wunderschön auf die steile Weinlage »Zeltinger Sonnenuhr«, zwischen deren Reben eine monumentale Sonnenuhr aus dem 17. Jh. herausragt. An der Uferallee vor dem Hotel Nicolay 1881, in dem sich ein veganes Restaurant befindet, kann man parken und dort lecker zu Mittag essen. Es muss ja nicht immer Moseldeftiges sein. Danach setzt man die Fahrt entlang des mäandernden Flusses auf der B 53 ins 20 Minuten entfernte Traben-Trarbach fort. Die Rebgärten reichen hier stellenweise fast bis ans Ufer und spiegeln sich im Wasser, das dadurch noch grüner aussieht. Im Doppelstädtchen ⑧ **Traben-Trarbach** parkt man am besten im Ortsteil Trarbach und spaziert anschließend über die Moselbrücke nach Traben hinüber. Der Blick von der Brücke über die Jugendstilbauten ist einzigartig und das Brückentor ein wahrer Hingucker. Nach einem Rundgang durch den Ort führt eine steile und holprige Straße hinauf zur **Burgruine Grevenburg**, von der aus man eine herrliche Sicht über Traben-Trarbach genießt, bevor die Fahrt fortgesetzt wird.

Bernkastel-Kues: zwei Stadtteile links und zwei rechts der Mosel

UNBEDINGT ANSCHAUEN
Europas größtes **Buddha-Museum** in Traben-Trarbach *(www.buddha-museum.de)*.

ETAPPE 4
VON TRABEN-TRARBACH NACH COCHEM

↔ 51 km ⏱ knapp 60 Min.

Nun beginnt der letzte Abschnitt der B 53. In **Zell** begrüßt uns vom Weinberg herunter die berühmte Zeller »Schwarze Katz«. Mit rund 4 Mio. Rebstöcken ist Zell eine der größten Weinbaugemeinden an der Mosel. Wenige Fahrminuten später mündet die Straße in Alf in die B 49. In der nächsten Moselschleife liegt der **Bremmer Calmont**, der steilste Weinberg Europas. Einfach kann die Weinlese bei einer Hangneigung von 68 Grad nicht sein! Im verträumten Örtchen **Beilstein** mit gerade mal 140 Einwohnern ist ein Zwischenstopp angesagt, um die 108 Stufen zum ehemaligen Karmeliterkloster St. Joseph zu erklimmen. Die wohl berühmteste Treppe an der Mosel war mehrmals Filmkulisse. Oben belohnen wir uns in einem Café mit Kaffee und Kuchen. Entlang des nun immer kurviger werdenden Flusses fahren wir auf der B49 nach ⑨ **Cochem**, dem touristischen Zentrum der Terrassenmosel. Hier ist nun Zeit, die Altstadt mit den prachtvollen Fachwerkhäusern sowie die hoch über dem Ort thronende Reichsburg zu erkunden und mit der Sesselbahn zum Aussichtspunkt Pinnerkreuz hinaufzufahren. Wenn man hier die Übernachtung einplant, ist eine Flasche Riesling zum Abendessen drin.

ETAPPE 5
VON COCHEM NACH KOBLENZ

↔ 50 km ⏱ 60 Min.

Auf der letzten Etappe des Roadtrips kann man ab Treis-Karden zwischen der B49 am rechten Moselufer und der B416 am linken Ufer wählen. Wir entscheiden uns, abwechselnd an beiden Ufern entlangzufahren, denn an diesem Moselabschnitt liegen hüben wie drüben imposante Burgen. Vom kleinen Winzerort Moselkern auf der linken Seite sind es nur wenige Fahrminuten hinauf zur **Burg Eltz**, die Burg der Burgen, die sämtlichen Eroberungen und Kriegen entging. Man ist regelrecht überwältigt von der Schönheit der imposanten Märchenburg. Ein paar Kilometer weiter liegt ebenfalls auf der rechten Seite in Brodenbach die **Ehrenburg**, die einen herrlichen Blick über den Ort und das Moseltal freigibt. Die Burg Thurant hoch über Alken lassen wir aus, denn **Kobern-Gondorf** glänzt gleich mit vier Burgen. Eine davon ist die Oberburg Schloss von der Leyen, unter der wir durchfahren. Beim Bau der B416 wurden die erdgeschossigen Teile der Burg umgebaut, sodass die Bundesstraße nun über den ehemaligen Schlosshof mitten durch das Schloss führt. Wir parken am Moselufer und machen einen Spaziergang in den Ort, wo wir uns am Marktplatz stärken können.

Über die B416 geht es am Nachmittag weiter nach ⑩ **Koblenz**, zum Ende unserer Traumstraße, wo die Mosel am Deutschen Eck in den Rhein mündet.

EINKEHREN
Regionale Köstlichkeiten gibt es im **Restaurant am Markt**. # Marktplatz 8, 56330 Kobern-Gondorf, Tel. 02607/973762

Die spätgotische Reichsburg in Cochem ist ein Besuchermagnet

ÜBERNACHTEN

Hotel Simon's Plaza Das Hotel außerhalb des Zentrums am Potaschberg bietet moderne Zimmer und eine hübsche Sonnenterrasse. Im Restaurant wird leichte französische Küche serviert. # 7, Potaschberg, L-6776 Grevenmacher, Tel. 00352/267444, *www.simons-plaza.com*

Piesporter Goldtröpfchen Das Haus liegt direkt unterhalb des gleichnamigen Weinbergs im Ortskern von Alt-Piesport. Von der Terrasse hat man eine schöne Sicht auf den Fluss. # Am Domhof 4–5, 54498 Piesport, Tel. 06507/2442, 06507/2442, *www.weingut-hain.de/weinhotel/unser-haus*

Hotel Vintage Wie schläft es sich wohl in den Räumen der einstigen Tarnhäuser des Bundesbankbunkers Cochem? Das können Sie im Hotel Vintage ausprobieren. # Brauselaystr. 5–7, 56812 Cochem-Cond, Tel. 02671/5067080, *www.hotel-vintage.de*

ENTLANG DER ROUTE

1 Perl

Das kleine Städtchen gegenüber von Schengen ist der erste deutsche Ort, durch den die Mosel fließt, und durch eine Brücke mit Luxemburg verbunden. Perl und seine 14 Ortsteile gehören zu den ältesten Siedlungsgebieten des Saarlandes, wovon zahlreiche Erdwallburgen und Grabfelder aus der Bronze- und Eisenzeit zeugen. In und um Perl gibt es diverse Funde aus der Römerzeit. Archäologen stießen im Ortsteil Borg auf die Fundamente eines römischen Gutshofes mit Haupthaus und Nebengebäuden, die originalgetreu wieder aufgebaut wurden und im Archäologiepark Römische Villa Borg bestaunt werden können. *www.perl.saarland*

2 Remich

Das kleine luxemburgische Städtchen glänzt mit der 3 km langen, baumbestandenen Promenade »Esplanade« entlang der Mosel, die dem Ort einen südlichen Touch verleiht und zum Verweilen einlädt. Attraktion der Promenade ist der Bacchusbrunnen des luxemburgischen Künstlers Will Lofy. Die Altstadt besticht mit engen, teils steilen Gassen und hübschen Gebäuden aus verschiedenen Epochen. *www.remich.lu*

3 Grevenmacher

Die kleine Moselmetropole mit nur knapp 5000 Einwohnern bezirzt Besucher mit kleinen, schmalen Gässchen, einer Promenade entlang der Mosel, dem Ausflugsschiff »MS Princesse Marie-Astrid« und den Caves Bernard-Massard, der größten privat geführten Kellerei im Großherzogtum. Das Druckereimuseum im Maacher Kulturhuef informiert über die Geschichte des Buchdrucks, und im Schmetterlingsgarten lernt man so allerhand über exotische Falter. Eine Brücke verbindet die Stadt mit dem deutschen Moselufer. *www.grevenmacher.lu*

4 Schweich

Stefan Andres, der in Schweich aufwuchs, setzte dem Moselstädtchen am Rande des Meulenwaldes mit seinem autobiografischen Roman »Der Knabe im Brunnen« 1953 ein Denkmal. Wahrzeichen der Stadt ist der Fährturm am Hafen, zu den Sehenswürdigkeiten zählen eine alte Mühle, eine Synagoge, die heute als Kulturzentrum dient und der Niederprümer Hof. Zu den ältesten Gebäuden der Stadt zählt das Alte Weinhaus aus dem 17. Jh., das heute die Touristeninformation birgt. *www.stadt-schweich.de*

5 Neumagen-Dhron

In »Noviomagus Treverorum«, wie der Ort mit den schönen Bürgerhäusern und Winzerhöfen zur Römerzeit hieß, bauten die Römer schon vor 2000 Jahren Wein an. Bedeutendster Fund aus jener Zeit ist das Neumagener Weinschiff, das monumentale Grabmal eines reichen Weinhändlers. Kaiser Konstantin I. ließ im 4. Jh. ein mächtiges Kastell mit 14 Türmen und zwei Toren errichten. Im 19. Jh. stießen Arbeiter beim Ausbau der Moselstraße durch Neumagen-Dhron auf die Grundmauern des Kastells. *www.neumagen-dhron.de*

6 Piesport

Mit seinen über 430 ha Rebfläche gilt Piesport als die größte Weinbaugemeinde an der Mosel. Berühmt ist vor allem die Weinlage »Goldtröpfchen«. Am Rande des Goldtröpfchens befindet sich die größte und eine der ältesten Kelteranlagen der Römer, die es nördlich der Alpen gab. Das Felsmassiv der Moselloreley ragt auf dem linken Ufer 85 m in die Höhe. Die »kleine Schwester« der des berühmten Loreley-Felsens am Rhein hat steile Hänge, an denen sich nur vereinzelt Weinberge befinden. *www.piesport.de*

7 Bernkastel-Kues

Der Geburtsort des berühmtesten Theologen und Philosophen des Spätmittelalters, Nikolaus von Kues, ist das Herz der Mittelmosel. Rund 1,5 Mio. Besucher strömen jährlich durch die Gassen des kleinen Städtchens, das weniger als 8000 Einwohner zählt. Bernkastel, der Stadtteil mit der historischen Altstadt voller Fachwerkhäuser, liegt auf der Hunsrücker Seite der Mosel. Auf die Burg Landshut aus dem 13. Jh. hat man von der Brücke nach Kues einen fantastischen Blick. In den Weinbergen über dem Ort wird einer der berühmtesten Rieslinge der Welt angebaut, der sogar einen akademischen Titel hat: der »Bernkasteler Doctor«. Die Weinlage gehört zu den teuersten der Welt. *www.bernkastel kues.de*

8 Traben-Trarbach

Der florierende Weinhandel machte das Jugendstilstädtchen um 1900 nach Bordeaux zum zweitgrößten Weinumschlagplatz in Europa. Es gab damals rund 100 Kellereien in dem kleinen Ort, die ihren Wein in die ganze Welt exportierten. Traben-Trarbach war eine protestantische Enklave im katholischen Erzbistum Trier und pflegte ausgezeichnete geschäftliche Kontakte mit ihren Glaubensbrüdern in England und den Niederlanden. Die Häuser des Ortes sollten den Reichtum widerspiegeln, weshalb man Möhring, einen bedeutenden Jugendstilarchitekten, mit dem Bau entsprechender Gebäude und Villen beauftragte. *www.traben-trarbach.de*

9 Cochem

Wegbereiter für die ersten »echten« Touristen waren Anfang des 19. Jh. englische Landschaftsmaler, allen voran William Turner (1775–1851), die von Cochem und dem Moseltal derart in den Bann gezogen waren, dass sie beides in Gemälden und Zeichnungen festhielten. Hoch über dem Ort thront weit sichtbar die Reichsburg aus dem 12. Jh., nach der prachtvollen Uferpromenade meist der erste Besichtigungspunkt zahlreicher Besucher, denn nirgendwo sonst bietet sich ein besserer Überblick über Cochem und den Ortsteil Cond am gegenüberliegenden Moselufer. Dass das Städtchen zu den meistbesuchten Orten an der Mosel gehört, zeigt der von prachtvollen, mit Modelschiefer gedeckten Fachwerkhäusern umrundete Marktplatz, in dessen zahlreichen Straßencafés sich im Sommer Publikum aus aller Welt tummelt. Von dort führen steile Gassen und winkelige Steintreppen hinauf zum Klosterberg mit dem Kapuzinerkloster, das heute das Kulturzentrum der Stadt beherbergt. *www.cochem.de*

WANDERUNG
Der 365 km lange **Moselsteig** ist einer der beliebtesten Fernwanderwege Deutschlands. Das liegt an seinen 24 höchst abwechslungsreichen Etappen unterschiedlichster Schwierigkeitsgrade, die von Perl am Länderdreieck zu Frankreich und Luxemburg bis zur Mündung der Mosel am Deutschen Eck in Koblenz führen *www.moselsteig.de.*

10 Koblenz

Confluentes, »die Zusammenfließenden«, nannten die Römer die Stadtan der Mündung der Mosel in den Rhein, als sie sich vor über 2000 Jahren hier niederließen. Unter der Herrschaft der Erzbischofe und Kurfürsten von Trier ab dem 9. Jh. entstanden Festungsanlagen, Kirchen und Schlösser, so die Florins- und Liebfrauenkirche, die Festung Ehrenbreitenstein und das Kurfürstliche Schloss. Als die Stadt 1798 von französischen Revolutionstruppen eingenommen wurde, flohen die Bischöfe und Koblenz wurde zur Hauptstadt des französischen Départements Rhin-et-Moselle. Die Besatzung dauerte bis 1814, danach ging die Stadt ans Königreich Preußen. 1944 zerstörte der Bombenhagel der Royal Air Force die Stadt zu 87 %. Das historische Stadtbild war verloren, und die Stadt gehörte nicht gerade zu den Top-Zielen von Städtereisenden. Das änderte sich mit der Bundesgartenschau 2011. Es entstand die Seilbahn, die das Deutsche Eck mit der Festung Ehrenbreitstein verbindet, die Rhein- und Moselpromenaden wurden modernisiert und bepflanzt, und zwei Jahre später wurde das monumentale Kulturzentrum Forum Confluentes mit dem Romanticum und Mittelrhein-Museum eröffnet. *www.koblenz.de*

Mallorca? Pfalz! Die Mandelblüte bei Neustadt an der Weinstraße potenziert Frühlingsgefühle

VON DER WEINSTRASSE ÜBERS DAHNER FELSENLAND IN DEN PFÄLZERWALD

2 Tage

Die Pfalz ist Weinland, und so beginnt unsere Rundtour am größten Weinfass der Welt in Bad Dürkheim und führt entlang der historischen Deutschen Weinstraße durch üppige Weinberge und malerische Dörfer. Weiter geht es durch das Dahner Felsenland, das mit imposanten Buntsandsteinfelsen zu Wanderungen lockt. Im letzten Teil der Route tauchen wir tief hinein in das Naturidyll des Pfälzer Waldes. Die gesamte Fahrtstrecke ist flankiert von historischen Burgen – viele davon sind einen Besuch wert.

Bad Dürkheim
Bad Dürkheim
210 km
ca. 5 Std.

ETAPPE 1
VON BAD DÜRKHEIM ZUM HAMBACHER SCHLOSS

⟷ 25 km ⏱ 50 Min.

Die Deutsche Weinstraße mit ihren historischen Dörfern ist ein Klassiker. Wir starten am größten Weinfass der Welt in ① **Bad Dürkheim**, ein Countdown zählt digital die Sekunden bis zum Start des nächsten Wurstmarktes. Auf der alten Weinstraße geht es kurze 15 Minuten durch Rebenfelder bis zum ersten Stopp in **Forst**, ein Weinort wie aus dem Bilderbuch mit kopfsteingepflasterten Gässchen, efeuüberwucherten Fassaden und lauschigen Innenhöfen. Keine 2 km später ist man im berühmten **Deidesheim**, wo Helmut Kohl Staatsgäste aus aller Welt mit Saumagen verköstigte. Über Jahre galt der Deidesheimer Hof als »Kohls zweites Wohnzimmer«. Das kleine **Gimmeldingen** lohnt einen Abstecher mit engen, von Weinlaub überhängten Gassen, mit Feigenbäumen, Rosenbüschen, Efeu und Geranien. Von hier sieht man schon das ② **Hambacher Schloss** über dem Wald thronen. Vorbei an Sonnenblumenfeldern und durch die heimliche Weinhauptstadt **Neustadt** geht es hinauf zum geschichtsträchtigen Schloss, wo man nicht nur alles über die Demokratiebewegung erfährt sondern auch einen herrlichen Talblick genießt.

WICHTIG!

Nie die Umgehungsstraße 271 nehmen, sondern auf der alten Weinstraße bleiben. Die **L512** führt am Gebirgsrand der Haardt mitten durch das Weinbaugebiet der Pfalz *(www.deutsche-weinstrasse.de)*.

ETAPPE 2
VOM HAMBACHER SCHLOSS NACH RHODT UNTER RIETBURG

⟷ 17 km ⏱ 40 Min.

Nur 6 km sind es vom Schloss ins Winzerstädtchen **Maikammer**, wo mit Oleander und Zitronenbäumchen Toskana-Atmosphäre herrscht. Nah an den Hängen der Haardt liegt das malerische Winzerdörfchen **St. Martin**, von den Pfälzern liebevoll »klää Waidorf Maade« genannt. Den schönsten Blick auf den Ort, das Rebenmeer und die Rheinebene bietet die Terrasse des Arens Hotel Haus am Weinberg (*www.arens327.de*). Nach weiteren zehn Autominuten, mal geradeaus, mal in sanften Schwüngen durch die Rebenhänge, ist man schon in **Edenkoben**. Wer mag, kann von hier zu Fuß über den Weinlehrpfad zur Villa Ludwigshöhe wandern oder mit der Rietburgsesselbahn zur gleichnamigen Burg hinaufschweben. Der nächste Stopp, ③ **Rhodt unter Rietburg**, ist keine 3 km entfernt und gilt mit seinen prächtigen Winzerhöfen, den fein ausgeschmückten Sandsteinportalen und weinlaubbekränzten Straußenwirtschaften als schönster Ort der Südlichen Weinstraße. Ein Bummel durch die Theresienstraße ist ein Muss.

NICHT VERPASSEN

Am östlichen Ortseingang von Rhodt führt ein Rosenbogen gleich neben der Landstraße zum **Weingut Oberhofer**, der die ältesten Weinstöcke der Welt bewirtschaftet. Der Gewürztraminer »Rhodter Rosengarten« stammt von 400 Jahre alten Rebstöcken *(www.weingutoberhofer.de)*.

ETAPPE 3
VON RHODT UNTER RIETBURG NACH ANNWEILER

⟷ 25 km ⏱ 45 Min.

Zwei letzte Perlen der Weinstraße gilt es zu entdecken, die schmucken Winzerdörfer liegen beide steil am Hang der Haardt. Von Rhodt ist man in vier Fahrminuten durch prächtige Rebenhänge im Dörfchen **Weyher** mit dem »Kattelbas-Brunnen«. Er ist der Hebamme Katharina Lutz gewidmet, die bis zu ihrem Tod 1933 über 1000 Weyherer Kinder auf die Welt holte – der einzige Hebammenbrunnen Deutschlands. Auch **Gleisweiler** fängt die Sonne am Hang und gilt mit Feigen- und Zitronenbäumen sowie verwinkelten Gassen als das pfälzische Nizza. Richtung Siebeldingen geht es jetzt in weiten Schleifen bergab mit Blick auf den Pfälzerwald. Statt akkurater Rebenhänge begleiten Maisfelder und Mischwald die Fahrt. Bei

ZU FUSS

Vom Parkplatz nahe der St.-Anna-Kapelle oberhalb von Burrweiler geht es in einer halben Stunde zur **Trifelsblickhütte** auf 535 m Höhe. Am Wochenende ist die Hütte bewirtschaftet.

Albersweiler haben wir die Weinstraße endgültig verlassen, einst war hier eine große Zündholzfabrik, ein Zeichen dass es nun in die Wälder geht. Über dem idyllischen ④ **Annweiler** erhebt sich die alte **Reichfeste Trifels**, wo im 12. und 13. Jh. die Reichsinsignien aufbewahrt wurden, und wo mancher Gefangene einsaß – der prominenteste war Richard Löwenherz *(www.reichsburg-trifels.de)*.

ETAPPE 4
VON ANNWEILER NACH HINTERWEIDENTHAL

↔ 40 km ⏱ 55 Min.

Schöner wird's nicht als hier im Land der Buntsandsteinfelsen, die nicht nur bei Wanderern und Kletterern beliebt sind sondern jahrhundertelang als Steinbruch für die Burgen der Umgebung dienten. Hauptattraktion sind die Felstürme, die je nach Lichteinfall und Eisenanteil ihre Farbe wechseln. Die Straße schlängelt sich nun durch ein weites, offenes Tal mit Wiesen und lichten Mischwäldern, ab und zu steht Vieh auf der Weide, und immer wieder ragen Sandsteinbrocken aus dem Wald. Unbedingt sehenswert ist die mächtige **Burg Berwartstein**, die einzige noch bewohnte Burg der Pfalz. Sie wurde nie eingenommen, bei einer Führung erfährt man warum. Burgen und Burgruinen säumen die Strecke durchs **Dahner Felsenland**, das als Premium Wanderregion ausgezeichnet ist. Zwölf Premium-Wanderwege erschließen die Region, am populärsten ist der Dahner Felsenpfad, der auf schmalen Wegen über 12 km zu bizarren Steingebilden führt. Wer nicht in Dahn übernachten will, fährt zehn Minuten weiter nach ⑤ **Hinterweidenthal**, wo mit dem **Teufelstisch** der berühmteste Felsen der Pfalz wartet.

Eine Laune der Geologie: der Teufelsfels Hinterweidenthal

ETAPPE 5
VON HINTERWEIDENTHAL NACH TRIPPSTADT

↔ 43 km ⏱ 45 Min.

Wer einen halben Tag übrig hat, begibt sich auf die 9,5 km lange Prädikatswanderung **Hinterweidenthaler Teufelstisch-Tour** unter die Füße. Mit knapper Zeit spurtet man vom Erlebnispark in 15 Minuten über Stufen hinauf zum Geotop. Das Wahrzeichen von **Rodalben** ist von der Straße aus zu sehen: der Bruderfelsen am Ortsausgang ist ein typisches Bundsandsteingebilde, zwei Steinsäulen, die sich gleichen. Die B 270 ist schön ausgebaut und führt entlang der Bahnlinie Bingen–Pirmasens in weiten Kehren durch ein breites Tal. Der Wald auf beiden Seiten wird von wehenden Farnen flankiert. Manchmal kommen Windräder in den Blick, selten auch mal ein paar Häuser.

Vor dem Besuch in ⑥ **Trippstadt** empfiehlt sich ein Abstecher in das nahe **Karlstal**. Am Grunde der naturbelassenen Felsenschlucht führt ein 3 km langer Pfad direkt am Bach entlang über kleine Holzbrücken, vorbei an zerklüfteten Buntsandsteinbrocken – einer der schönsten Wanderwege der Pfalz.

EINKEHREN

Der **Schwan** in Trippstadt von 1786 ist die älteste Gaststätte in der Pfalz. Hinter Butzenscheiben wird beste Küche mit italienischem Einschlag serviert. # Kaiserslauterer Str. 2–4, 67705 Trippstadt, Tel. 06306/92130, *www.schwan-trippstadt.de*

Früh morgens bieten sich von der Burg Wegelnburg bei Nothweiler unvergessliche Blicke auf das Dahner Felsenland

ETAPPE 6
VON TRIPPSTADT NACH BAD DÜRKHEIM

⟷ 60 km ⏱ 70 Min.

Johanniskreuz ist das Herz des Pfälzerwaldes und der geografische Mittelpunkt der Pfalz. Eine Ortschaft sucht man vergebens, hier kreuzen sich Straßen und Wanderwege. Im »Haus der Nachhaltigkeit« bietet der Pfälzer Waldladen regionale Lebensmittel und originelle Geschenke, man bekommt Infos übers Waldbaden, über das Drechslerhandwerk oder die Luchse im Pfälzer Wald. Der »Spielplatz der Generationen« hinter dem Haus macht Lust auf Bewegung. An sonnigen Tagen ist Johanniskreuz Anlaufpunkt zahlreicher Biker, die auf den Serpentinen durch den einsamen Wald zur 473 m hoch gelegenen Kreuzung fahren.

Im **Elmsteiner Tal** taucht man endgültig ab in die Waldeinsamkeit. Himmelhoch wachsen die gewaltigen Douglastannen an den Hängen, der Wald ist so dicht, dass es kaum ein Sonnenstrahl bis auf den Boden schafft. Hier war die Heimat der Holzhauer und Köhler, der Pottaschesieder, Harzer und Zapfensteiger, die mit Steigeisen die besten Zapfen aus den Wipfeln pflückten, die in speziellen Darren nachgetrocknet wurden. Bis heute ist die Holzverarbeitung entlang unserer letzten Kilometer das Hauptgeschäft. Hinter Frankenstein bringt uns die B 37 zurück nach Bad Dürkheim, kurz vor Schluss lockt die machtvolle Ruine der **Feste Hardenburg** zum Besuch.

SEHENSWERT

Einen Besuch wert ist das Museum **Alte Samenklenge** in Elmstein, das nicht nur zeigt wie das Saatgut für die Vermehrung von Bäumen gewonnen wurde, sondern auch das mühsame Leben von einst schildert *(www.samenklenge.de)*.

ÜBERNACHTEN

Hotel Eyberg Spektakulär im Dahner Felsenland gelegenes modernes Haus, fünf Gehminuten zum Premiumwanderweg Dahner Felsenpfad. Saunadorf, Sportpark und Badeparadies Dahn nebenan. Geführte Wanderungen. # Eybergstr. 2, 66994 Dahn, Tel. 06391/919890, *www.hotel-eyberg.de*

Landgasthof Am Teufelstisch Ideal mit Kindern, denn der große, schöne Waldspielplatz liegt vor der Tür. Im Landhausstil eingerichtet, Pfälzer Küche. # Im Handschuhteich 29, 66999 Hinterweidenthal, Tel. 06396/369, *www.am-teufelstisch.de*

ENTLANG DER ROUTE

1 Bad Dürkheim

Am lebhaftesten präsentiert sich die Kurstadt am Fuße des Pfälzerwaldes, wenn der Wurstmarkt abgehalten wird, das angeblich größte Weinfest der Welt. Eigentlich hat es mehr von einem Volksfest mit Kirmes als von einem gemütlichen Weinfestchen – beliebt- und erlebenswert ist es nichts destotrotz. Das ganze Jahr zieht es Kurgäste und Besucher ins Freizeitbad »Salinarium«, den hübschen Kurpark, die Spielbank und den verkehrsberuhigten Innenstadtbereich. Die 2007 bei einem Feuer zerstörte Saline, das zweitlängste Freiluftinhalatorium Deutschlands, dient nach ihrer Instandsetzung wieder atemtherapeutischen Zwecken. Ins Guinness-Buch der Rekorde kam die Stadt, weil in ihr das größte Weinfass der Welt mit einem Fassungsvermögen von 1,7 Mio. Litern steht. Es wurde 1937 vom Dürkheimer Küfer Fritz Keller erschaffen – statt Wein befindet sich jedoch in seinem Inneren ein schönes Weinlokal. Über der Stadt thronen gleich zwei geschichtsträchtige Gemäuer: die Reste der Hardenburg und die Ruinen des Benediktinerklosters Limburg. Im Ortsteil Grethen klärt das Pfalzmuseum für Naturkunde über Geologie, Flora und Fauna der Region auf. *www.bad-duerkheim.de*

2 Hambacher Schloss

Am Hambacher Schloss wehte sie zuerst: die schwarz-rot-goldene Fahne, die später zur Nationalflagge der Bundesrepublik Deutschland werden sollte. Wie es dazu kam und warum das 1832 auf der Burgruine gefeierte »Hambacher Fest« als Anfang aller Demokratiebewegungen in deutschen Landen gilt, erfährt man bei der Ausstellung »Hinauf, hinauf zum Schloss!«. Nicht gerade begeistert war der damals für die Pfalz zuständige bayerische König Ludwig I., weder vom Volksfest noch von den Forderungen nach bürgerlichen Rechten und Freiheiten. In der Folge beutete er die Pfälzer noch stärker aus und löste damit eine große Auswanderungswelle aus. Heute präsentiert sich das Hambacher Schloss als Museum und Mahnmal für Demokratie und deutsche sowie europäische Einheit. Die multimediale Dauerausstellung macht Geschichte erlebbar. Bei Führungen geht's auch auf den Turm, der eine herrliche Aussicht über Wald, Weinberge und Flur bietet. *hambacher-schloss.de*

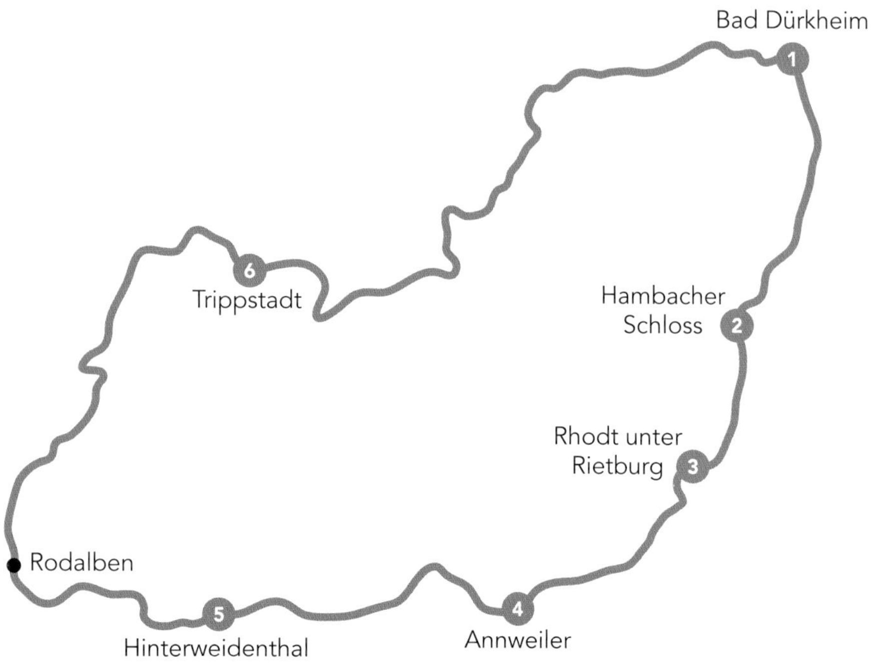

3 Rhodt unter Rietburg

Gepflasterte Gassen, idyllische Weinstuben in sonnigen Innenhöfen und schnurgerade Rebenreihen rund um den schmucken Ortskern laden zum Flanieren und Verweilen ein. Auf verschnörkelten Schildern preisen die Winzerhäuser und Gaststätten Pfälzer Wein und andere Spezialitäten an. Durch breite Torbögen aus Sandstein schreitet man ins Herz der Gutshöfe, dorthin wo Riesling, Gewürztraminer oder Spätburgunder reifen. Hier riecht es nach Most und meistens stehen ein paar Tische und Bänke für die Weinprobe bereit. Besonders zur Weinlese und an Festtagen ist an der Weinstraße viel los. Der Besuch lohnt jedoch zu jeder Jahreszeit. *www.rhodt.de*

4 Reichsfeste Trifels, Annweiler

Beeindruckend thront die Reichsfeste Trifels hoch über dem Städtchen Annweiler, eingerahmt von ihren beiden Schwestern, den Burgen Anebos und Scharfenberg. Diese Burgendreiheit gilt als eines der Wahrzeichen des Pfälzerwaldes. Schon im Mittelalter war der Trifels eine der wichtigsten Burganlagen des Reichs. Kaiser Friedrich Barbarossa residierte hier; in ihren Mauern wurde der englische König Richard Löwenherz gefangen gehalten, bis er nach Zahlung eines horrenden Lösegeldes freigelassen wurde. Auch die Reichskleinodien, Zeichen der Kaisermacht, waren im 12. und 13. Jh. hier aufbewahrt. Eine schmale Straße windet sich zum Parkplatz unterhalb der Trifels hinauf. In ihrem Inneren sind Krone, Reichsapfel, Reichskreuz, Reichsschwert und Zepter – Nachbildungen der Reichsinsignien – ausgestellt. Im Kaisersaal finden an Sommerabenden Konzerte statt. Wie die Burg im Lauf ihrer wechselvollen Geschichte verändert wurde, zeigt das Museum unterm Trifels. Im Herzen der Altstadt ist das »Museum unterm Trifels« über mehrere Gebäude am Ufer der Queich verteilt: eine ehemalige Mühle und drei angrenzende Gerberhäuser mit Gerberwerkstatt. *www.annweiler.de*

5 Teufelstisch, Hinterweidenthal

Ging es mit dem Teufel zu, dass die Erosion eine riesige graue Steinplatte auf einem hohen, rot schimmernden Sockel scheinbar schwebend hinterlassen hat? Der Name »Teufelstisch« lässt es zumindest vermuten. Eins ist jedenfalls sicher: Spätestens seit der Eröffnung des neuen Abenteuerspielplatzes zu Füßen der Felsformation fühlen sich spielhungrige Kinder und deren Anhang hier sehr wohl. In Sichtweite des imposanten Naturdenkmals können kleine und große Abenteuerfreaks teuflisch schnell auf der Röhrenrutsche ins Tal sausen, an der Robinie durch die Luft gleiten, durchs Labyrinth irren oder im feuchten Sand des Wassererlebnispfades matschen. Nicht vergessen sollte man bei so viel Aufregung den kurzen Aufstieg zum Teufelstisch, der auf dem Bergrücken thront. Von hier überblickt man nicht nur den Erlebnispark, sondern die ganze Umgebung. *www.hinterweidenthal.de*

EINMAL IM LEBEN

… muss man den berühmt-berüchtigten **Pfälzer Saumagen** kosten. Das ist gefüllter Schweinemagen mit magerem Schweinefleisch, Brät, Kartoffeln, Zwiebeln und Majoran. Helmut Kohl ließ das Gericht bei Staatsbanketten auftischen.

6 Trippstadt

Hammerschläge und Walzgeräusche hört man im Karlstal schon lange nicht mehr. Kaum vorstellbar, dass sich in diesem stimmungsvollen Tal einst das Zentrum der Pfälzer Eisenhüttenindustrie befand. Im 18. und 19. Jh. brachte die Eisengewinnung und -verarbeitung Trippstadt und dem Karlstal großen Wohlstand. Holz für die Schmelzöfen stand in riesigen Mengen bereit, das Roherz baute man in Unter-, Mittel- und Oberhammer ab. Über Millionen von Jahren grub sich die Moosalb ins poröse Gestein und ließ eine wildromantische Schlucht entstehen, die ab der Klug'schen Mühle auf einem etwa einstündigen Spaziergang erkundet werden kann. Gewaltige Felsbrocken liegen am Boden. Rauschend und gluckernd umfließt sie der Bach und setzt seinen Lauf fort. Am Ende der Schlucht erreicht man die Landstraße und kann nun über Trippstadt und die Burg Wilenstein zurück zur Klug'schen Mühle wandern. Die Stadt Trippstadt liegt gemütlich auf einem Hochplateau. Im Trippstadter Schloss, einem Barockbau aus dem 18. Jh., hat heute die Forstliche Versuchsanstalt ihren Sitz. Der sich auf der Rückseite des Gebäudes erstreckende Schlosspark ist öffentlich zugänglich. An ihn schließt sich der Skulpturenweg an, auf dem es bergab ins Tal und weiter zur Felsenklippe geht, auf der die Reste der Stauferburg Wilenstein stehen. Steil führt der Weg nun hinab zur Klug'schen Mühle, in der sich statt des Wasserrads heute alles um das Wohl der Gäste dreht und das Klappern von Geschirr das Mahlgeräusch der Mühle ersetzt hat. *www.trippstadt.de*

Riquewihr ist ein elsässisches Weinstädtchen wie aus dem Bilderbuch

VIELFÄLTIGES ELSASS: RHEINEBENE, PÄSSE UND VOGESENGIPFEL

2 Tage

Willkommen zu einer entspannten Fahrt, die Ihnen ein facettenreiches Bild des Elsass vermitteln wird. Die Route führt zu Silberminen, einer Bergrennstrecke und zu elsässischen Publikumsmagneten. Außerdem erschließt sie die Vogesen auf Nebenstraßen, die mancher Tourist sicher noch nie befahren hat.

Rhinau
Munster
195 km
ca. 5 Std.

ETAPPE 1
VON RHINAU NACH OBERNAI

↔ 35 km ⏱ 60 Min.

Bienvenue in Frankreich! Wer aus Deutschland kommend einfach über eine der zahlreichen Rheinbrücken ins Elsass gelangt, nimmt die Binnengrenze zwischen zwei der ältesten Schengen-Staaten mit einer längst gewachsenen Selbstverständlichkeit – meist – kaum noch war. Dennoch starten wir unsere Tour, südlich von Straßburg, im kleinen linksrheinischen Ort **Rhinau** im Département Bas-Rhin. Warum? Wie prägend der Rhein für das Elsass und seine Nachbarn war und ist, wird hier rasch deutlich: Vor seiner Begradigung änderte der Strom immer wieder seinen Lauf, und so wechselte Rhinau die Flussseiten: Vor 1398 und nach 1502 war der gesamte Ort mehrere Jahre rechtsrheinisch. Heute ist Rhinau das letzte französische Dorf mit 10 km² gemeindefreiem Grundbesitz – einem Naturschutzgebiet – auf der deutschen Seite des Oberrheins. Auf der Landstraße D 5 durchqueren wir rasch die fruchtbare Ebene, die sich aus einem Flickenteppich von Feldern und Wiesen zusammensetzt, in Richtung Benfeld, folgen dann der D 468 nach Norden, weiter der D 426 nach Erstein und erreichen auf von Rebflächen gesäumten Wegen rasch den pittoresken Winzerort ① **Obernai**. Das wohlhabende Fachwerkstädtchen blieb von Bränden und Kriegen verschont und konnte sich seinen ursprünglichen Charakter bewahren. Also: den nächsten Parkplatz angesteuert und raus aus dem Wagen! Die Beine vertreten und den herrlichen Ort durchstreifen!

EINKEHREN
Le Café des Amis bietet sich für einen Kaffee Stopp an. # 14, rue du Marché, 67210 Obernai

PARKEN
Für eine Besichtigungstour durch Obernai lässt sich das Auto am kostenlosen Parking des Rempart im Norden der Altstadt abstellen.

Dorfidylle mit Geranien: Ottrott an der Elsässischen Weinstraße

ETAPPE 2
VON OBERNAI AUF DEN MONT STE-ODILE

↔ 10 km ⏱ 15 Min.

In Obernai gibt es sowohl für den großen als auch für den kleinen Hunger ideale gastronomische Lösungen. Den weitläufigen zentralen Marktplatz des historischen Städtchens säumen die Terrassen mehrerer Café-Konditoreien und Bäckereien. Und nach der Bestellung eines Café au lait mit Croissant ist man auch kulinarisch – ganz – in Frankreich angekommen. Im Hochsommer veranstaltet der umtriebige Ort übrigens auf dem Marktplatz Konzerte unterschiedlicher Musikrichtungen, nicht selten sogar umsonst und alles im Freien.

Ein rascher Blick auf die Uhr: Wir nehmen die Fahrt wieder auf und schauen uns das nur 5 km entfernte Dorf **Ottrott** an der Elsässischen Weinstraße an. Es erstreckt sich in 230 bis 1052 m Höhe und ist in zwei Hälften geteilt – beide besitzen jeweils ein Schloss und eine Kirche. Hintergrund: Ottrott-le-Haut gehörte dem Bistum Straßburg, während Ottrott-le-Bas lange unter Einfluss des Heiligen Römischen Reichs stand. Ottrott bietet sich für eine Einkehr zum Mittagessen an. Beifahrer dürfen auch dem hier erzeugten Pinot Noir zusprechen. Gestärkt steigen wir ins Auto und folgen den Ausschilderungen zum Klosterhotel auf dem Mont Ste-Odile. Dichter Mischwald umgibt die gewundene Straße, die zu dem 763 m hohen Pilgerberg führt. Für Übernachtungsgäste werden Pkw-Stellplätze bereitgehalten *(www.mont-sainte-odile.com/hotellerie).*

EINKEHREN
In Ottrott empfiehlt sich das stilgerechte Restaurant **Ami Fritz**. # 8, rue des Châteaux, 67530 Ottrott, *www.amifritz.com*

ETAPPE 3
VOM MONT STE-ODILE NACH STE-MARIE-AUX-MINES

⟷ 64 km ⏱ 90 Min.

Kloster und Pilgerberg ② **Mont Ste-Odile** sind das bedeutendste spirituelle Zentrum des katholischen Elsass. Gläubige aus aller Welt zieht es auf den erhabenen Odilienberg. Selbst der »polnische« Papst Johannes Paul II. (1920–2005) stattete der weit über Vogesenberge und Rheinebene blickenden Trutzburg einen Besuch ab. Allen Gästen stehen Restaurant und Imbiss offen. Nur Hunde dürfen nicht in die Klosteranlage. Die außergewöhnlich schöne Tränenkapelle mit ihren goldenen Mosaikbildern sollte man ausgiebig betrachten. Da man bekanntlich nur sieht, was man weiß, lohnt es sich aber gerade hier, einen Fremdenführer zu buchen. Der kennt auch die Lichtschalter der Kapellen. Die herrliche Panoramaaussicht von der das Kloster säumenden Terrasse lohnt immer. Auf vielfach gewundenen Wegen setzen wir die Fahrt auf der D 426 durch die kühlen Vogesenwälder fort. **Le Hohwald** erreichen wir nach knapp 13 km. Auf der Weiterfahrt nach Ste-Marie-aux-Mines passieren wir die Mittelgebirgspässe Col du Kreuzweg (768 m), Col de la Charbonnière (1099 m), Col de la Steige (534 m), Col de la Salcée (588 m), Col d'Urbeis (602 m) und Col de Fouchy (603 m). Wo Parklücken frei sind und der Mischwald sowie die Wolken den Blick freigeben, wird zur Kamera gegriffen.

KLOSTERFÜHRUNG
Wer eine Führung buchen möchte, wendet sich im Vorfeld (am besten ca. 14 Tage vorher) an das Office de Tourisme de Obernai *(www.tourisme-obernai.fr)*.

ETAPPE 4
VON STE-MARIE-AUX-MINES NACH RIBEAUVILLÉ

⟷ 19 km ⏱ 30 Min.

Die Minenstadt **Ste-Marie-aux-Mines** kommt ganz ohne Fachwerkbauten aus. Touristen gelangen vergleichsweise selten in die 10 000-Einwohner-Gemeinde. Bereits seit der Renaissancezeit wurde hier Silber gefördert – vieles in dem Städtchen erinnert noch heute an den einst profitablen Abbau des wertvollen Edelmetalls. Themenpark und Schaubergwerk des Parc Aventure Tellure *(http://tellure.fr/de)* vermitteln jungen und älteren Besuchern Einblicke in die stürmische Zeit des Bergbaus.

Die ehemalige Reichsstadt Kaysersberg konnte sich viel von ihrem mittelalterlichen Charme bewahren

Weinberge nach der herbstlichen Ernte in der Nähe von Turckheim

Das Areal entstand über der Mine St-Jean Engelsbourg. Sie ist mit 180 m^3 der größte unterirdische Hohlraum, den Menschen jemals in das Vogesenmassiv getrieben haben. Wir verlassen Ste-Marie-aux-Mines auf der kurvenreichen D 416 und passieren den Pass Col du Haut de Ribeauvillé (749 m). Eine hübsch gelegene Terrasse besitzt die etwa 5 km entfernte Auberge du Petit Haut, die zu einer Rast in luftiger Höhe einlädt. Der weiteren Talfahrt nach Ribeauvillé nimmt dichter Mischwald die Sicht, sie ist mit acht Spitzkehren dennoch abwechslungsreich. In dem Winzerdorf angekommen, befinden wir uns wieder in einer anderen Welt.

ÜBERNACHTUNG
Wer die Tour nicht an einem Tag fahren möchten: Die Unterkünfte in Ste-Marie-aux-Mines sind knapp und teuer. Besser übernachtet man in **Ribeauvillé**.

ETAPPE 5
VON RIBEAUVILLÉ NACH TURCKHEIM

⟷ 23 km ⏱ 45 Min.

Von sanft geschwungenen Weinbergen umgeben, ist das historische Städtchen ③ **Ribeauvillé** ein Publikumsmagnet an der Elsässer Weinstraße. In die historischen Gassen begibt man sich am besten zu Fuß. Dort wird man auf Schritt und Tritt an den »Pfifferdai« (»Pfeifertag«) erinnert, ein hier seit mehr als drei Jahrhunderten zelebriertes Fest. Ursprünglich für Spielleute, Troubadoure und Schausteller gedacht, ist der Pfifferdai im Hier und Jetzt ein beliebter und publikumsstarker Event. Ganzjährig lockt bei Ribeauvillé ein 1000 m^2 großes Spielcasino, an das sich ein Hotel mit Spa anschließt. Weitere Fachwerk- und Winzerorte passieren wir auf der von Rebflächen gesäumten Landstraße D 1: Das mittelalterliche ④ **Riquewihr**, das Ribeauvillé in nichts nachsteht, und ⑤ **Kaysersberg**, den nicht minder idyllischen Geburtsort des in Frankreich erstaunlicherweise eher zurückhaltend verehrten Albert Schweitzer. Über Ammerschwihr erreichen wir schließlich ⑥ **Turckheim**.

ETAPPE 6
VON TURCKHEIM NACH MUNSTER

⟷ 44 km ⏱ 75 Min.

Sie wollten schon immer einmal auf einer veritablen Bergrennstrecke fahren? Kein Problem: Auf der engen, gewundenen Strecke zwischen Turckheim und dem Luftkurort **Trois Épis** (Drei Ähren) geben bereits seit 1956 Rennwagen unterschiedlicher Typen und Fabrikate – Oldtimer im Juni, Rallye-Fahrzeuge im September – einmal im Jahr mächtig Gas. Selbst Monoposti der Formel 3000 sind hier schon unter Wettkampfbedingungen bergauf gebraust. Manche sind dabei auch im Straßengraben gelandet. Deshalb: Genug vom Bleifuß geträumt! Die anspruchsvolle, etwas mehr als 9 km lange Bergstrecke führt durch Weinberge und wildreichen Wald – und seit Juli 2018 gilt auf französischen Landstraßen generell Tempo 80 als Höchstgeschwindigkeit. Ähnlich relaxt fahren wir auf der D 11 weiter nach Orbey und nochmals auf einer Strecke mit Haarnadelkurven zurück ins Tal nach ⑦ **Munster**.

ÜBERNACHTEN

Hôtellerie Mont Ste-Odile Direkt auf dem Stiftsberg gelegen. # Mont Ste-Odile, Tel. +33 388 95 80 53, *www.mont-sainte-odile.com/hotellerie*

Hôtel de la Tour Blick auf den Metzgerturm und Stellplätze. # 1, rue de la Mairie, 68150 Ribeauvillé, Tel. +33 389 73 72 73, *www.hotel-la-tour.com/de*

ENTLANG DER ROUTE

1 Obernai (Oberehnheim)

Obernai (11 500 Einw.) ist, nach Straßburg, die am zweithäufigsten von Touristen besuchte Stadt des Départements Bas-Rhin – obwohl sie über kein einziges größeres Museum verfügt. Aber das idyllische Städtchen zählt zu den elsässischen Orten, die ihren ursprünglichen Charakter bewahrt haben. Stadtmauern, mittelalterliche Wehrtürme und Wälle umgeben die Altstadt, dahinter säumen malerische Fachwerkhäuser Gassen, Straßen und Plätze. Terrassen von Weinstuben, Café-Bistros und Restaurants laden im Zentrum zum Verweilen ein; gleich daneben behaupten Frisöre, Schreiner und andere Handwerker erfolgreich ihren angestammten Platz. *www.obernai.fr*

2 Mont Ste-Odile (Odilienberg)

Pilgerberg und Panoramaterrasse, Besuchermagnet und religiöses Zentrum: All dies trifft auf den 763 m hohen Mont Ste-Odile zu – und lässt die längst um ein Hotel ergänzte Klosteranlage am Vogesenrand in der Gunst von Gläubigen und Besuchern ganz weit oben rangieren. Und für den katholischen Teil des Elsass ist genau dieser Stiftsberg »das« spirituelle Zentrum der Region. Bruno von Egisheim, der »elsässische« Papst Leo IX., sprach die Herzogstochter, Klostergründerin und Äbtissin Odilie schon im 11. Jh. heilig. Reliquien und Hostien-Gefäß der hl. Odilie ruhen in einem verschlossenen merowingischen Steinsarkophag (aus dem 8. Jh.) in ihrer Grabkapelle. Der älteste im Original erhaltene Teil des Klosters ist die Kreuzkapelle (Chapelle de la Croix) aus dem 12. Jh. An ihren Altar und zu ihren Säulen kommen Pilger, um tief im Gebet versunken positive Energie aufzunehmen. *www.mont-sainte-odile.fr*

3 Ribeauvillé (Rappoltsweiler)

Ribeauvillé (knapp 5000 Einw.) zählt zu den beliebtesten Orten an der Elsässischen Weinstraße. Einer der vielen Gründe für den Trubel: Gleich drei Spitzenweine der höchsten Appellation »Alsace Grand Cru« gedeihen in den Weinbergen um das Städtchen: der Grand Cru Geisberg, der Grand Cru Osterberg und der Grand Cru Kirchberg de Ribeauvillé. Außerdem lockt das

Bunt gestrichene »Gefache« im Städtchen Obernai

Städtchen mit drei erhabenen Burgen, Casino und Spa sowie mit prächtiger, alter Bausubstanz. *www.ribeauville-riquewihr.com*

4 Riquewihr (Reichenweier)

Prächtige Fachwerkhäuser, Türme, Torbögen und alte Mauern, schmale Gassen und malerische Innenhöfe mit Kopfsteinpflaster, hübsche Cafés, Restaurants und urige Weinstuben: Für viele Besucher zählt Riquewihr mit seinen 1400 Einwohnern zu den attraktivsten Orten an der Elsässischen Weinstraße. Teilweise recht farbenfroh restaurierte Fassaden säumen die Rue Kilian und die Rue de Gaulle, sehenswert ist auch das von Erker und hohen Giebeln verzierte Renaissancehaus Maison Dissler in der Rue du Cerf. *www.ribeauville-riquewihr.com*

5 Kaysersberg

Kaysersberg (2800 Einw.) konnte sich viel von seinem mittelalterlichen Charme bewahren. Die ehemalige Reichsstadt trat 1354 dem Zehnerbund (Dekapolis) bei. Den Wohlstand der darauf folgenden Jahrhunderte spiegeln noch heute die Patrizierhäuser, die Kirchen und Kapellen sowie die mit Schießscharten und Brustwehr befestigte Brücke, Pont fortifié, über das Flüsschen Weiss wider – übrigens die einzige Brücke dieser Art im Elsass. Der malerische Ort liegt unterhalb der Ruine der Stauferburg Château Impérial und wird von sanft ansteigenden Weinbergen eingerahmt. Zahlreiche Gäste kommen aber auch wegen des Albert-Schweitzer-Museums oder wegen der vielen Restaurants und Läden nach Kaysersberg. *www.kaysersberg-vignoble.fr*

WANDERUNG

Die drei eindrucksvollen mittelalterlichen Ruinen, **Ulrichsburg** (Château de Saint-Ulrich), **Burg Girsberg** (Château du Girsberg) und **Burg Hohrappoltstein** (Château du Haut-Ribeaupierre), oberhalb von Ribeauvillé gelegen, verbindet ein dreistündiger, problemlos zu Fuß zu bewältigender schöner Rundweg.

6 Turckheim (Türkheim)

Die ehemalige Reichsstadt Turckheim (3850 Einw.) markiert die Zufahrt zum Münstertal, das aus der Rheinebene geradewegs zu den Vogesen führt. Der malerische Kern des alten Städtchens wird von Resten seiner Befestigung umgeben, die im 14. Jh. entstand. Besonders markant sind die drei erhalten gebliebenen Wehr- und Tortürme Porte de France, La Porte du Brand und Porte de Munster. Auf dem Dach der Porte de France nisten seit einigen Jahren wieder Störche. Rings um den Marktplatz Place Turenne und entlang der Grand'Rue bestimmen prächtig restaurierte Renaissance- und Fachwerkhäuser aus dem 16. und 17. Jh. das homogene Ortsbild. *www.turckheim.fr*

7 Munster (Münster)

Insgesamt neun Gemeinden bilden die ehemalige freie Reichsstadt Munster, gut 20 km westlich von Colmar. Der Ortsname des Städtchens Munster (5000 Einw.) geht (wie die Käseherstellung) auf eine im 7. Jh. von irischen Mönchen gegründete Abtei zurück. Im Ersten Weltkrieg verlief die Front quer durch Munster, der Großteil der historischen Bausubstanz wurde zerstört. Erhalten geblieben und sehenswert sind die Place du Marché im Ortszentrum mit dem Löwenbrunnen von 1576 und der neoromanischen Sandsteinkirche, 1867–1873 erbaut, sowie das denkmalgeschützte Renaissancerathaus Hôtel de Ville. Auf den Dächern von Munster sind Störche ein fester Bestandteil des Stadtbilds. Die Maison du Parc nimmt heute die frühere Prälaten-Residenz der 1790 aufgehobenen Abtei ein. Das familiengerecht gestaltete Informationszentrum am Cour de l'Abbaye zeigt Wissenswertes zu Flora und Fauna des Parc naturel régional des Ballons des Vosges und zu Handwerk, Industrie und Tourismus. *www.vallee-munster.eu*

Ganz in der Nähe von Mosbach thront die Burg Hornberg hoch über dem Neckar

VON HEIDELBERG DURCH DEN ODENWALD BIS ZUR REIZVOLLEN BERGSTRASSE

2 Tage

Die abwechslungsreiche Rundtour führt von Heidelberg durch den Geo-Naturpark Bergstraße-Odenwald. Am Fluss entlang fahren wir auf der Burgenstraße durch das idyllische Neckartal. Anschließend begleiten uns dichte Wälder und malerische Fachwerkstädtchen in den sagenumwobenen Odenwald. Auf der letzten Etappe präsentiert sich die sonnige Bergstraße mit mediterranem Flair und lieblichen Weinbergen.

Heidelberg
Heidelberg
232 km
ca. 5,5 Std.

ETAPPE 1
VON HEIDELBERG NACH MOSBACH

⟷ 59 km ⏱ 60 Min.

Unsere Tour startet in der barocken Universitätsstadt ① **Heidelberg**. Auf der L 534 folgen wir dem Verlauf des Neckars und kommen an der »Alten Brücke« vorbei. Von dort hat man einen traumhaften Blick auf die Altstadt am anderen Flussufer, über der die weltberühmte Schlossruine thront. In Neckargemünd verwandelt sich die Landstraße in die romantische **Burgenstraße** B 45. Zwischen belaubten Bergen folgt sie den Windungen des Neckars, eingebettet in eine einzigartige landschaftliche Schönheit. Sie liegt im ② **Geo-Naturpark Bergstraße-Odenwald** *(www.geo-naturpark.net)*, den wir nun ausgiebig erkunden werden.

Bis zur nächsten Etappe bleibt die herrliche Aussicht auf den Fluss und die vielen Ausflugsschiffe unser stetiger Begleiter. Ein szenischer Höhepunkt ist die Neckarschleife in **Neckarsteinach**, über der sich ein Ensemble von vier mittelalterlichen Burgruinen erhebt. Wir folgen dem Flussverlauf nach ③ **Hirschhorn**, der »Perle des Neckartals«. Mit einem wunderbaren Panorama belohnt ein Spaziergang hinauf zur Burg. Zurück auf der B 45 genießen wir die idyllische Ansicht der Stauferstadt **Eberbach**, von der Schiffsausflüge in die Umgebung starten. Wunderschön verläuft nun die gut ausgebaute Straße am ruhig dahinfließenden Neckar. Immer wieder gibt es längere Abschnitte mit freier Sicht über den Fluss, was die Fahrt angenehm und entspannend macht. Auch einige Festungen ziehen den Blick auf sich, besonders die märchenhafte **Burg Zwingenberg** linker Hand. Wir verabschieden uns vom Neckar und biegen in die Kreisstadt **Mosbach** mit einer bilderbuchähnlichen Altstadt ab. Prachtvoll restaurierte Fachwerkbauten schmücken ihr lebendiges mittelalterliches Zentrum.

Ein ikonischer Sehnsuchtsort: Heidelberg

ABSTECHER
Über die Brücke in Neckargemünd gelangt man zur **Burgfeste Dilsberg**, die bekannt ist für ihren fantastischen Rundblick *(www.burgfeste-dilsberg.de)*.

ETAPPE 2
VON MOSBACH NACH AMORBACH

⟷ 56 km ⏱ 60 Min.

Nach Mosbach nähern wir uns dem romantischen »Madonnenländchen«, einem Teil des badischen und bayerischen Odenwalds. Seinen Namen verdankt es zahlreichen Marienfiguren an Häusern und Bildstöcken, die den Wegesrand zieren.

In sanften Kurven führt die Straße vorbei an Laubwäldern und verträumten Ortschaften durch die Mittelgebirgslandschaft des Odenwalds. Auf dem Weg ins Fachwerkstädtchen **Buchen** bieten sich weite Aussichten über grüne Hügel und blumige Wiesentäler. Die ordentlich wirkenden Agrarflächen im Bauland sind die Heimat der Getreidespezialität Grünkern. Weiter führt die ansteigende Straße nach ④ **Walldürn** mit einer prächtigen Wallfahrtsbasilika. Vor den Toren des hübschen Städtchens verlief vor 1800 Jahren der obergermanisch-rätische Limes, von dem noch einige Reste zeugen. Auf der wenig befahrenen B 47, der sogenannten »Nibelungenstraße«, kommt man ins malerische Marsbachtal. Kurz vor Rippberg führt eine Abzweigung (2 km) zum sehenswerten **Odenwälder Frei-**

ABSTECHER
Wer in Buchen auf die L 582 abbiegt, kann nach 6 km die märchenhafte Welt der **Eberstadter Tropfsteinhöhle** erkunden *(www.tropfsteinhoehle.eu)*.

EINKEHREN
Idyllisch mitten im Wald speist man im Landgasthof **Heidersbacher Mühle**, südwestlich von Buchen. # 74834 Elztal-Rittersbach, Tel. 06293/368, *www.heidersbacher-muehle.de*

landmuseum *(www.freilandmuseum.com)*. Historische Häuser geben hier Einblick in die frühere ländliche Lebenswelt. Durch das in sanfte Hügel eingebettete Schneeberg folgen wir danach der B 47 Richtung ⑤ **Amorbach**, bekannt für seine glanzvolle Abteikirche.

ETAPPE 3
VON AMORBACH NACH ERBACH

⟷ 26 km ⏱ 35 Min.

Auf 510 m Höhe schraubt sich die B 47 durch dichten Wald. Wegen ihrer engen Kurven ist die Strecke bei Motorradfahrern sehr beliebt, darum sollte man besonders umsichtig fahren. Oben erstreckt sich der weitläufige **Englische Garten Eulbach** *(www.rentkammer-erbach.de)*. Beim Spaziergang über verschlungene Wege zum verträumten Seerosenteich können Sie die Seele baumeln lassen. Abwärts geht es anschließend durch Tannen- und Laubwälder nach **Michelstadt**. Die wunderschöne Fachwerkaltstadt, umgeben von einem Stadtmauerring, ist ein bekanntes Ausflugsziel. Ihr Wahrzeichen ist das berühmte historische Rathaus aus dem Jahr 1484, das zum 500. Geburtstag sogar eine Briefmarke zierte. Im Gasthaus Zum grünen Baum gibt es Odenwälder Küche, aber auch Veggies werden dort satt *(www.gruenerbaum-michelstadt.com)*. Ein Schmuckstück ist das liebevoll restaurierte Café Elefantenhaus *(www.elefantenhaus-michelstadt.de)*.

PARKEN
Vom kostenlosen Großparkplatz »Altstadt« am »Wiesenweg« ist der historische Stadtkern von Michelstadt in wenigen Gehminuten erreichbar.

Auf der B 45 führt die Tour anschließend durch die Residenzstadt ⑥ **Erbach**. Ihr Stadtbild wird geprägt von einem prächtigen Schloss mit neobarocker Fassade. Es liegt am repräsentativen Marktplatz, an dem beschaulich die Mümling vorbeiplätschert. Ein Blick in den stimmungsvollen Innenhof des Schlosses und den blühenden Lustgarten lohnt sich.

Die Buchen des Odenwaldes entfalten im Herbst ihre Farbenpracht

ETAPPE 4
VON ERBACH NACH BENSHEIM

⟷ 56 km ⏱ 70 Min.

Nach wiesenumrandeten Orten und einem bewaldeten Abschnitt biegen wir auf die B 460 ab, bekannt auch als »Siegfriedstraße«. Angeblich soll der Drachentöter Siegfried, Held des Nibelungenlieds, an einem Brunnen im Odenwald ermordet worden sein. Idyllisch wird die Route anfänglich vom glitzernden **Marbachstausee** begleitet. Ein reizvoller Rundweg startet vom Parkplatz jenseits der Talsperre. Ländliche Ortschaften und Bauernhöfe säumen den Verlauf der wenig befahrenen Landstraße, bevor sie durch dichten Wald über die 400 m hohe Wegscheide führt. In Krumbach biegen wir auf die B 38 ab und fahren dann die Serpentinen der »Nibelungenstraße« (B 47) hinauf in die bezaubernd gelegene »Drachenstadt« **Lindenfels**. Von der Burgruine des Kurorts hat man eine großartige Aussicht aufs Weschnitztal, genau wie kurz vor der Ortsausfahrt. Im weiteren Verlauf geht es durch kleine Dörfer mit Steinmetzen ins Lautertal. Statt direkt Kurs auf Bensheim zu nehmen, folgen wir in Reichenbach der L 3098 Richtung Beedenkirchen. So kommen wir an einem spektakulären Naturdenkmal vorbei: dem berühmten **Felsenmeer**. Einer Legende zufolge haben sich hier zwei Riesen mit Geröll beworfen, wodurch am Hang des Felsenberges ein Meer aus Steinblöcken entstand. Im Geo-Informationszentrum *(www.felsenmeer-zentrum.de)* erfährt man, was sich dort vor 340 Mio. Jahren wirklich zugetragen hat. Über belaubte Landstraßen steuern wir ⑦ **Bensheim** an der Bergstraße an. Überragt wird es vom Auerbacher Schloss, einer der imposantesten Burgen Hessens. Eine schmale Nebenstraße führt zum Schloss hinauf, das letzte Stück muss man zu Fuß zurücklegen.

EINKEHREN
An der L 3098 bietet sich der Gasthof **Kuralpe Kreuzhof** für eine Rast an *(kuralpe.de)*. Direkt vor der Haustür starten Wanderwege.

ÜBERNACHTEN

Landhotel Schafhof Stimmungsvoll gelegen im ehemaligen Klostergut einer Benediktinerabtei. Mit zwei Restaurants, eins davon sogar sternegekrönt. # Schafhof 1, 63916 Amorbach, Tel. 093 73/973 30, *www.schafhof.de*

Die Träumerei Kleines, aber feines Designhotel in einem restaurierten Fachwerkhaus mit Café, geführt von der Schauspielerin Jessica Schwarz und ihrer Schwester. # Obere Pfarrgasse 3, 64720 Michelstadt, Tel. 060 61/70 33 33, *www.die-traeumerei.com*

Hotel Zentlinde Ansprechendes Wellnesshotel in einem beschaulichen Dorf, wenige Kilometer vom Marbachstausee. # Hüttenthaler Str. 37, 64756 Mossautal-Güttersbach, Tel. 060 62/260 10, *www.zentlinde.de*

ETAPPE 5
VON BENSHEIM NACH HEIDELBERG

↔ 34 km ⏱ 60 Min.

Die Ferienstraße Bergstraße (B 3) überrascht am Wegrand mit südlichem Flair. Dank eines besonders milden Klimas gedeihen an der »Riviera Deutschlands« nicht nur hervorragende Rebsorten, sondern auch Pfirsiche, Kiwis und Mandelbäume. Unterhalb lieblicher Weinhänge folgen wir der B 3 ins Städtchen **Heppenheim**, das mit einem eindrucksvollen Marktplatz aufwartet. Welthin sichtbar ist auf dem Schlossberg das Wahrzeichen der Stadt: die mittelalterliche Starkenburg. Kurz vor dem Ort lädt in den Weinbergen eine Vinothek *(www.kloster-eberbach.de)* mit heimeliger Terrasse zur Vesper ein. An ihr vorbei verläuft der knapp 7 km lange Erlebnispfad »Wein & Stein« *(www.weinundstein.net)* mit herrlichen Panoramen.
Durch hübsche Dörfer kommt man entlang von Weinhängen und Obstgärten nach **Weinheim**. Der pittoreske Marktplatz mit Cafés und gastronomischer Vielfalt versprüht mediterranen Charme. Von Frühling bis Herbst blüht es um die Ecke im Hermannshof (*www.sichtungsgarten-hermannshof.de*). Anschließend führt die Route durch kleine Weinbauorte vorbei am reizvollen **Schriesheim**, überragt von der Strahlenburg. Über Dossenheim geht es zurück nach Heidelberg, wo man die Tour am besten bei einem gemütlichen Altstadtbummel ausklingen lässt.

EINKEHREN
Im außergewöhnlichen Ambiente des Cafés **Muse Chocolat** können Sie sich verwöhnen lassen. # Marktstr. 4, 64646 Heppenheim, Tel. 062 52/967 67 40, *musechocolat.de*

Charakteristisches Fachwerk: das Rathaus von Michelstadt

ENTLANG DER ROUTE

1 Heidelberg

Den schönsten Blick auf die Altstadt von Heidelberg hat man vom Philosophenweg aus: Im rechtsneckarschen Stadtteil Neuenheim geht es nach der Theodor-Heuss-Brücke immer bergauf, vorbei an Universitätsgebäuden und Villen illustrer Heidelberger. Weiter oben eröffnen sich wunderbare Ausblicke auf die Altstadt und die sandsteinrot leuchtende Ruine des Heidelberger Schlosses vis-à-vis. Nicht einem berühmten Philosophen verdankt der Weg seinen Namen, sondern eher seiner Romantik, die seit jeher zu studentischer Zweisamkeit einlädt. Und da die Philosophie eine der vier klassischen Universitätsfakultäten ist, steht sie hier pars pro toto für die Studierenden und wurde zur Namensgeberin. Besonders reizvoll macht den Weg auch die Vegetation, denn die Hanglage erzeugt ein Mikroklima, sodass am Wegesrand exotische Pflanzen gedeihen. *www.heidelberg.de*

2 Geo-Naturpark Bergstraße-Odenwald

Der Geo-Naturpark ist Teil der UNESCO Global Geoparks. 500 Mio. Jahre Erdgeschichte lassen sich hier nachvollziehen. Führungen, Ausstellungen und Veranstaltungen erklären unseren Planeten anhand dieser Region. Geo-Park-Ranger schärfen den Blick der Besucher für die Besonderheiten der Natur und erklären an konkreten Beispielen sehr anschaulich die unfassbare Entstehungsgeschichte der Erde. *www.geo-naturpark.net*

3 Hirschhorn

Das Städtchen schmiegt sich dicht an die zum Neckar hin abfallenden Hänge. Hoch über den Fachwerkhäuschen und der Karmeliter-Klosterkirche Mariä Verkündigung erhebt sich die Burg auf einem Bergsporn über der Stadt. Seit Urzeiten ist dieser Flecken besiedelt – kein Wunder, es ist wirklich traumhaft schön hier. Der Weg zur Burg hinauf dauert nicht länger als 10 Minuten und von oben hat man einen fantastischen Blick über die Neckarschleife. *www.hirschhorn.de*

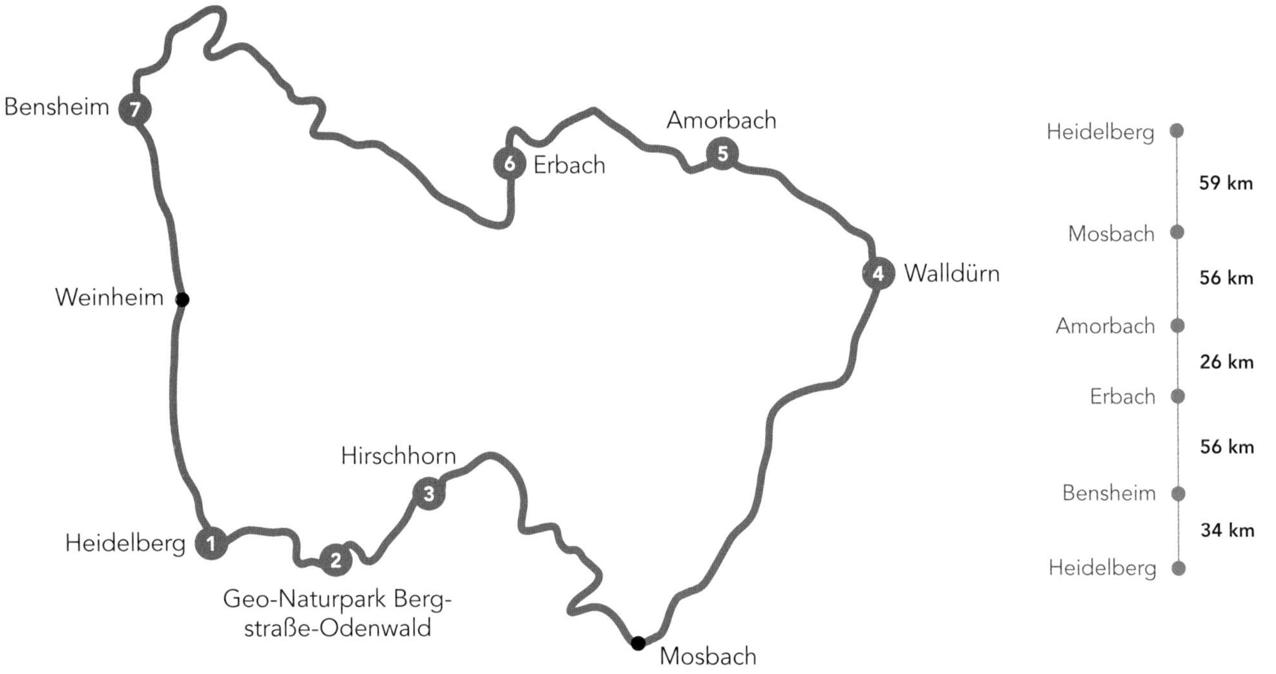

Das Himbachel-Tal bei Erbach ist mit seinem Viadukt von 1881 besonders pittoresk

4 Walldürn

Im Walldürner Ortsteil Gottersdorf befindet sich das Odenwälder Freilandmuseum. Die Museumsanlage am ehemaligen Fischteich des Klosters Amorbach ermöglicht mit ihren historischen Gebäuden tiefe Einblicke in die meist schlichte, aber aus heutiger Sicht auch spannende Vergangenheit der früheren ländlichen Lebens- und Arbeitswelt. So vermitteln die bereits fertiggestellten Häuser der noch nicht vollendeten Anlage schon jetzt eine Bandbreite vom bescheidenen Taglöhnerhäuschen bis hin zum stattlichen Großbauernhof, von der dörflichen Postagentur bis zur Landschusterei, von der Grünkerndarre bis zur Ziegelhütte. Erfasst wurde dabei der Zeitraum vom 17. bis ins 20. Jh. Ein Ort, um das Wesen des Odenwalds zu begreifen. *www.wallduern.de*

5 Amorbach

Das Kloster Amorbach ist eines der ältesten Klöster im Odenwald. Bis ins Jahr 734 nach Christus lassen sich die Äbte benennen. Die Benediktiner hatten in der Zeit der Karolinger den Auftrag bekommen, das unbesiedelte Waldgebiet des Odenwaldes zu besiedeln und schufen so bedeutende religiöse, ökonomische, kulturelle und nicht zuletzt politische Zentren. 1803 wurde das Kloster säkularisiert, und die über 1000-jährige Geschichte der benediktinischen Mönche fand ein Ende. Geblieben ist eine beeindruckende Rokokokirche und die größte Barockorgel Europas. *www.amorbach.de*

6 Erbach

Das deutsche Elfenbeinmuseum ist nach eigenen Angaben das einzige Museum der Welt mit dieser Spezifikation. Graf Franz zu Erbach-Erbach war es, der den exotischen Werkstoff Ende des 18 Jh. in seiner Residenzstadt einführte und so Erbach zum wichtigsten Zentrum für Elfenbeinverarbeitung werden ließ. Das Schloss von Erbach birgt über 2000 Exponate aus Elfenbein – Kunstwerke, Kunsthandwerk, Kurioses. Gleichzeitig stellt sich die Ausstellung auch den ethisch-moralischen Fragen um das Material und zeigt alternative Werkstoffe mit ähnlichen Eigenschaften. *www.erbach.de*

7 Bensheim

Hoch über Bensheim erhebt sich die Bilderbuchruine des Auerbacher Schlosses. Nach einer Reihe von Eroberungen, Verwüstungen und Brandschatzungen wurde die Burg ab dem 17. Jh. dem Verfall preisgegeben, bis ihr in den letzten Jahren neues Leben eingehaucht wurde. Ein Turm ist wieder begehbar – von oben bietet sich ein atemberaubendes Panorama und im Schlossrestaurant werden Gäste mittelalterlich bewirtet. *www.bensheim.de*

GEWUSST WANN

Alljährlich im Juli gibt es die Aktion **Odenwälder Grünkernwochen** und zwar bundesländerübergreifend. Hotels und Restaurants experimentieren mit dem Getreide, was das Zeug hält. Mal deftig, mal süß, von italienischen Variationen bis zu chinesischen.

Sanft gewellte Hügel bei St. Märgen im südlichen Teil des Schwarzwalds

VON BADEN-BADEN ÜBER DIE SCHWARZWALDHOCHSTRASSE INS SONNIGE FREIBURG

1–2 Tage

Unsere Tagestour durch den Schwarzwald führt von Baden-Baden im Nordschwarzwald bis nach Freiburg im Süden der Region. Wer es etwas langsamer angehen möchte, kann die Etappen auch gut auf zwei Tage verteilen. Das erste Drittel der Strecke verläuft über die berühmte Schwarzwaldhochstraße. Im Anschluss zeigt sich der Schwarzwald in all seinen Facetten mit dunklen Wäldern, romantischen Bergen und Tälern, Schwarzwalddörfern und hübschen Städtchen.

Baden-Baden
Freiburg
196 km
ca. 5 Std.

ETAPPE 1
VON BADEN-BADEN NACH RUHESTEIN

⟷ 36 km ⏱ 60 Min.

Unsere Tour beginnt in der eleganten Kurstadt ① **Baden-Baden**, wo wir direkt auf die Bundesstraße B 500 auffahren, die sich nur wenige Kilometer weiter in eine der schönsten Panoramastraßen Deutschlands, die ② **Schwarzwaldhochstraße**, verwandelt. Zunächst führt die Strecke durch die Orte Lichtental und Geroldsau, bevor sie sich kurvenreich und teils steil bis auf 800 Höhenmeter hinaufwindet. Weiter führt die Route durch herrliche Wälder, die immer wieder tolle Ausblicke freigeben. Auf der Bühlerhöhe angelangt, überqueren wir den Kamm und genießen bei klarem Wetter den wundervollen Blick auf die Rheinebene.

Am **Nationalpark Schwarzwald**, der 2014 am Hauptkamm des Nordschwarzwalds eingerichtet wurde, vorbei führt uns die Straße nun geradewegs zum knapp über 1000 m hohen **Mehliskopf** – wer mit Kindern unterwegs ist, kann hier eine Runde auf einer Sommerrodelbahn einlegen. Vorbei an Hundseck-Bühlertal und wenig später an der Hornisgrinde, dem mit 1163 m höchsten Berg im Nordschwarzwald, folgt der **Mummelsee**, ein mythenumranktes Gewässer, in dem der Sage nach einst Nixen lebten. Die Statue einer Meerjungfrau am Ufer zeugt davon. Ein Spaziergang rund um den See und eine Rast im Berghotel Mummelsee *(www.mummelsee.de)* sind empfehlenswert – an Sommerwochenenden ist der See allerdings oft hoffnungslos überlaufen. In sanften Kurven und mit herrlichen Aussichten zu beiden Seiten führt die Straße nun bis zur Passhöhe **Ruhestein**, wo derzeit das neue Nationalparkzentrum entsteht (geplante Eröffnung im Herbst 2020). Wanderfreudige erkunden von hier aus das Naturschutzgebiet Wilder See – Hornisgrinde.

ABSTECHER
Vom Waldparkplatz Malschbach am Beginn der Schwarzwaldhochstraße führt eine kurze Wanderung zum schönen **Geroldsauer Wasserfall**.

ABSTECHER
Wer beim Mehliskopf auf die L83 abbiegt, kann die nur wenige Kilometer entfernte **Schwarzenbach-Talsperre** ansteuern.

ETAPPE 2
VON RUHESTEIN NACH FREUDENSTADT

⟷ 27 km ⏱ 40 Min.

Vor dem Start zur zweiten Etappe empfiehlt sich ein Abstecher zu den **Allerheiligen-Wasserfällen** und zur **Klosterruine Allerheiligen**. Ein Rundwanderweg führt vom unteren Parkplatz über Holzbrücken und Treppenstufen hinauf. Zurück auf der Schwarzwaldhochstraße geht es mit tollen Panoramablicken über den **Schliffkopf**, wo sich das gleichnamige Nationalparkhotel befindet *(www.schliffkopf.de)*. Deutschlands älteste Ferienstraße verläuft weiter in geschwungenen Kurven, die viel Spaß machen und bei schönem Wetter zahlreiche Motorradfahrer locken, zum **Lotharpfad**, dessen Parkplatz auf der rechten Straßenseite auftaucht. Naturfreunde werden den Pfad lieben. Entlang der Schneise der Verwüstung, die Orkan »Lothar« hinterlassen hat, zeigt sich hier, wie kraftvoll die Selbstheilung der Natur sein kann, wenn man sie nur lässt. Zurück auf der Strecke verläuft die Straße weiter abwechslungsreich an Kniebis vorbei bis nach ③ **Freudenstadt**. Immer wieder geben Lücken zwischen den tiefgrünen Tannen dabei den Blick über den Schwarzwald frei. Die Panoramastraße wird ihrem Namen hier mehr als gerecht. Tannen dabei den Blick über den Schwarzwald frei. Die Panoramastraße wird ihrem Namen hier mehr als gerecht.

TANKEN
Ganz im Stil der Sixties gestaltet ist die AVIA Tankstelle in **Kniebis** – in ihrer Art einzigartig in Deutschland!

ETAPPE 3
VON FREUDENSTADT NACH SCHILTACH

⟷ 27 km ⏱ 40 Min.

Von Freudenstadt aus verläuft die Route weiter nach Süden auf der B 294. Die Strecke ist nun weniger befahren als die Schwarzwaldhochstraße, die wir hinter uns gelassen haben. Ungewohnt geradlinig geht es auf der hübschen **Kinzigtalstraße** voran. Idyllische Dörfchen und malerisch gelegene Gehöfte wechseln sich mit bewaldeten Abschnitten ab, bis die Strecke nach **Alpirsbach** führt, einem kleinen Ort im Kinzigtal, der reich an Tradition ist. Das hier gebraute Klosterbräu *(www.alpirsbacher.de)* ist überregional bekannt, die romanische Klosterkirche gehört zu den schönsten Abteien Süddeutschlands – der perfekte Ort für eine Rast! Anschließend geht es über die B 294 bis nach Schiltach. Entlang der Strecke sind immer wieder die Gleise der **Kinzigtalbahn** und die Kinzig zu sehen, die sich mal links, mal rechts der Straße entlangschlängelt. In der wunderschönen Altstadt von ④ **Schiltach** warten zahlreiche Fachwerkhäuser aus dem 16. bis 19. Jh. – besonders sehenswert ist das reich bemalte Rathaus.

ETAPPE 4
VON SCHILTACH NACH TRIBERG

⟷ 34 km ⏱ 50 Min.

Über die gut ausgebaute B 294 und weiterhin begleitet von der Kinzig führt die Strecke durch kleine Dörfer entlang des Kinzigtals. Kleine Bauernhöfe, dunkle Wälder und verträumte Dörfer säumen den Weg bis nach **Wolfach**, wo in der **Dorotheenhütte** die Tradition der Schwarzwälder Glasbläserkunst gepflegt wird *(www.dorotheenhuette.info)*. Wir fahren weiter, an Hausach vorbei, und biegen auf die kleinere B 33 ab, die uns wenig später geradewegs zum Freilichtmuseum Vogtsbauernhof führt *(www.vogtsbauernhof.de)*. Durchs ⑤ **Gutachtal** führt die Straße nun südwärts parallel zu den Gleisen der Schwarzwaldbahn, einer der schönsten Bahnstrecken Deutschlands. Vorbei an Streuobstwiesen und alten Schwarzwaldhöfen geht es nach Hornberg, das fast den gesamten Talgrund einnimmt. Nachdem wir den lang gestreckten Ort hinter sich gelassen haben, schlängelt sich die Straße durch dichten Wald, bis wir schließlich den gut besuchten Ort ⑥ **Triberg** mit seinen herrlichen Wasserfällen und überdimensionalen Kuckucksuhren erreichen. Im Nachbarort **Schonach** kann man die »Erste Weltgrößte Kuckucksuhr« bestaunen, während Triberg selbst Heimat der aktuell »Weltgrößten Kuckucksuhr« ist.

ABSTECHER
Unbedingt einen Besuch wert ist das Dörfchen **Haslach** mit seinen Fachwerkhäusern und einem sehenswerten Besucherbergwerk *(www.haslach.de)*.

EINKEHREN
Das **Bergseestüble** in Triberg bietet beste Küche und eine tolle Aussicht. # Clemens Maria-Hofbauerstr. 19, 78098 Triberg, Tel. 077 22/91 64 44, *www.bergseestueble.com*

ETAPPE 5
VON TRIBERG NACH HINTERZARTEN

⟷ 44 km ⏱ 60 Min.

Ab Triberg verläuft die Tour über die B 500, die sich kurz hinter dem Ort kurvig in die Höhe schraubt. Nach einem waldigen Abschnitt geht es über gut ausgebaute Straßen entlang kleinerer Gehöfte nach Schönwald, das aufgrund der Pisten in der Umgebung vor allem bei Wintersportlern beliebt ist. Die Straße führt weiter entlang schöner Wiesen und Felder bis nach ⑦ **Furtwangen**, einem Ort, der weniger mit Charme und sehenswerter Architektur punkten kann, dafür aber das eindrucksvolle Deutsche Uhrenmuseum *(www.deutsches-uhren*

Top-Attraktion im Schwarzwald: die Triberger Wasserfälle

museum.de) beherbergt. Kurz hinter Furtwangen bietet sich die Möglichkeit, die B 500 zu verlassen und über eine kurvenreiche Route die Hexenlochmühle zu besuchen, die wohl bekannteste der Schwarzwälder Wassermühlen *(www.hexenlochmuehle.de)*. Wer ein schnelleres Vorankommen bevorzugt, bleibt auf der B 500, die direkt zum Wintersportzentrum ⑧ **Hinterzarten** führt. Die Skisprungschanzen und das Skimuseum laden ebenso zu einem Besuch ein wie der nur 5 km weiter östlich liegende Titisee mit seiner Strandpromenade.

ZU FUSS
Zwischen Hinterzarten und Feldsee, im Naturschutzgebiet Eschengrund, liegt der **Mathisleweiher** – ein echter Geheimtipp zum Baden und Picknicken.

ETAPPE 6
VON HINTERZARTEN NACH FREIBURG

⟷ 28 km ⏱ 45 Min.

In Hinterzarten biegt die Route auf die viel befahrene B 31 Richtung Freiburg ab, die vielleicht wichtigste Ost-West-Verbindung durch den Schwarzwald. Die Strecke ist gut ausgebaut, streckenweise sogar zweispurig und ein echtes Erlebnis. Schon nach wenigen Kilometern geht es immer steiler bergab hinab ins ⑨ **Höllental**. Eine 180-Grad-Haarnadelkurve ist mit Vorsicht zu genießen. Direkt zu Beginn des Tals bietet sich rechter Hand ein lohnender Stopp an der **Ravennaschlucht** an, ein schönes Wanderziel und mit dem Hofgut Sternen auch eine tolle Einkaufs- und Einkehrmöglichkeit *(www.hofgut-sternen.de)*. Überspannt wird die Schlucht von der spektakulären Ravennabrücke, einem gemauerten Steinviadukt mit neun Bögen. Im Anschluss wird die Fahrt noch einmal dramatisch: Die Berge erheben sich links und rechts immer höher, bis die Route, begleitet von den Gleisen der Höllentalbahn, zwischen den Felswänden am **Hirschsprung** hindurchführt. Die Umgebung zeigt sich danach wieder offener. Es geht durch kleine Dörfer bis nach Kirchzarten, wo die bisher einspurige Straße in die zweispurige B 31 übergeht. Hier geht es nun zügiger voran, bis der Schützenallee-Tunnel erreicht ist. Unmittelbar hinter dem Tunnelausgang geht es rechts ab in die Altstadt von ⑩ **Freiburg**, wo man den Schwarzwald-Ausflug genussvoll ausklingen lassen kann.

Freiburg im Breisgau: Schwarzwaldmetropole mit Ökoprädikat

ÜBERNACHTEN
Naturparkhotel Adler Ruhig gelegenes, modernes Haus mit guter Küche und Spa. Zwischen Schiltach und Wolfach. # St. Roman 14, 77709 Wolfach-St. Roman, Tel. 078 36/937 80, *www.naturparkhotel-adler.de*

Clarion Hotel Hirschen in Lehen Am Rande Freiburgs lässt es sich im 2005 erbauten Hirschen wunderbar übernachten. Ausgezeichnetes Restaurant. # Breisgauer Str. 47, 79110 Freiburg, Tel. 07 61/897 76 90, *www.hirschen-freiburg.de*

ENTLANG DER ROUTE

1 Baden-Baden

Kuranlagen, klassizistische Villen und exklusive Hotels betonen die gediegene Atmosphäre von Baden-Baden, die an den Glanz der Belle Époque des 19. Jh. anknüpft. Damals galt das Heilbad im Oostal, das sich zur Rheinebene hin öffnet, als »Sommerhauptstadt Europas«. Noch heute ist der Kur- und Bäderbetrieb der wichtigste Wirtschaftszweig des mit 4600 Gästebetten größten Ferienortes im Schwarzwald. Große Events wie die Iffezheimer Galopprennen oder die Gala zur Wahl der Sportler des Jahres machen Baden-Baden zu einem Treff von Prominenz und Jetset aus aller Welt. *www.baden-baden.de*

2 Schwarzwaldhochstraße

Die Schwarzwaldhochstraße führt über 60 km über den Kamm des Nordschwarzwaldes von Freudenstadt nach Baden-Baden und ist eine der schönsten Panoramastraßen der Region. Die 1930 fertiggestellte Straße gilt nicht nur als älteste touristische Route Deutschlands, sondern auch als eine der landschaftlich reizvollsten. Die viel gepriesene Schönheit hat allerdings ihren Preis: An sonnigen Wochenenden und in der Skisaison muss hier mit zäh fließendem Stop-and-Go-Verkehr gerechnet werden. Aus Gründen des Umweltschutzes gilt auf der Strecke generell ein Tempolimit von 70 km/h.

3 Freudenstadt

Freudenstadt breitet sich auf einem von Wäldern eingerahmten Plateau in 728 m Höhe am Ostrand des nördlichen Schwarzwaldes aus. Das gesunde Reizklima zog bereits im 19. Jh. die ersten Kurgäste an, die hier liebevoll »Luftschnapper« genannt werden. Gute Wander- und Wintersportmöglichkeiten in der Umgebung machen den Kneippkurort zu einem der wichtigsten Ferienorte des Schwarzwaldes. *www.freudenstadt.de*

4 Schiltach

Das gemütliche Schiltach gehört zu den schönsten Städtchen im mittleren Schwarzwald. Wunderbar erhaltene Fachwerke, Kopfsteinpflastergassen, die durch Steintreppchen miteinander verbunden sind, und schmiedeeiserne Wirtshausschilder sorgen für Schwarzwaldidylle pur – zumindest bis zur Karnevalszeit. Denn dann geht es in der sonst beschaulichen Fasnet-Hochburg hoch her! *www.schiltach.de*

5 Gutachtal

Die Gutach entspringt oberhalb des Städtchens Triberg, sucht sich von dort über die Triberger Wasserfälle ihren Weg hinab nach Hornberg und mündet schließlich weiter nördlich bei Hausach in die Kinzig. Nur im Gutachtal tragen Frauen den Schwarzwälder Bollenhut zur Tracht. Die Gemeinde Gutach, gut 4 km nördlich von Hornberg, ist zudem für ihre malerischen Schwarzwaldhöfe mit den charakteristischen Walmdächern bekannt.

6 Triberg

Der kleine Ort Triberg ist vor allem für seine Wasserfälle berühmt, die zu den schönsten Naturwundern Deutschlands zählen. Besonders viel Rummel herrscht zur sommerlichen Hochsaison, wenn Besucher aus aller Welt die Terrassenlokale bevölkern und in den Souvenirläden nach Kuckucksuhren und Bollenhüten Ausschau halten. Mit Skischanze, Rodelbahn, Biathlonanlage, einer Halfpipe für Snowboarder und zwei Skiliften verfügt der heilklimatische Kurort auch über eine gute Infrastruktur für Wintersportler. *www.triberg.de*

7 Furtwangen

Schon im 12. Jh. machten Mönche des Klosters St. Georgen die Talsenke der Breg urbar, in der sich heute die kleine Industriestadt Furtwangen ausbreitet. Begünstigt durch eine um 1850 gegründete Uhrmacherschule (heute Fachhochschule), avancierte der Ort im 19. Jh. zu einem Zentrum der Uhrenherstellung. Nach dem Zweiten Weltkrieg lösten feinmechanische und elektrotechnische Betriebe die Uhrenfabriken ab. Geblieben ist Furtwangen eine großartige Uhrensammlung, die bereits 1852 von Robert Gerwig (1820– 85), dem Erbauer der Schwarzwald- und Höllentalbahn, begründet wurde. *www.furtwangen.de*

8 Hinterzarten

Oberhalb des Höllentals liegt auf einem Hochplateau in 895 m einer der bekanntesten Wintersportorte Deutschlands. Die reizvolle Lage und die gute Schwarzwaldluft zogen bereits um 1850 die ersten Gäste nach Hinterzarten. Einen Boom löste 1887 die Eröffnung der Höllentalbahn aus, die zahlreiche Ausflügler vor allem aus dem nahen Freiburg in das kleine Bergdorf brachte. Heute prägen Hotels und Ferienhäuser den seit 1964 anerkannten heilklimatischen Kurort, doch durch die liebevoll gepflegte Schwarzwaldarchitektur konnte Hinterzarten seinen ländlichen Charakter bewahren. *www.hinterzarten.de*

TYPISCH

Der **Bollenhut** ist der wohl auffälligste Teil der Schwarzwälder Tracht. Er besteht aus einem Strohhut mit 14 markanten roten oder schwarzen Bollen (nur elf sind sichtbar). Die Farbe zeigt den Ehestand der Trägerin an: unverheiratete Frauen tragen rot, verheiratete schwarz. Der Hut wiegt bis zu 2 kg und wird von Hutmacherinnen in Handarbeit gefertigt.

9 Höllental

Wo es ein Himmelreich gibt, kann die Pforte zur Hölle nicht allzu weit sein. 12 km östlich der Breisgaumetropole Freiburg zieht sich oberhalb des Weilers Himmelreich das felsige Höllental zum Höllsteig die Hinterzartener Hochfläche hinauf. Steil aufragende bewaldete Talflanken und abenteuerliche Felshänge rahmen die 10 km lange ausgesprochen malerische Panoramastrecke ein. Die mit nur 20 m engste Stelle im Höllental ist der sogenannte Hirschsprung. Der Legende nach soll ein Hirsch auf der Flucht vor einem Raubtier die Passage einst übersprungen haben. Heute steht auf dem Felsvorsprung hoch über dem Parkplatz an der B31 ein viel fotografierter 2,5 m großer Bronzehirsch.

10 Freiburg im Breisgau

Freiburg ist eine der lebenswertesten Städte Deutschlands. Auf geniale Weise mischt sich kleinstädtische Atmosphäre mit großstädtischem Kulturangebot und dem weltoffenen Flair einer Universitätsstadt. Das Klima am Austritt der Dreisam aus dem Südschwarzwald ist ausgesprochen mild, die Lage im Dreiländereck verkehrsgünstig. Außerdem genießt Freiburg einen Ruf als »Ökopolis der Nation«. Blockheizkraftwerke in Hotels sind ebenso selbstverständlich wie die Solarstromanlage auf dem Dach des Hauptbahnhofs oder im Stadion des Freiburger Fußballklubs. *www.freiburg.de*

Barockes Schmuckstück am Bodenseeufer: die Wallfahrtskirche Birnau bei Unteruhldingen

WESTLICHER BODENSEE: VIER-SEEN-BLICKE, KUNST UND VIEL NATUR

1–2 Tage

Willkommen zu einer eindrucksvollen Rundreise um den westlichen Bodensee mit viel Natur und Kultur: Bezaubernde Landschaften mit erholsamen Inseln, Naturschutzgebiete und kulturelle Vielfalt laden zu eindrucksvollen Abstechern und traumhaften Aussichtspunkten ein.

Meersburg
Meersburg
145 km
ca. 4,5 Std.

ETAPPE 1
VON MEERSBURG ZUM SCHLOSS ARENENBERG

⟷ 21 km ⏱ 55 Min.

Los geht es mit der Autofähre in ① **Meersburg** rüber nach Konstanz. Dort auf der B 33 der Beschilderung »Schweiz/Zentrum« etwa 6 km folgen. Obwohl es eine EU-Außengrenze ist, wird am Grenzübergang Tägerwilen bis auf Widerruf nicht kontrolliert. Auf der 13 biegen wir in Tägermoos nach **Gottlieben** ab und genießen im Gottlieber Seecafé (Espenstr. 9) am Seerhein mit Blick auf das Wollmatinger Ried die berühmten »Gottlieber Hüppen« zu einer Melange oder Tasse Schoki. Wenige Schritte sind es am Ufer entlang zu den schönen Fachwerkhäusern von Gasthof Drachenburg und Waaghaus und zum Schloss Gottlieben (13. Jh.), wo einst Jan Hus und Papst Benedict XIII. gefangen saßen. Etwas weiter nach dem ruhigen Seeort Ermatingen führt die Straße links der 13 hinauf zum ② **Schloss Arenenberg**. Es erwartet uns eine sensationelle Aussicht über die weite Unterseelandschaft bis zu den eindrucksvollen Vulkanbergen des Hegau.

ETAPPE 2
VON SALENSTEIN NACH STEIN AM RHEIN

⟷ 18 km ⏱ 35 Min.

Von **Mannenbach-Salenstein** führt die »Seelinie 13« am Ufer des Rheinsees entlang nach Berlingen und Steckborn, wo sich das gegenüberliegende deutsche Höriufer zeigt. Gleich hinter Berlingen lockt uns direkt an der Seestraße »pipo's BAR« *(www.pipos-bar.ch)*. Das trendige Lokal mit Musik und herrlichem Seeblick lädt zum Verschnaufen ein, serviert werden Cocktails und liebevoll zubereitete Snacks. Oder mit Blick auf die Uhr vielleicht doch erst in ③ **Stein am Rhein** im bunten Trubel der vielen Gasthäuser in mittelalterlichen Altstadtgassen oder am belebten Uferkai etwas Herzhaftes kosten? In Mammern erfrischt uns im beschaulichen Seebad oder später in Eschenz im Strandbad Staad ein kurzer Sprung ins Wasser. Danach sollten wir für den Kurzbesuch der frei zugänglichen Mini-Insel ④ **Werd** unbedingt Zeit einplanen. Zuvor haben wir kurz nach Mammern die Hauptstraße Richtung Ufer in die Seestraße verlassen, die bis Stein am Rhein zum Rhiweg wird und dort rechts über die historische Rheinbrücke bei romantischen Rheinimpressionen Richtung Oehningerstraße zum freien Grenzübertritt nach Deutschland führt. Hier heißt es dann für uns: »Uf Widerluege bella Helvetia!«

EINKEHREN
Zum Rothen Ochsen
Urige Altschweizer Weinstube. # Rathauspl. 9, 8260 Stein am Rhein, Tel. +41 52/741 23 28, *www.weinstube-rotherochsen.ch*

ACHTUNG!
Zur Insel **Werd** weist rechts vom Rheinweg nur ein kleines weißes Schildchen.

ETAPPE 3
AUF DEM WEG ZU OTTO DIX UND HERMANN HESSE

⟷ 11 km ⏱ 20 Min.

Auch der Ort **Öhningen** im hinteren Teil der Höri birgt Sehenswertes wie die Blasiuskapelle in Kattenhorn (1520), ein kleines Mittelalterschloss und die Glasfenster in der Kirche St. Petrus, die der Maler Otto Dix entworfen hat. Wir fahren entlang der Steiner-, Höri-, Wangener- und Hauptstraße ins beschauliche Wangen. Unweit am Seeufer im Heimatmuseum Fischerhaus kann der Nachbau eines 6000 Jahre alten Pfahlbauhauses besichtigt werden. Auf der L 192 erreichen wir die Gemeinde ⑤ **Galenhofen** mit ihren Orten Hemmenhofen, Gaienhofen, Horn und Gundholzen. Sie dehnen sich über 10 km direkt am Seeufer aus und sind durch das milde Klima beliebte Erholungsorte. Auch hier lassen sich viele Badeseestopps einrichten. Dieser mittlere Teil der Höri wurde als Rückzugsort vieler Künstler bekannt. Hermann Hesse und Otto Dix sind in Gaienhofen zwei interessante Museen gewidmet. Für eine Einkehr ist der Biergarten im Hotel Gasthaus Hirschen in Gaienhofen-Horn zu empfehlen *(www.hotelhirschen-bodensee.de)*. Das Wellnesshotel hat sich auch als hervorragende Unterkunft einen Namen gemacht und ist daher meist komplett ausgebucht. Ein kräftiger Espresso macht uns wieder munter für die Weiterfahrt Richtung Radolfzell.

ZITIERT
Otto Dix über die Höri: »Ein schönes Paradies. Zum Kotzen schön.«

ETAPPE 4
RUND UM DEN ZELLER SEE ZUR METTNAU

⟷ 16 km ⏱ 35 Min.

Landschaftlich reizvoll und beschaulicher bewegen wir uns weiter zum vorderen Teil der Höri Richtung Iznang und Moos. Streuobstwiesen, Gemüsefelder und Schilfuferzonen dominieren das Bild entlang der Straße. Hier wächst eine sehr wohlschmeckende Zwiebelsorte – die rötliche Höri-Bülle. Ab Mitte August besteht die Möglichkeit, sie frisch getrocknet an der Landstraße L 192 am Ortseingang **Iznang** gegenüber vom Strandbad am Obst- und Gemüsestand zu kaufen. Wir halten kurz an und decken uns damit ein, da man diese Knolle am Bodensee sonst nicht so häufig findet.

Nach dem Ort Moos fahren wir weiter auf der von Pappeln gesäumten Radolfzeller Straße und durchqueren das Naturschutzgebiet Achried. Hier kündigt sich schon die Stadt ⑥ **Radolfzell** mit ihrem hohen spitzen Kirchturm an. In dem historischen Einkaufsstädtchen folgen wir der Beschilderung »Mettnau«. Der Weg führt durch die Radolfzeller Gewerbezonen, deren nüchterne Eindrücke jedoch von der friedvollen Halbinsel **Mettnau** rasch übermalt werden. Ein kurzer Fußweg durch den Park führt zum Mettnau-Turm, um einen Blick auf den Markelfinger Winkel – Rast- und Brutgebiet vieler Vogelarten – zu werfen.

ABSTECHER
Vor Radolfzell führen 13 km über die L 220 und 34 nach Singen und von dort zur **Festungsruine Hohentwiel** mit Traumblick auf den Bodensee.

ETAPPE 5
ÜBER DEN BODANRÜCK NACH BODMAN-LUDWIGSHAFEN

⟷ 54 km ⏱ 80 Min.

Zurück in Radolfzell führt uns die Radolfzeller Straße durch Markelfingen und Allensbach am Gnadensee entlang Richtung Konstanz. Beim Mindelsee in der Nähe Markelfingens befindet sich (ausgeschildert) der Wild- und Freizeitpark Allensbach. Der Ort **Allensbach** brachte es dank des Instituts für Demoskopie zu Bekanntheit. An seiner Seepromenade, der »Lände«, bietet sich uns ein fantastischer Blick auf die Kirchen

Panoramablick über die Dächer von Allensbach. Im Hintergrund erkennt man die Reichenau, die größte Insel des Bodensees

der Klosterinsel Reichenau. Wir wechseln am Ortsende auf die 33 und biegen kurz nach Hegne bei Waldsiedlung auf die L 221, um von hier über den Bodanrück nach **Ludwigshafen** an den Überlinger See zu fahren. Ein absolutes Highlight unserer Autoroute: Eiszeitlich geformte Hügel, so genannte »Drumlins«, prägen die Moränenlandschaft der Landzunge zwischen Untersee und Überlinger See. Anhöhen und Mulden, Moore und schöne Dörfer wechseln sich ab, immer wieder bieten sich einzigartige Aussichten. Auf der L 221 führt uns der Weg sodann nach Litzelstetten. Hier öffnet sich ein herrlicher Panoramablick auf den Überlinger See, die Insel Mainau und die Alpen. Ab Dettingen auf der L 220 nach Langenrain und Liggeringen führt uns der Weg hinunter nach Bodman-Ludwigshafen.

HINWEIS
Bis 2027 wird die **B 33** Radolfzell–Konstanz vierspurig, bei Hegne mit zwei Tunnels ausgebaut. Hohe Staugefahr in der Hauptferienzeit Juli–September.

ABSTECHER
Bei Waldsiedlung geht's auf der B 33 bei Pirminstraße durchs Wollmatinger Ried zur Insel **Reichenau**.

Die Basilika Birnau schmückt ein Deckenfresko der Jungfrau Maria

ETAPPE 6

BIRNAU-BLICK AUF DEN ÜBERLINGER SEE

⟷ 25 km ⏱ 30 Min.

Die letzte Etappe unserer Tour um die westliche Bodenseeregion zum Ausgangspunkt Meersburg führt auf der 31 seenah von Bodman-Ludwigshafen am Fuß der steilen Hänge des Sipplinger Bergs nach Überlingen. Wir umfahren die Gesundheits- und Gartenstadt, genießen den wunderbaren Blick auf ihre Dächer und den Überlinger See. Nach wenigen Kilometern legen wir an der ⑦ **Basilika Birnau** einen Stopp ein und erfreuen uns an der tollen Aussicht auf den See, die Garteninsel Mainau, Pfahlbauten und auf den Säntis. Wenige Autominuten weiter lassen wir Oberuhldingen der Gemeinde Uhldingen-Mühlhofen links liegen und wechseln am Ortsende auf die Bodenseestraße (E 54) nach **Unteruhldingen**. Vom P1-Parkplatz zum See sind es fußläufig nur ein paar Schritte zum Reptilienhaus und wenige Minuten zum ⑧ **Pfahlbau-Freilichtmuseum**. Weiter am Uferweg entlang erreichen wir **Meersburg**, stellen das Auto am besten gleich auf dem Parkplatz bei der Fähre ab und spazieren kurz hinauf in die Oberstadt. Von der Alten Burg oder vom Garten des Neuen Schlosses hat man einen wunderbaren Blick auf die Unterstadt und auf den weiten Obersee. Eine Einkehr in die renommierte historische Winzerstube zum Becher *(www.winzerstube-zum-becher.de)* gehört in der Region traditionell zur Abrundung eines Meersburgbesuchs dazu. Wer nicht mehr fahren muss, darf sich auch einen Schoppen »Meersburger« gönnen.

ABSTECHER
Von Uhldingen-Mühlhofen führt die Tüflinger Straße zum **Affenberg Salem** und die Hauptstraße L 201 zum **Kloster** und **Schloss Salem**.

ÜBERNACHTEN

Hirschen Horn Das Wellnesshotel ist von einer Liegewiese mit Außenpool umgeben. # Kirchgasse 3, 78343 Gaienhofen, Tel. 077 35/933 80, *www.hotelhirschen-bodensee.de*

ArtVilla am See Designerhotel auf der Halbinsel Mettnau mit Wellnessangebot. # Rebsteig 2/2, 78315 Radolfzell am Bodensee, Tel. 077 32/944 40, *www.artvilla.de*

ENTLANG DER ROUTE

❶ Meersburg

Ihre Traumlage macht die denkmalgeschützte mittelalterliche Stadt mit barocker Silhouette zu einem begehrten Urlaubs- und Ausflugsziel am Bodensee. Meersburg ist ein Bestandteil der großen touristischen Route »Deutsche Fachwerkstraße« mit der ältesten, noch privat bewohnten Burg Deutschlands, prachtvollen Schlossanlagen, malerischen Gässchen, Winkeln und wunderschönen Plätzen. Hier begegnen wir der Dichterin Annette von Droste-Hülshoff, treten in Gemäldesammlungen ein, erkunden Stadtgeschichte und Weinbau – der »Meersburger« ist ein vorzüglicher Tropfen. Im Sommer zeigt sich Meersburg recht umtriebig. Im Winter ist die Stadt verschlafen, was Kenner zu schätzen wissen. Die »Magische Säule« des Bildhauers Peter Lenk auf der Hafenmole zeigt Annette von Droste-Hülshoff und den Freiherrn Joseph von Laßberg. *www.meersburg.de*

❷ Schloss Arenenberg

Zwischen Ermatingen, Mannenbach und Salenstein liegt Schloss Arenenberg (15. Jh.). Die holländische Königin Hortense de Beauharnais, Stieftochter Napoleons I., wählte es 1817 als Exilsitz. Sie gestaltete Arenenberg nach französischem Vorbild um. Nach ihrem Tod 1837 verkaufte der jüngste Sohn Louis Napoleon das Schloss, als Kaiser Napoleon III. erwarb er es 1855 wieder zurück. Seit 1906 ist das Schloss im Besitz des Kantons Thurgau. Das darin eingerichtete Napoleonmuseum Thurgau ist Kaiser Napoleon III. gewidmet. Es präsentiert elegante Salons und Gemächer. Wunderschön gestaltete Parks und Gärten umgeben das Gebäude, in dem auch ein Bistro, ein Hotel, Tagungsräume und ein Festsaal untergebracht sind. *www.napoleonmuseum.tg.ch*

❸ Stein am Rhein

Das Mittelalterjuwel Stein am Rhein (urkundliche Erwähnung 1297) brilliert mit seinen vielen reich bemalten Fassaden, Erkern und lauschigen Winkeln in den Gassen und am Rathausplatz sowie mit Events und heiterer Geselligkeit. Das ehemalige Benediktinerklosters Sankt Georgen (ab 1007) präsentiert kunsthistorische Schätze wie Täfelungen, Schnitzwerk und Wandmalereien. Das Museum Lindwurm versetzt in die Welt um 1850 und stellt das Wohnen der Bürger und die Arbeit in der Landwirtschaft dar. *www.tourismus.steinamrhein.ch*

❹ Insel Werd

Ein Spaziergang am Rheinufer entlang (gute 30 Min.) führt von Stein am Rhein zur Insel Werd, die über eine bedeutende Vergangenheit verfügt. Erste Spuren der kleinen idyllischen Flussinsel da-

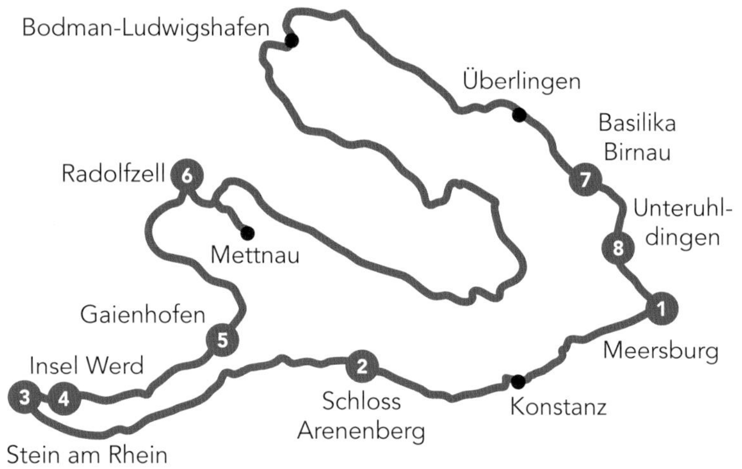

tieren in der Zeit der bronzezeitlichen Pfahlbauer. Auch die Römer siedelten hier. Die besuchenswerte Kapelle (10. Jh.) erinnert an Abt St. Otmar des Klosters St. Gallen, der 759 hierher als politischer Gefangener verbannt und hier verbrannt wurde. Ein Holzsteg führt auf die Insel. Die Wallfahrtsstätte ist kostenfrei zugänglich.

5 Gaienhofen

Die Gemeinde Gaienhofen liegt an der Spitze der Halbinsel Höri. Hier haben einst bedeutende Dichter und Maler wie Hermann Hesse, Otto Dix, Helmut Macke, Erich Heckel und Max Ackermann eine neue Heimat für ihre Familien und ihr künstlerisches Schaffen gefunden. Ein staatlich anerkannter Erholungsort in der Nachbarschaft Gaienhofens ist Öhningen. Zu entdecken sind hier das Augustiner-Chorherrenstift mit Renaissancekirche, der denkmalgeschützte untere Dorfbereich von Wangen und die aus romanischer Zeit stammende Wallfahrtskirche St. Genesius in Schienen. Originalfunde aus der prähistorischen Pfahlbauzeit zeigt das Museum Fischerhaus in Wangen. Seit 2011 stehen diese Exponate auf der Liste des UNESCO-Welterbes. *www.gaienhofen.de*

6 Radolfzell

Bischof Radolt von Verona gründete um das Jahr 826 die »Cella Ratoldium«, aus der die Stadt Radolfzell hervorging. Durch die Altstadt lässt es sich heutzutage sehr reizvoll bummeln und shoppen. Strandbäder, Bootsverleih, viele Sport- und Freizeitmöglichkeiten, Gärten, Kirchenbauten und Events machen die Stadt zu einem attraktiven und bedeutenden Ferien- und Erholungsort.

Ein Wahrzeichen der Bodenseeregion: die Meersburg

ROMANTIK

Schiff fahren gehört am Bodensee einfach dazu. Ein ganz spezielles Erlebnis ist eine **Abendfahrt**. Das letzte Kursschiff startet kurz nach 18 Uhr in Konstanz, wahlweise Richtung Überlingen oder Friedrichshafen, legt dort aber nicht an, sondern fährt im Licht der untergehenden Sonne zurück *(www.bsb.de)*.

Am Marktplatz nimmt die Skulptur »Kampf um Europa« von Peter Lenk die deutsche Europapolitik der Ära Merkel aufs Korn. Ein geführter Stadtrundgang zur interessanten Historie von vor 1200 Jahren bis heute, die von der Tourist-Information vermittelt wird, ist durchaus lohnend. *www.radolfzell-tourismus.de*

7 Basilika Birnau

Oberhalb der Mauracher Bucht liegt die Wallfahrtskirche Birnau. Sie zählt zu den Glanzpunkten barocker Kirchenbauten in Süddeutschland. Die Klosterkirche wurde in der Zeit von 1747 bis 1750 von Barockbaumeister Peter Thumb für die Reichsabtei Salem gebaut, weil die frühere Wallfahrtsstätte Alt-Birnau (seit 1222) bei Nußdorf aufgegeben wurde. Die Innenarchitektur ist prachtvoller Barockstil, reich an Fresken von Gottfried Bernhard Göz sowie opulenten Stuckaturen, Altären und Skulpturen von Joseph Anton Feuchtmayer, dessen berühmte Putte »Honigschlecker« zu sehen ist. Das Ordensgebäude der Birnau ist Bestandteil des Zisterzienserklosters Mehrerau in Vorarlberg. 1971 wurde die Kirche von Papst Paul VI. zur Basilika Minor erhoben. Unterhalb der Wallfahrtskirche liegt das barocke Schloss Maurach. Einst Wirtschaftsgebäude für das Kloster und Sommersitz der Äbte, ist es heute ein Tagungszentrum. *www.birnau.de*

8 Pfahlbaumuseum Unteruhldingen

Im Juni 2011 wurde die Pfahlbausiedlung Unteruhldingen Stollenwiesen in die UNESCO-Welterbeliste »Prähistorische Pfahlbauten um die Alpen« aufgenommen. Sie liegt im Flachwasser des Sees versunken direkt an der Ostmole des Hafens, wo man drei Siedlungsphasen mit vielen Gegenständen aus der Bronzezeit festgestellt hat. Taucharchäologen arbeiten dort, um die Funde vor dem Verfall zu bewahren. Das Pfahlbaumuseum Unteruhldingen zählt heute 23 rekonstruierte Siedlungen. Ein Rundgang durch das Freilichtmuseum eröffnet spannende Einblicke in den Alltag der Menschen in der Zeit von 4500 bis 850 v. Chr. *www.pfahlbauten.de*

Oberstaufen: sommers wie winters ein beliebtes Reiseziel im Oberallgäu

DEN BERGEN ENTGEGEN: VOM ALLGÄUER UNTERLAND BIS ZUM JOCHPASS

1–2 Tage

Die Tour beginnt abseits der üblichen touristischen Pfade im beschaulichen »Unterland« bei Memmingen und führt ausschließlich über Landstraßen durch das reizvolle, grünhügelige Voralpenland bis an den Fuß der Berge. Ein Highlight für Automobilisten ist die Fahrt über den Jochpass, Deutschlands höchstgelegene Bundesstraße. Aber auch sonst zeigt diese Route das Allgäu von seinen schönsten Seiten.

Memmingen
Füssen
170 km
ca. 4 Std.

ETAPPE 1
VON MEMMINGEN NACH BAD WURZACH

⟷ 27 km ⏱ 30 Min.

Wir verlassen die historische Altstadt ① **Memmingens** in Richtung Südwesten über die Bodenseestraße, unterqueren die A 96 und gelangen schließlich ins fruchtbare, sanft gewellte Umland, das mit den vereinzelten Gehöften und dem Ackerbau typisch für das Unterallgäu ist. Kurz vor Aitrach fahren wir über die Iller und damit gleichzeitig über die Landkreis- und Landesgrenze: Aitrach gehört bereits zum Landkreis Ravensburg in Baden-Württemberg. Ab hier fahren wir ein Stück auf der Schwäbischen Bäderstraße, die über Bad Wurzach hinaus weiter in Richtung Bad Waldsee führt. Die Straße windet sich über einen bewaldeten Höhenrücken und führt anschließend durch eine dünn besiedelte Landschaft mit Mischwald bis ins Moorheilbad ② **Bad Wurzach**. Hier können wir die entzückende Rokokokapelle im ehemaligen Kloster Maria Rosengarten besichtigen, den zauberhaften Film über das Wurzacher Ried in der Ausstellung »Moor extrem« ansehen, durch den Kurpark schlendern und einen echt italienischen Cappuccino im Eiscafé Aldo *(eis-aldo.de)* genießen, bevor wir uns wieder auf den Weg machen.

ABSTECHER
Ein lohnender Spaziergang ist der Lehrpfad **»Auf den Spuren der Torfstecher«** am Ortsrand von Bad Wurzach, für den man ca. 45 Min. einplanen sollte.

ETAPPE 2
VON BAD WURZACH NACH WANGEN

⟷ 31 km ⏱ 45 Min.

Von Bad Wurzach aus folgen wir der B 465 in Richtung Leutkirch, bevor wir nach etwa 4 km auf die L 265 in Richtung Kißlegg abbiegen. Ab hier wird die Landschaft etwas hügeliger, es gibt kaum noch Ackerbau und wenig Wald; besonders im Herbst weidet auf dem Grünland das typische Allgäuer Braunvieh. Nach rund 20 Minuten Fahrzeit erreichen wir den Ortseingang von ③ **Kißlegg**. Links liegt der Obersee mit seinem Strandbad, das im Sommer zur Abkühlung einlädt. Ein Muss für Barockfans ist die Kirche St. Gallus und Ulrich mit ihrem Gold- und Silberdekor. Weiter fahren wir in Richtung Süden und A 96. Das Hügelland wird nun offener und weiter, zur Linken liegt das Arrisrieder Moor mit seinem ökologisch wertvollen Artenreichtum. An der A 96 angelangt, fahren wir nicht auf die Autobahn, sondern folgen der L 320 bis nach ④ **Wangen** mit seiner historischen Altstadt. Eine deftige Stärkung zur Mittagszeit verspricht eine Portion Leberkäs im traditionsreichen Fidelisbäck.

PARKEN
In **Wangen** folgt man dem Parkleitsystem. Vom kostenlosen Parkplatz P14 an der Gallusbrücke sind es nur ein paar Minuten zu Fuß bis ins Zentrum.

ETAPPE 3
VON WANGEN NACH OBERSTAUFEN

⟷ 33 km ⏱ 45 Min.

Wir verlassen Wangen in Richtung Süden auf der B 32, queren kurz darauf die Landesgrenze nach Bayern und kommen in den Landkreis Lindau. Ab Lindenberg befinden wir uns dann bis zum Ende der Traumstraße auf der Deutschen Alpenstraße. Zunächst aber fahren wir durch das liebliche Hügelland mit seinen charakteristischen geschindelten Höfen und hübschen Dörfern. Nach Hergatz erreichen wir Wigratzbad, einen bekannten Wallfahrtsort, in dem die Gottesmutter Maria als »Unbefleckt empfangene Mutter vom Sieg« verehrt wird. Weiter geht es in Richtung **Lindenberg**, das wir durchqueren, um danach links auf die B 308 abzubiegen. Hier haben wir einen spektakulären Blick auf die Nagelfluhkette. Die Straße schlängelt sich gemütlich weiter bis Simmerberg, wo wir den Allgäuer Fahnenwald passieren und danach einen Höhenzug erklimmen, an dessen Hangkante das Paradies liegt.
Danach sind es nur noch ein paar Minuten Fahrzeit bis Oberstaufen. Einen gemütlichen Rundgang durch den beliebten Ferienort sollten wir uns unbedingt gönnen. ⑤ **Oberstaufen** liegt wunderschön inmitten der Berge und schafft es auf einzigartige Weise, seinen ursprünglichen Charakter als Bergdorf zu bewahren und gleichzeitig eine Destination für gehobenes Shoppen und Einkehren zu sein. Die schicken Boutiquen ziehen viele Kundinnen

AUSSICHT
Vom Parkplatz auf dem **Paradies** hat man eine fantastische Aussicht auf die Alpen und die Möglichkeit zu einem kleinen Boxenstopp *(www.berghof-am-paradies.de).*

aus dem weiteren Umkreis und sogar aus der benachbarten Schweiz an. Eine Kaffeepause im Blauen Haus, einer Kombination aus Café, Interior- und Buchladen, verbindet den Genuss mit anregendem Einkaufserlebnis.

ETAPPE 4
VON OBERSTAUFEN NACH BAD HINDELANG

⟷ 33 km ⏱ 45 Min.

Von Oberstaufen fahren wir wieder zurück auf die B 308 und weiter nach Osten durch das malerische Konstanzer Tal, das seinen Namen von der Konstanzer Ach hat, dem Flüsschen, das es durchzieht. Zur Linken sehen wir die Salmaser Höhe mit ihren zahlreichen Wanderwegen, rechts kommt alsbald die Alpsee Bergwelt in Sicht, danach der Große Alpsee, an dessen Südufer die Straße entlangführt, bis wir ⑥ **Immenstadt** erreichen und durchqueren. Nach Immenstadt fahren wir ein kurzes Stück auf der B 19 nach Süden. Zur Linken erhebt sich mächtig der Grünten, der »Wächter des Allgäus«. Wenn nicht gerade Wolken sein Haupt verhüllen, können wir den weiß-roten Sendemast unweit des Gipfels erkennen und etwas unterhalb das Grüntenhaus. Nach vorne haben wir einen prächtigen Blick auf die Allgäuer Hochalpen. Die Ausfahrt in Richtung Bad Hindelang führt uns auf der B 308 durch das Ostrachtal. Vor uns ragt breit und massiv der Iseler auf, der als Hausberg von Bad Hindelang und Oberjoch gilt. Wir passieren das Dorf Vorderhindelang und parken in ⑦ **Bad Hindelang** links am Busbahnhof. Bei einem Rundgang durchs Dorf atmen wir tief die reine Bergluft ein, die den Luftkurort auszeichnet. Wenn wir in den Ortsteil Oberdorf spazieren, sollten wir die kleine Kirche Unsere Liebe Frau im Ostrachtal aufsuchen, die unter ihrem unscheinbaren Dach wahre Kunstschätze birgt. Von dort ist es nicht mehr weit bis zum kleinen Heimatmuseum und der Schaukäserei Obere Mühle.

ALTERNATIVE
Alternativ kann man von Oberstaufen über Hittisau und den Riedbergpass nach Sonthofen fahren – eine Strecke voll alpinem Fahrspaß.

ETAPPE 5
VON BAD HINDELANG NACH FÜSSEN

⟷ 46 km ⏱ 75 Min.

Von Bad Hindelang nach Oberjoch führt die **Jochstraße** (B 308) über den Jochpass – eine Strecke, die zu Recht berühmt ist. Dort findet alljährlich am ersten Oktoberwochenende das »Jochpass Memorial« statt, eine traditionsreiche Oldtimer Rally, die erstmals im Jahr 1923 gefahren wurde. In engen, steilen Serpentinen schraubt sich die Straße zum Pass empor und gibt immer wieder neue, atemberaubende Ausblicke auf Bad Hindelang und die umgebende Bergwelt frei. Den Ausblick können allerdings eher die Beifahrer genießen, die Person am Steuer benötigt ihre Konzentration für die Straße, auf der sich auch Motorradfahrer und Radler bergan schrauben bzw. hinunterflitzen. Ab Oberjoch erwartet uns die Fahrt durch ein malerisches Hochtal inmitten der alpinen Bergwelt. Rechts vor uns kommt der Sorgschrofen mit seinem schroffen Gipfel in Sicht, unzählige Wanderwege führen die Bergflanken der Umgebung hinauf. Sobald wir den Ort Unterjoch (zu Rechten) passiert haben, erhebt sich in Ihrem Blickfeld die **Reuterwanne**, die von hier aus wie ein riesiger grüner Hügel aussieht. In sanften Windungen führt

Bootshäuser in Bühl am Großen Alpsee bei Immenstadt

In schier endlosen Serpentinen schraubt sich die Jochstraße auf 2207 m Höhe hinauf – ein Eldorado für Motorradfahrer

die Straße hinab in Richtung Wertach. Zuvor passieren wir die Abzweigung nach Jungholz, der Tiroler Enklave im Allgäu. Vor Wertach biegen wir nach rechts Richtung Nesselwang ab und fahren am Grüntensee entlang; kurz danach überqueren wir die unsichtbare Grenze zum Ostallgäu. Die Straße führt hinunter nach ⑧ **Nesselwang**, das in einem kleinen Talkessel liegt, und von dort aus weiter in Richtung Pfronten. Nach dem Ortsende haben wir immer wieder einen prächtigen Blick auf den Falkenstein mit seiner romantischen Burgruine, die einst schon König Ludwig II. bezaubert hat. Zur Linken sehen wir die bewaldeten Zwillingshügel, auf denen die Burgruinen Eisenberg und Hohenfreyberg zu erkennen sind. Wir folgen der Deutschen Alpenstraße nach Füssen. Sobald wir den Falkenstein hinter uns gelassen haben, schiebt sich der Säuling mit seiner charakteristischen Helmform in den Blick – ein untrügliches Zeichen, dass wir uns ⑨ **Füssen** und der Lieblingsgegend des bayerischen Märchenkönigs nähern. Zunächst aber kommt der Weißensee am Fuße der Berge in Sicht, in der Ferne erhebt sich das Füssener Stadtschloss. Bald sehen wir zur Rechten einen Gewerbepark mit dem FOC Füssen, das fur seine große Auswahl an Outdoor- und Sportartikeln bekannt ist *(www.fuessen-outlet-center.de)*. Nun sind es nur noch ein paar Minuten, bis wir Füssen und damit das Ende der Traumstraße erreicht haben. Der Anfang unseres Aufenthalts in der Traumwelt des Märchenkönigs Ludwig II. liegt aber noch vor uns.

STOPP
Gönnen Sie sich einen Stopp an der **Kanzelhütte** gleich oben am Jochpass – die Aussicht auf das Ostrachtal und die Jochstraße ist wirklich sagenhaft!

ABSTECHER
Zwischen dem Weißensee und Füssen liegt versteckt in den Bergen der idyllische **Alatsee**, der zu einem Besuch einlädt.

ÜBERNACHTEN
Hotel Mohren-Post Das Traditionshaus liegt im Herzen von Wangen. # Herrenstr. 27, 88239 Wangen im Allgäu, Tel. 07522/ 978949, *www.hotel-mohren-post.de*

Panoramahotel Oberjoch Komfort auf 1200 m Höhe. # Paßstr. 41, 87541 Bad Hindelang, Tel. 08324/9333-0, *www.panoramahotel-oberjoch.de*

ENTLANG DER ROUTE

1 Memmingen

Während der Blütezeit der Freien Reichsstadt im 14. bis 16. Jh. pflegten Memminger Kaufleute Handelsbeziehungen bis nach Indien und Venezuela. Der Niedergang der Stadt kam mit dem Dreißigjährigen Krieg (1618–1648), denn die Versorgung der durchziehenden Landsknechte zerrüttete die Wirtschaft. Fünf Monate hielt sich allein der katholische Feldherr Albrecht von Wallenstein 1630 mit seinen Truppen in der Stadt auf. Heute präsentiert sich das kreisfreie Memmingen (43 000 Einw.) mit seinen Gewerbegebieten und der hübschen mittelalterlichen Altstadt als urbanes Zentrum des Unterallgäus. *www.memmingen.de*

2 Bad Wurzach

Beschaulich plätschert die Wurzacher Ach durch das Städtchen (14 400 Einw.). Sie entwässert das Wurzacher Ried, das mit 1812 ha größte zusammenhängende Hochmoor Mitteleuropas. Von der Mitte des 18. Jh. bis in die 1960er-Jahre hinein wurde hier Torf gestochen, später lieferte das Moor noch Heilschlamm für medizinische Zwecke. 1936 wurde die therapeutische Wirkung des »schwarzen Goldes« offiziell anerkannt, das 1333 zur Stadt erhobene Wurzach darf sich seither »Bad« nennen. Auf dem Bad Wurzacher Gottesberg im Südosten der Stadt wurde 1709 vom Allgäuer Baumeister Johann Georg Fischer eine Wallfahrtskirche zu Ehren der hier aufbewahrten Heilig-Blut-Reliquie errichtet. *www.bad-wurzach.de*

3 Kißlegg

Kißlegg (8700 Einw.) mit seiner ländlich grünen Umgebung zieht nicht nur Aktivurlauber an, inmitten seiner beschaulichen Puppenstubendörflichkeit beherbergt der Ort auch Kunstschätze ersten Ranges. Zwei Schlösser bewachen die Ortsdurchfahrt von Kißlegg. Während sich das burgähnliche Alte Schloss am Zellersee in Privatbesitz befindet und deshalb nicht öffentlich zugänglich ist, lohnt das Neue Schloss einen Besuch. *www.kisslegg.de*

4 Wangen

Den häufig zitierten Spruch »In Wangen bleibt man hangen« verstehen die Wangener zu Recht als Anerkennung ihrer schmucken Heimatstadt. Die heutige historische Altstadt entstand größtenteils beim Wiederaufbau nach dem Stadtbrand von 1539. Nach dem Feuer begann auch die eigentliche Blütezeit Wangens: Fernhandel, Leinenherstellung und die Schmiedekunst sorgten für den Wohlstand der Bürger. Mit dem Niedergang des Leinwandhandels nach dem Dreißigjährigen Krieg wurde es stiller um den einst so bedeutenden Ort. Heute herrscht in den mittelalterlichen Gassen der Altstadt wieder geschäftiges Treiben. Zugleich kann sie mit verträumten Winkeln aufwarten, mit munter plätschernden Brunnen und hübschen kleinen Plätzen. *www.wangen.de*

5 Oberstaufen

Dörfliche Beschaulichkeit darf man in Oberstaufen und den Ortsteilen Aach, Steibis und Thalkirchdorf nicht erwarten, dafür ist die Marktgemeinde mit ihren 7600 Einwohnern bei Urlaubsgästen zu beliebt. Viel trägt dazu die Schrothkur bei, bis heute ist Oberstaufen Deutschlands einziger anerkannter Schrothkurort. *www.oberstaufen.de*

6 Immenstadt

Immenstadt (14 200 Einw.) erstreckt sich von der Iller nach Westen in das breitere Tal des Kleinen und Großen Alpsees hinein. Allzu hoch sind die umliegenden Gipfel nicht, der Hausberg Mittag im Süden erreicht gerade 1451 m. Einst war »Ymmenstatt« die Residenz der Textilindustrie, wovon noch heute zahlreiche Fabrikantenvillen zeugen. Im Ortsteil Bühl am Alpsee liegt das Alpseehaus, das neben der Tourist-Info ein kleines Café und das Naturerlebniszentrum Allgäu sowie die Geschäftsstelle des Naturparks Nagelfluhkette beherbergt. *www.stadt-immenstadt.de*

7 Bad Hindelang

Ganze 20 Zweitausender laden rings um Bad Hindelang zum Bergsteigen und -wandern ein, der höchste ist mit 2593 m der Hochvogel. Das Bäderwesen begründete im 19. Jh. eine Heilquelle im Ortsteil Bad Oberdorf. Heute kommen auch zahlreiche Allergiker nach Bad Hindelang, wo sie in der sauberen und pollenarmen Luft einmal richtig durchschnaufen können. Im geruhsamen Hauptort Hindelang finden sich nette Geschäfte, Cafés und Restaurants. Im Tal der Ostrach im Südosten liegt der Ortsteil Hinterstein, wo sich schon der bayerische Prinzregent Luitpold gerne aufhielt. Auch die über 1000 m hoch gelegenen Dörfer Oberjoch und Unterjoch gehören zur Gemeinde. Hinauf führt die B310 über den Jochpass, eine kurvenreiche Panoramastraße, die sich vor allem bei Motorrad- und Cabriofahrern großer Beliebtheit erfreut. *www.badhindelang.de*

8 Nesselwang

Der beliebte Luftkurort (3500 Einw.), eingebettet in die wunderschöne Voralpenlandschaft und überragt von den Hausbergen Alpspitz und Edelsberg, nahm bereits früh im 19. Jh. durch den Fremdenverkehr einen beachtlichen Aufschwung. Seitdem zieht das breit gefächerte Freizeitangebot von Angeln und Baden bis Skifahren und Wandern sommers wie winters zahlreiche Urlauber in den Marktflecken. *www.nesselwang.de*

Durch das Wurzacher Ried bei Bad Wurzach führt ein Moorrundweg

9 Füssen

Begonnen hatte alles mit einem kleinen römischen Kastell (»Foetibus«), das an der Via Claudia Augusta, einer der wichtigsten Römerstraßen, ab dem 1. Jh. den Nachschub für die römischen Truppen im Norden sichern sollte. Dass sich lange nach Abzug der Römer die Stadt »Fuezzen« entwickelte, liegt am Benediktinermönch Magnus, der sich 725 hier niederließ. Aus seiner Zelle entstand später das Kloster St. Mang. Kaiser Maximilian I. (1459–1519) gefiel die Stadt am Lech so gut, dass er sie fast 40-Mal besuchte. In Erinnerung daran finden in Füssen jedes Jahr historische Festumzüge statt, die die Zeit der Renaissance wieder aufleben lassen. Die Anwesenheit von Kaiser und Hofstaat förderte Kunst und Kultur enorm. So wurde in Füssen im Jahr 1562 die erste Lautenmacherzunft Europas gegründet, die im 17. und 18. Jh. ihre Instrumente in die ganze Welt lieferte. Heute herrscht im Städtchen (15 500 Einw.) ein reges touristisches Treiben. *www.fuessen.de*

AUSFLUG

Neuschwanstein, das Märchenschloss Ludwigs II. (1845–1886) ist Inbegriff deutscher Burgenromantik – und dabei gar nicht vollendet! Zu sehen sind nach 17-jähriger Bauzeit (1869–1886) u. a. die Schlossküche, der einer byzantinischen Kirche nachempfundene Thronsaal, mit Sagenmotiven ausgemalte Wohnräume, davon einer mit künstlicher Tropfsteinhöhle, sowie der Sängersaal *(www.neuschwanstein.de).*

Absolut sehenswert: das spektakulär gelegene Alte Rathaus von Bamberg

ROMANTISCHES FRANKEN: VON NÜRNBERG ÜBER BAMBERG NACH BAYREUTH

2 Tage

Unsere zweitägige Tour führt von Nürnberg über Bamberg nach Bayreuth, erst entlang und dann mitten hinein in die Fränkische Schweiz. Auf schmalen, teilweise kurvenreichen und steilen Straßen geht es in der hügeligen Landschaft in geruhsamem Tempo durch Wälder und Täler. Auf der Strecke entdeckt man idyllische Dörfer, hübsche kleine Städte, beeindruckende Felsformationen, mächtige Burgen und eine spektakuläre Natur, die den Alltag vergessen lässt und viel Raum für Outdoor-Aktivitäten bietet.

Nürnberg
Bayreuth
192 km
ca. 4,5 Std.

ETAPPE 1
VON NÜRNBERG NACH FORCHHEIM

⟷ 37 km ⏱ 60 Min.

Wir starten unsere Tour im Herzen der mittelalterlichen Altstadt ① **Nürnbergs** auf der Bundesstraße B 4 Richtung Erlangen. Bald biegen wir auf die Tennenloher Straße ab, die am Waldrand weiter nach Norden führt. Im mittelfränkischen Marloffstein wird es hügelig: Wanderer freuen sich auf markierte Wanderwege rund um die Marloffsteiner Höhe. Auf der St 2242 erreicht man **Effeltrich** auf knapp 300 m Höhe am Fuße des sagenumwobenen Hetzleser Bergs: Wir befinden uns in Oberfranken am westlichen Rande der Fränkischen Schweiz. Auf dem Dorfplatz steht die jahrhundertealte Tanzlinde, die früher als Versammlungs- und Gerichtsort, später als Fest- und Tanzplatz diente. In Pinzberg bieten sich das Fachwerkgebäude »Alte Schmiede« von 1685 und der Wegbrunnen als schöne Fotomotive an. Auf der St 2243 geht es nun weiter Richtung ② **Forchheim**, wo in der Fußgängerzone ein künstlich angelegter Wasserlauf plätschert. Das Rathaus beeindruckt mit seinem Fachwerk von 1402 sowie geschnitzten Figuren und Gestalten von seltener Schönheit. Daneben vervollständigt das »Frechshaus« das malerische Häuserensemble des Rathausplatzes.

ABSTECHER
Von Pinzberg führt ein Weg zur **Burg Egloffstein** (16 km), einer Spornburg mit schönem Ausblick auf das Trubachtal *(www.burg eg loffstein.de)*.

Albrecht Dürers Wohnhaus in der Nürnberger Altstadt (rechts)

ETAPPE 2
VON FORCHHEIM NACH BAMBERG

⟷ 40 km ⏱ 55 Min.

Wir verlassen Forchheim, das wegen des sommerlichen Anna-Fests und seines idyllischen Weihnachtsmarkts in ganz Franken bekannt ist, und fahren auf dem Fürstenweg (FO17) Richtung Rettern. Die Straße schlängelt sich hier durch eine sanfte, von pittoresken Fachwerkhäusern geprägte Landschaft bis nach **Eggolsheim**. Durch die Stadt am Rand der Fränkischen Schweiz, wo der Mathematiker und Erfinder von Astrolabien und Taschensonnenuhren Georg Hartmann geboren wurde, fließt der kleine Eggerbach. An der Hauptstraße reihen sich hübsche Häuser aneinander. Weiter geht es Richtung **Buttenheim**, wo ein Besuch des Geburtshauses von Levi Strauss für Modebegeisterte empfehlenswert ist *(www.levi-strauss-museum.de)*. Über Friesen, Wernsdorf und Geisfeld führt die vom Radweg flankierte Straße weiter durch eine hügelige Landschaft mit Obstbäumen und gepflegten Feldern, die an die südliche Toskana erinnert. In **Litzendorf** lohnt die Pfarrkirche St. Wenzeslaus mit ihren prunkvollen, reich vergoldeten drei Altären (1720–1723) einen Besuch. Auf der St 2281 erreichen wir die romantische Altstadt von ③ **Bamberg**, Weltkulturerbe seit 1993 *(www.welterbe.bamberg.de)*, wo das alte Rathaus mit seinen plastischen Fresken auf einer künstlichen Insel mitten im Fluss Regnitz steht. In Bamberg lassen wir den ersten Ausflugstag bei einem typischen Rauchbier genussvoll ausklingen.

EINKEHREN
Der Brauerei-Gasthof **Pfister** bietet gute fränkische Küche und Biere aus eigener Brauerei. # Eggerbachstr. 22, 91330 Eggolsheim, Tel. 095 45/ 942 60, *www.pfister-weigelshofen.de*

ZU FUSS
Wanderer gönnen sich eine Pause im **Gasthof Pfister** auf einer 4,5 km langen Wanderung von Weigelshofen bis zum Schwarzen Keller im Wald und zurück.

ETAPPE 3
VON BAMBERG NACH HOLLFELD

↔ 40 km ⏱ 50 Min.

Nach dem Frühstück mit einem schmackhaften Bamberger Hörnla fahren wir auf der Memmelsdorfer Straße zum märchenhaften **Schloss Seehof** *(www.schloesser.bayern.de)*. Eine grüne Oase bietet die prächtige Sommerresidenz **Marquardsburg** mit Barockgarten, mehrere Jahrhunderte alten Hainbuchenhecken, Lindensälen und großer Kaskade mit Wasserspielen. Auf der St 2190 gelangt man nach **Scheßlitz**, dessen Stadtzentrum mit reichem Fachwerk und barocken Gebäuden ein echter Hingucker ist. Die B 22 führt über Würgau nach Steinfeld entlang der Wiesent durch dichte Wälder. Hier beginnt das lange und pittoreske **Wiesenttal** mit seiner dramatischen, den Dolomiten ähnlichen Felsenlandschaft, in der Burgen und Burgruinen auf Felsenkegeln thronen und Kletterer ihr Eldorado finden. Südlich von Steinfeld verweist ein Schild auf die Karstquelle des Flusses Wiesent. Immer enger wird das Tal, wo man schon von Weitem den aufragenden Turm mit spitzem Dach des **Schlosses Wiesentfels** (Sonntagsführungen ab Pfingsten bis Sept. 14 und 15 Uhr) erkennt. Die kleine Stadt **Hollfeld** auf einer Hochfläche gilt als nördliches Eingangstor in die Fränkische Schweiz. Hier ist auch der Fränkische Theatersommer *(www.theatersommer.de)* beheimatet. Der mittelalterliche Ziehbrunnen auf dem Marienplatz mit giebelgeschmückten Häusern wird in der Osterzeit reich verziert.

ABSTECHER
Von Hollfeld aus sind mehrere Kletterfelsen zu erreichen, wie die **Neidensteiner Wand** oder die **Eiserne Jungfrau** bei Freienfels *(www.frankenjura.com/klettern/region/14)*.

ETAPPE 4
VON HOLLFELD NACH GÖSSWEINSTEIN

↔ 37 km ⏱ 45 Min.

Wir biegen auf die St 2189 Richtung **Aufseß** ab, das an der Burgenstraße *(www.burgenstrasse.de)* und der Bierstraße *(www.bierstrasse-franken.de)* liegt. Die Stadt ist Weltrekordhalter für die größte Brauereidichte nach Einwohnern weltweit und rühmt sich zweier Schlösser. Vom Schloss Unteraufseß aus (Führungen nach Vereinbarung: Tel. 091 98/99 82 17) erreicht man auf einem nur 2 km langen Wanderweg das Schloss Oberaufseß. Über Hochstahl fahren wir weiter durch schattige Wälder und kurz vor Nankendorf wieder auf der St 2191 an der Wisent entlang nach **Waischenfeld**. Im malerischen Stadtkern begrüßen uns schöne Häuser in altfränkischer Bauweise, ein gemütlicher

Anmutig schlängelt sich die Wiesent durch den Naturpark Fränkische Schweiz

Die Basilika von Gößweinstein zieht jährlich zehntausende Pilger an

Spaziergang am Ufer bietet sich an. Grüne Felder bis zum Wasser und mit Blumen verzierte Felsenhänge wechseln sich hier ab. Der »Steinerne Beutel«, ein auf einem Fels stehender Turm, ist das Wahrzeichen der Stadt. Bevor es weitergeht, lassen wir uns ein typisches Gebäck namens Urrädla schmecken. Beeindruckende Burgen auf hohen Felsen, wie ④ **Burg Rabeneck** *(www.burg-rabeneck.com)*, prägen die wunderschöne Landschaft, während an der Wiesent entlang auch Kajakliebhaber auf ihre Kosten kommen *(www.leinen-los.de)*.

Die Straße nach ⑤ **Gößweinstein** wird steiler. Im Zentrum der Stadt auf 500 m Höhe, die von schönem Fachwerk geschmückt wird, ragt die monumentale Wallfahrtskirche zur Heiligsten Dreifaltigkeit aus gelbem Sandstein gen Himmel. Steil geht es auch zu Fuß bis zur Burg Gößweinstein *(www.burg-goessweinstein.de)*, wo man einen herrlichen Ausblick hat.

EINKEHREN

Beim **Gasthaus Polster** genießt man fränkische Spezialitäten wie Sauerbraten mit Semmelterrine und Blaukraut. # Hubenberg 22, 91344 Waischenfeld, Tel. 09202/244, *www.gasthauspolster.de*

ABSTECHER

Die Führung vom Kastellan im mächtigen **Schloss Greifenstein** versetzt jeden in die Vergangenheit zurück. Nur 5 km von Aufseß entfernt. *(www.schloss-greifenstein.de)*.

ETAPPE 5
VON GÖSSWEINSTEIN NACH BAYREUTH

⟷ 38 km ⏱ 45 Min.

In Gößweinstein nehmen wir die St 2685, die steil aufwärts bis zum **Erlebnisfelsen Pottenstein** *(www.sommerrodelbahnen-pottenstein.de)* führt. Ein 130 m langer Aussichtssteg mit semitransparentem Boden bietet hier ein grandioses Panorama auf das Püttlachtal: Von oben sieht man die kleine, in die Millionen Jahre alte Felsenlandschaft eingebettete Stadt ⑥ **Pottenstein**. Nach Pottenstein führt die Straße Am Langen Berg abwärts, wo sie die Bundesstraße 470 kreuzt. Gegenüber thront die 1000 Jahre alte **Burg Pottenstein** in faszinierender Lage auf den Felsen *(www.burgpottenstein.de)*. Fantastisch geformte Felsformationen erlebt man hier überall, beim Wandern, Klettern, Radeln, im Felsenbad – aber auch unterirdisch in der ⑦ **Teufelshöhle** *(www.pottenstein.de/startseite-teufelshoehle)*. Romantisch wirkt das kleine Stadtzentrum mit seinen alten Fachwerkhäusern. Weiter geht es auf der St 2163 mitten im Wald. Wir biegen auf die St 2185 ab, und über Adlitz, Glashütten und Mistelgau erreichen wir **Mistelbach** am Rand der Fränkischen Schweiz. In der Dorfmitte bietet die St. Bartholomäuskirche mit zwei bebilderten Emporen und der prächtig bemalten Decke einen kleinen Vorgeschmack auf den Innenraum des Markgräflichen Opernhauses in der UNESCO-Stadt ⑧ **Bayreuth**, wo wir auf der St 2163 und dann auf der B 22 nach nur 7 km ankommen.

ABSTECHER

Nimmt man in Behringersmühle die B 470 nach Pottenstein, passiert man das bezaubernde Felsendorf **Tüchersfeld**, wo hohe Dolomitenfelsen wie Türme aufragen.

ÜBERNACHTEN

Hotel Wohnbar Entspannte Atmosphäre im kleinen, geschmackvoll eingerichteten Haus in der Altstadt. # Stangsstr. 3, 96047 Bamberg, Tel. 0951/50998844, *www.wohnbar-bamberg.de*

Brauerei Spezial Schlichte, gemütliche 15 Zimmer nahe an der Fußgängerzone, gute fränkische Hausmannskost und Rauchbier aus eigener Rauchmalzherstellung seit 1536. # Obere Königstr. 10, 96052 Bamberg, Tel. 0951/24304, *www.brauerei-spezial.de*

ENTLANG DER ROUTE

❶ Nürnberg

Lebkuchen und Bratwürste tragen ihren Namen, die hiesige Spielwarenmesse und der Christkindlesmarkt sind legendär. Nürnberg, Frankens heimliche Hauptstadt, gilt als eine der 25 Städte weltweit mit der besten Lebensqualität. Dazu tragen sicher die zahlreichen Grünflächen, die Wasserader Pegnitz, die von der Burg überragte schöne Altstadt und ein reichhaltiges kulturelles Angebot bei. Günstig am Schnittpunkt großer Fernhandelsstraßen gelegen, kamen im Mittelalter Geld und Ideen hierher; Patriziat, Handwerk und Künste gingen eine einmalige Symbiose ein. Künstler wie Albrecht Dürer, Veit Stoß und Adam Kraft oder Wissenschaftler wie Peter Henlein und Martin Behaim legten Grundlagen zum neuen Verständnis der Welt. Spuren ihres Wirkens prägen nach wie vor die Stadt. Dass gut 90% Nürnbergs im Zweiten Weltkrieg zerstört war, erkennt man nicht auf den ersten Blick – viele historische Gebäude wurden wiedererrichtet. *www.nuernberg.de*

❷ Forchheim

Die 1350–1400 erbaute Kaiserpfalz in Forchheim war eigentlich ein Schloss der Bamberger Bischöfe. Den Titel übernahm sie von einer Pfalz Karls des Großen, die sich einst im Ort befand. Bekannt ist die Kaiserpfalz für ihre Wandgemälde aus dem 14. Jh. Ferner beherbergt sie das Pfalzmuseum, das unter seinem Dach das Archäologie-Museum Oberfranken, das Stadt- und das Trachtenmuseum vereint. Östlich von Forchheim erhebt sich der 532 m hohe Tafelberg Ehrenbürg, der bei Drachenfliegern und Ausflüglern beliebt ist. *www.forchheim.de*

❸ Bamberg

Keine Frage, das 902 erstmals urkundlich erwähnte Bamberg (72 000 Einw.) hat Charme. Die oberfränkische Universitätsstadt wuchs von einer kleinen Insel auf der Regnitz hinauf zum Berg, auf dem einst die namensgebende Badenberger Burg stand. Seit dem Jahr 1007 ist sie Bischofssitz und besitzt rund zehn überregional bedeutende Brauereien – und damit eine der höchsten Brauereidichten weltweit. Die denkmalgeschützte Altstadt, bestehend aus Bergstadt, Inselstadt und Gärtnerstadt, ist UNESCO-Weltkulturerbe, ebenso der Dom St. Peter und Georg. Er gehört zu den Kaiserdomen und ist das beherrschende Bauwerk der Altstadt. In seinem Inneren befindet sich der Bamberger Reiter, und die Gräber des Kaiserpaares Heinrich II. und Kunigunde sowie von Papst Clemens II. *www.bamberg.info*

❹ Burg Rabeneck

Hoch über der Rabenecker Mühle im Wiesenttal zwischen Waischenfeld und Doos türmen sich auf wild zerklüfteten Felsen die Mauern der Burg Rabeneck empor. Besonders kühn zeigt sich die Schlosskapelle auf einem überhängenden Felsen. Vermutlich wurde das Felsennest als Tochterburg von Rabenstein aus erbaut und stammt aus der ersten Hälfte des 13. Jh. *www.burg-rabeneck.com*

5 Gößweinstein

Ein guter Ausgangspunkt für Touren ist Markt Gößweinstein, das schon der bayerische König Ludwig I., Prinzregent Luitpold und der Komponist Richard Wagner als besonders pittoresk schätzten. Weithin sichtbar sind die Doppeltürme der barocken Wallfahrtskirche (1730–39 von Balthasar Neumann erbaut). Ihr angegliedert ist ein Museum. Über dem Luftkurort wacht die mächtige, im 11. Jh. errichtete Burg Gößweinstein. *www.goessweinstein.de*

6 Pottenstein

Ein Bilderbuchmotiv bietet dieser Ort: Dicht aneinander gedrängte Fachwerkhäuser werden dominiert von einer tausendjährigen Burg, der ältesten der Fränkischen Schweiz. In dieser fand die hl. Elisabeth von Thüringen (1207–1231) nach dem Tod ihres Mannes 1228 Zuflucht. *www.pottenstein.de*

7 Teufelshöhle

Die auf 1,5 km erschlossene, gut ausgeleuchtete und einfach begehbare Teufelshöhle Pottenstein beeindruckt mit gewaltigen Stalaktiten und Stalakmiten sowie dem Skelett eines Höhlenbären. Die Liegestühle in der Höhle gehören zu einer Therapiestation, die in der fast staubfreien Luft Linderung bei Atembeschwerden verspricht (Späleotherapie). *www.teufelshoehle.de*

8 Bayreuth

In aller Welt kennt man den Namen des einstigen markgräflichen Residenzstädtchens am Roten Main. Seine Berühmtheit verdankt das 1231 erstmals urkundlich erwähnte Bayreuth (71 600 Einw.) vor allem dem Komponisten Richard Wagner (1813–1883). Er ließ sich 1872 hier nieder, weil er annahm, ›in der Provinz‹ würde ihn nichts von seiner Musik ablenken. Sein Bewunderer König Ludwig II. finanzierte noch im selben Jahr den Bau des Festspielhauses auf dem ›Grünen Hügel‹ im Norden der Stadt. Bayreuth wurde maßgeblich durch Margraf Georg Wilhelm und Markgräfin Wilhelmine, Lieblingsschwester Friedrichs des Großen, ausgebaut. So entstanden in der Innenstadt das Neue Schloss (1753), das Markgräfliche Opernhaus (1744–1748) und etwas außerhalb im Ortsteil St. Johannis der Aus- und Umbau der Eremitage (ab 1715), einer Parkanlage mit Sommerschloss, Wasserspielen und einem Sonnentempel. *www.bayreuth.de*

Blumenwiese vor dem Sonnentempel der Bayreuther Eremitage

WUSSTEN SIE …?

Die erste deutsche **Eisenbahn** verkehrte am 7. Dezember 1835 zwischen Nürnberg und Fürth. Allerdings fuhren auf der 6 km langen Strecke neben dem Adler, so hieß die von Stephenson konstruierte Lokomotive, noch immer Pferdekarren im regelmäßigen Schienenverkehr. Doch bald war der Siegeszug der Dampfloks nicht mehr aufzuhalten.

Der Große Arbersee gehört zu den meistbesuchten Seen im Nationalpark Bayerischer Wald

VON PASSAU BIS REGENSBURG: RUNDFAHRT DURCH DEN BAYERISCHEN WALD

2 Tage

Diese zweitägige Rundfahrt durch den Bayerischen Wald bietet mit den bedeutenden historischen Städten Passau und Regensburg nicht nur am Anfang und am Schluss viele eindrucksvolle Attraktionen. Auch unterwegs gibt es viel zu entdecken: kleine Dörfer mit bemerkenswerten Geschichten, genussvolle Fahrten auf einsamen, gut ausgebauten Straßen durch hügeliges Gelände, gemütliche Gasthäuser – und bei einem Ausflug in den Nationalpark Bayerischer Wald auch viele natürliche Sehenswürdigkeiten – vom Baumwipfelpfad bis zu Luchs und Wolf.

Passau
Regensburg
250 km
ca. 5,5 Std.

ETAPPE 1
VON PASSAU NACH FINSTERAU

⟷ 61 km ⏱ 70 Min.

Die Dreiflüssestadt ① **Passau** ist der standesgemäße Start dieser Rundfahrt durch den Bayerischen Wald. Die bezaubernde Altstadt von Passau verlassen wir vom Parkhaus am Römerplatz direkt am Donaufer über die Prinzregent-Luitpold-Brücke auf das Nordufer der Donau unterhalb der mächtigen Veste Oberhaus. Zunächst folgen wir rechts der Donau ein Stück, biegen dann kurz nach Högl links ab und fahren auf der St 2132 nordwärts bis Hauzenberg. Ein ruhige und typische Passage, bei der sich die Landschaft schnell verändert, immer ländlicher und hügeliger wird. Mit etlichen Kurven geht es von Dorf zu Dorf, wobei einige der höchsten Gipfel des Bayerischen Waldes, Rachel und Lusen, immer näher kommen. **Waldkirchen** ist ein erster Zwischenstopp. In dem gemütlichen kleinen Ort gönnen wir uns eine Pause, machen Station im Parkhaus Garhammer, wo es ein sehr gutes Kaffeehaus gibt, und flanieren durch das berühmte Modehaus zum sehenswerten Stadtplatz. Waldkirchen liegt wie viele Orte im Wald aussichtsreich auf einem Hügel. Danach rollen wir ohne Stress und ziemlich geradeaus vorbei an Wiesen und Waldpassagen bis ② **Freyung** und folgen dort der St 2127 nach Mauth. Eine gemütliche Landpartie Richtung Norden geradewegs durch Mauth hindurch und weiter bis zum schön und sonnenreich gelegenen Ortsteil **Finsterau** direkt an der tschechischen Grenze. Finsterau ist trotz oder vielleicht gerade wegen seiner abgeschiedenen Lage ein beliebtes Ziel für Wanderer im Sommer und Langläufer im Winter. Die bekannteste Attraktion ist das Freilichtmuseum etwas westlich des Ortes mit schönen historischen Bauernhöfen.

ABSTECHER
Eine etwas längere aber landschaftlich reizvolle Variante wäre die Fahrt von Waldkirchen über Jandelsbrunn und Haidmühle zum **Dreisessel** mit seinen markanten Granitfelsen und nordwärts über Philippsreut bis Mauth.

EINKEHREN
Die **Tafernwirtschaft** auf dem Museumsgelände ist nicht nur ein Stück Wirtshausgeschichte, sondern auch eine nostalgische Gelegenheit, mit der bayerisch-böhmischen Küche Bekanntschaft zu machen.
Museumsstr.51, 94151 Finsterau, Tel. 085 57/377, *www.ehrn.de*

Prunkvolle Fassaden in Pastelltönen prägen das Antlitz Passaus

ETAPPE 2
VON FINSTERAU NACH FRAUENAU

⟷ 42 km ⏱ 45 Min.

Nach einem Spaziergang und derEinkehr im **Freilichtmuseum** führt die Reise zunächst wieder südwärts zurück nach Mauth, dann rechts in den Nationalpark hinein bis **Neuschönau**. Der Ausflug in das Gebiet des Nationalparks ist zunächst eine lange, schattige Fahrt durch den dichten Bergwald bis direkt zum ③ **Nationalparkzentrum Lusen**, wo man sich auf dem Baumwipfelpfad oder im angrenzenden Tierfreigelände gut und auf eindrucksvolle Art die Beine vertreten kann. Dazu gibt es rund um die Parkplätze auch mehrere Einkehrmöglichkeiten. Auf der Nationalparkstraße führt die Reise weiter nach Nordwesten auf gut ausgebauten Straßen durch den Wald bis **Spiegelau**, wo die alte Glasbläsertradition mit zahlreichen Betrieben gut vertreten ist. Noch intensiver sind die Eindrücke in **Frauenau**, das nur wenige Kilometer durch den Klingenbrunner Wald entfernt liegt und wo das moderne Glasmuseum samt Cafeteria einen Stopp lohnt. Auf dem Weg dorthin passiert man **Klingenbrunn**, ein typisches kleines Dorf mit großer Pfarrkirche, rechts einem Gasthaus und links der Stangl Brauerei – Landleben pur.

ETAPPE 3
VON FRAUENAU NACH LAM

⟷ 45 km ⏱ 50 Min.

Das **Glasmuseum** ist die Hauptattraktion in Frauenau. Wir sind hier schließlich mittendrin im Gebiet der Glasmacher. Rechts und links der Straße sieht man etliche Produktionsbetriebe. In der Freiherr von Poschinger Glasmanufaktur kann man sich auch selbst als Glasbläser versuchen. Viel ums Glas dreht es sich auch im nächsten Ort, den wir auf einer gut ausgebauten Straße ansteuern. In ④ **Zwiesel** sind mit der Kristallglas AG und der Glasmanufaktur Theresienthal zwei renommierte Glasproduzenten zu Hause, die ebenfalls sehenswert sind. Nach einem Bummel durch das Zentrum am Stadtplatz, wo wenige Meter entfernt Schwarzer und Kleiner Regen zusammen fließen, verlassen wir nun das lebendige Zwiesel und fahren nordwärts. Nur ein kurzes Stück später kommen wir bei Ludwigsthal zum ⑤ **Nationalparkzentrum Falkenstein**, wo es über die Natur im Bayerischen Wald viel zu erfahren und Gelegenheiten für ausführliche Spaziergänge gibt. Die breite und bequeme Straße führt dann weiter durch waldreiches Gebiet bis direkt an die Grenze nach **Bayerisch-Eisenstein**. Der historische Bahnhof ist eine ungewöhnliche und preisgekrönte Sehenswürdigkeit. Er wurde mit mehreren Museen, darunter das Localbahnmuseum und das Skimuseum, und dem historischen Gasthaus zu einer echten Attraktion. Bemerkenswert ist, dass die Grenze nach Tschechien direkt durch den Bahnhof verläuft.

Der letzte Abschnitt erweist sich dann als eine echte Genusstour. Direkt vor dem Grenzübergang nach Tschechien zweigt links die Brennesstraße ab und entwickelt sich zu einer herrlichen und kurvenreichen Bergstraße mit zwischendurch schönen Ausblicken auf den nahen Arber. Ein guter Aussichtspunkt ist auch die **Hindenburgkanzel** direkt an der Straße. In Lohberg beim Bayerwald-Tierpark endet dann der kurvenreiche Abschnitt, und es geht geradeaus und flach weiter bis **Lam**.

ZU FUSS

Beim Besucherservice des Nationalparkzentrums Falkenstein führt ein rund 3 km langer Rundweg durch das **Tierfreigelände** mit mehreren Gehegen mit Wölfen und Luchsen und zu einer Steinzeithöhle.

Der Dom zu Regensburg ist Bayerns einzige gotische Kathedrale

ETAPPE 4
VON LAM NACH CHAM

⟷ 40 km ⏱ 45 Min.

Der **Lamer Winkel** ist eine der beliebtesten Ferienregionen im Bayerischen Wald. Rechts sieht man den Kleinen und den Großen Osser, die Hausberge von Lam. Dahinter weiter nördlich stehen unübersehbar die alten Abhöranlagen aus den Zeiten des Kalten Krieges ganz oben auf dem **Hohenbogen**, der heute ein beliebter Ausflugsberg ist. Den lassen wir rechts liegen und rollen auf der St 2138 über Arrach westwärts bis nach Bad Kötzting. Die anfangs breite, gut ausgebaute Straße wird bald etwas enger und kurviger, die Berge werden dafür immer flacher.

⑥ **Bad Kötzting** thront auf einem breiten Hügel. Das idyllisch gelegene Kneippheilbad hat einiges zu bieten, wie etwa ein modernes Erlebnisbad und ein Spielcasino oder den Planetenweg etwas südlich des Zentrums im Kurpark am Ufer des Weißen Regen. Wir fahren Regen entlang bis Reisbach, biegen rechts nach Bleibach ab und kurven auf einer ruhigen Nebenstraße Richtung Cham, um bei Chamerau auf die B 85 zu kommen. Kurz vor Cham in **Chammünster** biegen wir links ab und könnten hier eine wohlverdiente Pause einlegen.

EINKEHREN

Das Gasthaus **Ödenturm** liegt schattig am Hang in Chammünster und ist bekannt für seine gehobene regionale Küche. # Am Öden Turm 11, 93413 Chammünster, Tel. 09971/89270, *www.oedenturm.de*

ETAPPE 5
VON CHAM NACH REGENSBURG

↔ 62 km ⏱ 70 Min.

Die Kreisstadt ⑦ **Cham** gehört zu den Hauptorten im nördlichen Teil des Bayerischen Waldes, der hier zum Regierungsbezirk Oberpfalz gehört. Die Berge sind hier schon deutlich sanfter. Dafür bietet Cham ein schönes historisches Zentrum mit dem historischen Rathaus, dem Straubinger Turm und Resten der alten Stadtmauer. Interessant ist ein Spaziergang vom Westen her durch das Biertor. Dort draußen wurde vor 60 Jahren der Antikriegsfilm »Die Brücke« unter der Regie von Bernhard Wicki gedreht. Allmählich kommen wir unserem Ziel, der Stadt Regensburg, immer näher.
Davor gönnen wir uns noch einen ländlichen Abstecher. Dazu fahren wir zunächst ganz normal auf der B 85 und weiter auf der B 16 Richtung Regensburg bis **Nittenau**. Dort würde sich ein kurzer Ausflug in den Ort anbieten, vielleicht verbunden mit einer Einkehr im sehr landestypischen Brauereigasthof Post an der Hauptstraße, wo auch das eigene Nittenauer Bier ausgeschenkt wird. Bei Bernhardswald verlassen wir schließlich die Bundesstraße, biegen links ab und gleich darauf dann rechts. Bei Altenthann geht es nun rechts durch den idyllischen **Kreuther Forst** südwärts Richtung Donau. Es gibt kaum Verkehr, dafür einige Kurven und eine ganze Menge Natur. Am Schluss wird der Weg etwas schluchtenartig, bis dann bei Donaustauf die Donau erreicht ist. Nun trennen uns nach rechts nur noch wenige Kilometer vom Zentrum ⑧ **Regensburgs**, wo wir bald etwas weiter oben die mächtige Walhalla, die bayerische Ruhmeshalle, sehen können.

EINKEHREN
Historisches Armen Spital Das einstige Armenhaus und Spital ist heute ein beliebtes Ausflugslokal der Regensburger. # Walhallastr. 9, 93093 Donaustauf, Tel. 09403/969 01 50, *www.historisches-armen-spital.de*

ÜBERNACHTEN
Hotel St. Florian Gediegen rustikales Landhotel in Frauenau mit modern gestalteten Zimmern und Wellnessbereich. # Almhüttenstr. 22, 94258 Frauenau, Tel. 099 26/95 20, *www.st-florian.de*

Hotel Green Spirit Neues und sehr kreativ eingerichtetes Mittelklassehotel mit Garten. Tiefgarage mit E-Ladestationen. Zu Fuß ca. 15 Min. zum Zentrum. # Frankenstr. 9 e, 93059 Regensburg, Tel. 09 41/463 76 30, *www.greenspirithotel.de*

Bei Donaustauf entfaltet der zweitlängste Fluss Europas seinen besonderen Reiz

ENTLANG DER ROUTE

❶ Passau

Unter all den geschichtsträchtigen Städten Bayerns nimmt Passau eine Sonderstellung ein. Keine andere Stadt vereint so eindrucksvoll eine spektakuläre Lage mit historischer Ausstrahlung, Tradition und niederbayerischem Charme. Die barocke Altstadt der Dreiflüssestadt mit dem Zusammenfluss von der Donau mit Ilz und Isar verführt zu verträumten Spaziergängen, zu kleinen Entdeckertouren in den verwinkelten Gassen. Dazwischen gibt es vom Dom St. Stephan mit der weltgrößten Domorgel bis zur majestätischen Festung Oberhaus genügend Höhepunkte. *www.passau.de*

❷ Freyung

Auf den ersten Blick ist Freyung eine kleine gemütliche Kreisstadt nördlich von Passau. Die Kreisstadt des Landkreises Freyung-Grafenau hat etwa 10 200 Einwohner. Interessant jedoch ist die Geschichte des Ortes, der Ende des 12. Jh. in den Besitz der Bischöfe übergeben wurde. Der Name ist von dem damaligen Status der Steuerbefreiung für die Menschen im Ort entlehnt, was man Freiung genannt hatte. Besucher erwartet ein gutes Freizeitangebot. *www.freyung.de*

❸ Nationalparkzentrum Lusen

Das Zentrum ist die Anlaufstelle für den südlichen Teil des Nationalparks. Das Zentrum befindet sich etwa 2 km außerhalb von Neuschönau. Dort kommt man direkt zu einem großen Parkplatz und zur Nationalpark-Wacht. Nach einem kurzen Spaziergang erreicht man das Hans-Eisenmann-Haus, das Informationszentrum an diesem Ort. *www.nationalpark-bayerischer-wald.de*

❹ Zwiesel

Wie bei vielen Orten im Bayerischen Wald begann die Geschichte von Regen sehr früh im Mittelalter mit einem Kloster. Im 11. Jh. kamen Benediktinermönche aus der Propstei Rinchnach und bewirtschafteten die Gegend rund um das heutige Regen. Sehr früh erhielt Regen das Marktrecht, wurde um 1500 Gerichtssitz und

Junger Braunbär Im Nationalparkzentrum Lusen

erlebte eine Blütezeit durch den Handelsweg von Donautal nach Böhmen. Dabei spielte die Burg Weißenstein eine wichtige Rolle. Während des Kalten Krieges war Regen auch ein amerikanischer Militärstützpunkt. Heute ist Regen Kreisstadt und hat rund 11 000 Einwohner. *www.zwiesel.de*

5 Nationalparkzentrum Falkenstein

Das Nationalparkzentrum Falkenstein befindet sich direkt an der Straße von Zwiesel nach Bayrisch-Eisenstein und ist die Anlaufstelle für den nördlichen Bereich des Nationalparks Bayerischer Wald. Vom Parkplatz und dem Besucherservice, wo auch die Führungen beginnen, sind es nur ein paar Minuten zu Fuß bis zum Haus zur Wildnis, dem eigentlichen Zentrum. Man kann das Nationalparkzentrum auch bequem mit dem Igelbus und der Waldbahn von Zwiesel aus erreichen. Die Haltestellen sind direkt beim Parkplatz. *www.nationalpark-bayerischer-wald.de*

6 Bad Kötzting

Auf einem sanften Hügel gelegen, von dem Flusslauf des Schwarzen Regens umgarnt, breitet sich der traditionsreiche Kurort aus. Die Historie des Ortes ist lang, geht bis auf das Jahr 1085 zurück. Lange stand er unter der Herrschaft des Klosters Rott am Inn. Ein Luftkurort ist Kötzting erst seit 1986 und seit 2005 auch Kneippheilbad mit dem Zusatztitel Bad. Bis zur Gebietsreform 1972 gehörte der Ort zu Niederbayern, wurde dann Furth im Wald und damit der Oberpfalz zugewiesen. Heute hat er rund 7300 Einwohner. Der Mittelpunkt der Altstadt ist die Marktstraße mit der markanten Mariensäule. Rundherum laden zahlreiche enge Gassen bergauf und bergab zu Spaziergängen ein. *www.bad-koetzting.de*

ABSTECHER

Wer kann, macht vor Regensburg einen Abstecher zur **Walhalla** bei Donaustauf. Sie überragt wie ein griechischer Tempel das Hochufer der Donau, an dessen Fuß man bequem parken kann. Ein kurzer Spaziergang hinauf – schon wird man mit einem grandiosen Blick auf Bauwerk und Panorama belohnt.

7 Cham

Der Regen, ein Nebenfluss der Donau, schlängelt sich durch die Landschaft vorbei an der Stadt Cham. Der Ort mit seinen rund 17 000 Einwohnern verteilt sich entlang des Ufers an einem sanften Höhenzug. Dass der Regen hier einige Kurven macht, ist nicht ganz unwichtig. Immerhin bedeutet der Name Cham im Ursprung so viel wie krumm. Cham ist eine Kreisstadt mit langer Historie. Schon 748 gründeten die Benediktiner das Kloster Chammünster und fingen an, die Region zu erschließen. 1861 erhielt der Ort einen Eisenbahnanschluss, was ihm Wohlstand als wichtiger Holzumschlagsplatz bescherte. Heute ist Cham, das wegen seiner Lage als Tor zum Bayerischen Wald und Böhmerwald gehandelt wird, ganz offiziell ein sogenanntes Oberzentrum, lebt vor allem vom Handel und auch vom Tourismus. In Cham wurde übrigens Filmgeschichte geschrieben. 1959 drehte Bernhard Wicki hier den berühmten Antikriegsfilm »Die Brücke«. *www.cham.de*

8 Regensburg

Regensburg als Boomtown zu bezeichnen ist sicher nicht übertrieben. In den vergangenen Jahren hat sich die Hauptstadt des Regierungsbezirks Oberpfalz dank ihrer Universität und bedeutender Industrieansiedlungen enorm weiterentwickelt. Und auch dank eines florierenden Tourismus. Heute bietet Regensburg mit seinen rund 145 000 Einwohnern eine bezaubernde Mischung aus Historie und Tradition, modernem Lifestyle und urbanem Chic. Dass Regensburg bereits im Mittelalter eine bedeutende Stadt war, zeigt sich heute an der Fülle an prachtvollen historischen Bauwerken, an einem einzigartigen Ensemble mit monumentalen Kirchenbauwerken, stattlichen Plätzen und engen Gassen. Unübersehbarer Mittelpunkt der Altstadt ist der Dom St. Peter. Rundherum kann man herrlich durch die Gassen flanieren und sich von den vielen Geschäften und Lokalen verlocken lassen. *www.regensburg.de*

Beliebter Aussichtspunkt: die Ilkahöhe bei Tutzing am Westufer des Starnberger Sees

BAYERISCHES »DOLCE VITA«: DURCHS FÜNFSEENLAND UND DEN PFAFFENWINKEL

1–2 Tage

Tolle Seeblicke, schöne Alleen, kurvige, von Feldern und Wiesen gesäumte Straßen und postkartentaugliche Ausblicke bescheren uns auf dieser Route ein »Best-of Bayern«. Von Herrsching am Ammersee fahren wir über das berühmte Kloster Andechs und Weilheim in Oberbayern zum Starnberger See. Ein Tag »Dolce Vita« in Bayern.

München
Berg
136 km
ca. 4 Std.

ETAPPE 1
VON MÜNCHEN NACH HERRSCHING AM AMMERSEE

⟷ 42 km ⏱ 75 Min.

Wir brausen ein kurzes Stück auf der A 96 aus der Stadt, dann nehmen wir das Tempo raus: Ab der Ausfahrt Gräfelfing wird es beschaulich. Wir kurven Richtung Südosten durchs ① **Würmtal**. Wir orientieren uns erst an den Schildern Richtung Starnberg und fahren über Planegg, Krailling und Stockdorf bis Gauting. Hier in den Vororten wechseln sich an der Straße Gewerbegebiete mit Wald und Feldern ab. Ab Gauting folgen wir den Schildern Richtung Weßling und biegen auf die St 2349 ab. Maibäume und erste Bauernhöfe säumen den Weg, dann erreichen wir den **Weßlinger See**, den kleinsten der fünf im Fünfseenland. Wer mag, läuft einmal rundherum, das dauert nur eine knappe Stunde. Im Sommer lädt er ein zum Baden. Zum Einkehren locken das Wasserberghäusl, ein Kiosk mit Tischen direkt am See, oder das Aenishänslin Café am See mit formidablen Kuchen. Weiter geht es über die St 2068, die zu Recht »An der Eichenallee« heißt, am Ostufer des **Pilsensees** vorbei, dem Inbegriff bayerischen Voralpenidylls. Immer wieder blitzt er blau zu unserer Rechten auf. Im Sommer ist er ein Paradies für Stand-up-Paddler und Badende. Bis zur Eiszeit war er mit dem ② **Ammersee** verbunden, dessen Ufer wir in **Herrsching am Ammersee** erreichen. Hier erwartet uns die längste Seepromenade Deutschlands, an der auch der altmodische Schaufelraddampfer anlegt, mit dem man über den See schippern kann. Direkt am Dampfersteg kehrt man bei rustikalen bayerischen Spezialitäten im Seehof ein.

Ein Sprung ins kühle Nass? Badesteg am Wesslinger See

EINKEHREN
Das **Chalet am Kiental** bietet feine Gourmetküche. # Andechsstr. 4, 82211 Herrsching, Tel. 081 52/98 25 70, *www.chaletamkiental.de*

ETAPPE 2
VON HERRSCHING NACH DIESSEN

⟷ 17 km ⏱ 30 Min.

Ein Schlenker auf der St 2067 bringt uns zum ③ **Kloster Andechs**. Auf einem Hügel oberhalb des Ammersees gelegen, ist es ein beliebter Wallfahrtsort und ein toller Aussichtspunkt. Aber auch Bräustube und Biergarten ziehen viele Besucher an. Auf der Fischener Straße (St 2056) atmen wir, von Wald umgeben, tief durch. Nach etwa 5 km biegen wir links ab auf die Herrschinger Straße, dann gleich wieder rechts auf die Dießener Straße (St 2056). Wir kommen wieder näher an den Ammersee. Auf der schmalen, von Birken gesäumten Straße überqueren wir die Ammer und erreichen schließlich den Künstlerort **Dießen am Ammersee** mit seiner berühmten Stiftskirche, dem barocken Marienmünster. Bekannt ist der malerische Ort auch für seine lebendige Künstlerkolonie, deren Arbeiten man z. B. im Pavillon an der Seepromenade erleben kann (Infos auch unter *www.diessener-kunst.de*). Keramikfans kommen in Dießen jedes Jahr an Christi Himmelfahrt beim großen Töpfermarkt auf ihre Kosten. Wir schlendern durch die kleine Fußgängerzone und stärken uns im Sommer am Seekiosk direkt an der Promenade mit Kaffee und Kuchen. Für den großen Hunger: Beim Unterbräu bekommt man bayerische Schmankerl und frischen Ammer-

ABSTECHER
Badevergnügen am Ammersee: Im **Strandbad Utting** kann man vom Zehnmeterturm ins Wasser springen *(www.strandbad-utting.de)*.

Kaum eine andere deutsche Region weist eine derartige Dichte an Klöstern auf wie der Pfaffenwinkel

seefisch. Einen Abstecher lohnt der Schacky Park im Südteil von Dießen. 1904 vom königlichen Kämmerer Ludwig, Baron von Schacky auf Schönfeld, und seiner Ehefrau Julia erworben, ist er heute, nach jahrelanger liebevoller Restauration von Ehrenamtlichen, ein kleines verwunschenes Gartenparadies im Stil eines »Englischen Gartens«.

ETAPPE 3
VON DIESSEN NACH WEILHEIM IN OBERBAYERN

⟷ 30 km ⏱ 30 Min.

Wir verlassen Dießen auf der Rotter Straße (St 2055). Jetzt heißt es Fenster herunterlassen und Landluft einatmen. Auf der kurvigen, von Wald umsäumten Straße fahren wir nach Rott, manchmal sind wir ganz allein auf weiter Flur. In Rott biegen wir auf die Weilheimer Straße, die St 2057. Mit Blick auf die Voralpen brausen wir vorbei an Kirchlein und Kuhweiden. Hier scheint es, als sei die Zeit stehen geblieben. Wir sind im Pfaffenwinkel, im bayerischen Oberland. 159 Klöster und Kirchen besiedeln diese malerische Landschaft. Etwa das **Kloster Wessobrunn**, früher eine Benediktinerabtei. Im späten 17. und im 18. Jh. wurden hier hoch angesehene »Stuckatoren« ausgebildet, die u. a. die berühmte Wieskirche verziert haben. Heute gehört es einer Naturkosmetik-Firma. Wir überqueren noch einmal die Ammer und erreichen **Weilheim in Oberbayern**, einen der wichtigsten Orte im Pfaffenwinkel. Hinter den Stadtmauern verbirgt sich die hübsche Altstadt. Mittelpunkt der Kleinstadt ist der Marienplatz rings um die Pfarrkirche Mariä Himmelfahrt mit zahlreichen kleinen Cafés, die zum Draußensitzen einladen.

ETAPPE 4
VON WEILHEIM ZUM STARNBERGER SEE

⟷ 21 km ⏱ 30 Min.

Von Weilheim nehmen wir die St 2064 Richtung Deutenhausen. Die Alpen scheinen immer näher zu rücken, als wir uns jetzt dem von Villen und Schlössern gesäumten Starnberger See nähern. »Münchens Badewanne«, Bayerns zweitgrößter See, erstreckt sich mit einer Tiefe von bis zu 128 m auf 21 km in die Länge und 5 km in die Breite und ist für die Münchner ein beliebtes Naherholungsziel. In **Seeshaupt** sind wir am Südzipfel des ④ **Starnberger Sees.** Im Café am See haben wir ihn in seiner ganzen

ABSTECHER
Von Seeshaupt aus kann man mit der **Fähre** über den Starnberger See fahren *(www.seenschifffahrt.de).*

Pracht im Blick. Auf der St 2063 gelangen wir nach **Bernried**. Hier lohnt ein Besuch des ⑤ **Buchheim Museums**, das auch als »Museum der Fantasie« bezeichnet wird. Es liegt im Höhenrieder Park am Ufer des Sees. Benannt ist es nach dem Künstler Lothar Günther Buchheim, der neben seiner Tätigkeit als Maler, Fotograf und Kunstsammler besonders für seinen Roman »Das Boot« bekannt war. Der Schwerpunkt des Museums liegt auf der expressionistischen Malerei.

ETAPPE 5
VON BERNRIED BIS PÖCKING

↔ 14 km ⏱ 30 Min.

Von Bernried aus arbeiten wir uns weiter am Westufer des Starnberger Sees hoch. Kurz vor **Tutzing** lohnt ein Abstecher auf die Ilkahöhe. Die 726 m hohe Erhebung ist ein beliebter Aussichtspunkt. An klaren Tagen können wir hier das Alpenpanorama von der Zugspitze bis hin zu den Chiemgauer Alpen bewundern. Das Forsthaus Ilkahöhe lädt zur Einkehr im Biergarten oder im edleren Restaurant. In **Possenhofen** steht die Geburtsstätte der späteren Kaiserin Elisabeth. Das »Sisi-Schloss« kann man zwar nicht besichtigen, denn darin befinden sich heute exklusive Eigentumswohnungen – aber der Schlosspark »Paradies« ist frei zugänglich und im Sommer ein beliebter Badeplatz. Der Kiesstrand fällt so sanft ins Wasser ab, dass auch Kleinkinder hier gefahrlos planschen können. Von Possenhofen ist es nicht mehr weit bis nach ⑥ **Pöcking**, wo wir im historischen Bahnhof Kaiserin Sisi doch noch einmal näher kommen: bei einem Besuch im Kaiserin Elisabeth Museum.

ABSTECHER
In ihrer Jugend trafen sich Ludwig und Sisi öfter auf der **Roseninsel**. Auf die malerische Insel gelangt man von Feldafing mit der Fähre *(www.roseninsel.bayern)*.

ETAPPE 6
VON PÖCKING BIS BERG

↔ 12 km ⏱ 30 Min.

Von Pöcking aus umkreisen wir den Nordzipfel des Starnberger Sees: Die Orte Neusöcking, Starnberg, Percha und Kempenhausen lassen wir links liegen, denn an dieser Stelle ist das Ufer recht verbaut. In ⑦ **Berg** am Ostufer des Sees erreichen wir eine letzte Sehenswürdigkeit im Fünfseenland: Die Votivkapelle zu Ehren von König Ludwig II., die 2017 aufwendig saniert wurde. Hier im Wasser wurde am 13. Juni 1886 der Leichnam des Königs gefunden, ein Kreuz markiert heute die Stelle. Betreten werden darf die Kapelle nur zum Gedenktag von König Ludwig II., am 13. Juni, aber von außen kann man sie besichtigen.

EINKEHREN
Restaurant Schloss Berg Ideal für einen Sundowner. # Seestr. 17, 82335 Berg, *www.hotelschlossberg.de*

Marienplatz mit Brunnen und Stadtpfarrkirche in Weilheim

ÜBERNACHTEN

Seehotel Leoni Wer hier am Starnberger See sein Zimmer zur Seeseite bucht, hat vom Balkon freie Sicht bis nach Possenhofen am gegenüberliegenden Ufer. # Assenbucher Str. 44, 82335 Berg, Tel. 081 51/50 60, *www.seehotel-leoni.com*

Ammersee Hotel Direkt am Ufer des Ammersees. Mit eigenem Badesteg, Wellnessbereich und Restaurant. # Summerstr. 32, 82211 Herrsching, Tel. 081 52/968 70, *www.ammersee-hotel.de*

Chalet am Kiental Das privat geführte Hotel ist ruhig gelegen und punktet mit eigenem Gourmetrestaurant im über 200-jährigen Haus. # Andechsstr. 4, 82211 Herrsching, Tel. 081 52/98 25 70, *www.chaletamkiental.de*

ENTLANG DER ROUTE

1 Würmtal

Nach diesem Flüsslein ist nicht nur die letzte große Eiszeit in Europa benannt, sondern sie war auch Namensgeberin für den Starnberger See, der bis 1962 Würmsee hieß. Sie ist der einzige Abfluss des Sees und schlängelt sich in einem wildromantischen Tal gen Dachau. In dem Abschnitt zwischen Starnberger See und Gauting sind Biber wieder heimisch geworden, zahlreiche Fischarten tummeln sich im glasklaren Wasser. Etwas nördlich von Starnberg hat sich die Würm in geologisch turbulenten Zeiten tief in das Gestein gegraben. Ein Stopp im Würmtal und ein kurzer Spaziergang lohnen sich vor allem auf der Höhe des Mühltals.

2 Ammersee

»Armensee« wurde der See früher genannt, weil er von einfachem, ländlichem Umfeld umgeben war. Das änderte sich zu Beginn des 20. Jh. Da entdeckten Künstler den Uttinger Stadtteil Holzhausen und gründeten eine Kolonie. Prominente der damaligen Zeit folgten, am See entstanden prächtige Villen. Ein See der Kreativen ist der Ammersee bis heute, das prägt sein spezielles Flair. Und das der charmanten Orte ringsum wie Schondorf, Utting, Dießen, Herrsching und das kleine Buch. Mit seinen weiträumigen Naturschutzgebieten gehört der Ammersee zudem zu den bedeutsamsten Feuchtgebieten Bayerns. Zwar sind auch hier die Immobilienpreise in astronomische Höhen gestiegen, aber man trifft immer noch auf viele alteingesessene, bodenständige Anrainer. *www.starnbergammersee.de*

3 Kloster Andechs

Zugegeben, viele pilgern hauptsächlich auf den »Heiligen Berg« am Ostufer des Ammersees, um im Bräustüberl oder auf der Aussichtsterrasse das legendäre Bier der Klosterbrauerei zu kosten und eine Schweinshaxe zu verspeisen. Es sei ihnen vergeben. Doch die ursprünglich gotische Klosterkirche, 1751–1755 in prächtigem Rokoko-Stil umgestaltet und von Johann Baptist Zimmermann mit Deckenfresken ausgestattet, lohnt auf jeden Fall auch einen Besuch. *www.andechs.de*

4 Starnberger See

Seit Jahrhunderten zieht Bayerns zweitgrößter See Künstler, Lebenskünstler, Sonnenhungrige und die Schickeria des Landes gleichsam magnetisch an. Entsprechend belebt ist es an schönen Tagen an seinem Ufer, das eine Länge von insgesamt 49 km aufweist. Die Infrastruktur an Restaurants, Biergärten, Cafés und Wassersportmöglichkeiten ist für Oberbayern einzigartig. Und der Sahne-Blick auf die Voralpen bis hin zur Zugspitze ebenfalls. Wer den See in stiller Faszination erleben möchte, mietet sich am besten ein Ruder- oder Segelboot. Ein besonderes Highlight ist die Roseninsel am Westufer des Sees. König Maximilian II. schuf sich hier ein Sommerdomizil samt pompejanisch-bayerischem

Abends am Ammersee: Stand-up-Paddeln im Sonnenuntergang

Casino und einer Parkanlage mit einem ovalen Rosengärtchen im Zentrum. So kam die Insel zu ihrem Namen. Sie liegt rund 170 m vom Ufer des Sees entfernt und ist heute mit einer Fähre vom Glockensteg in der Gemeinde Feldafing zu erreichen.
www.starnbergammersee.de

5 Buchheim Museum

Bei dieser Sammlung (mit Tendenzen zum Sammelsurium) handelt es sich um das Lebenswerk von Lothar Günther Buchheim. Mit seinem später verfilmten Roman »Das Boot« kam er zu Weltruhm. Ein manischer Sammler aus Leidenschaft war er, und schon frühzeitig erkannte er die Bedeutung expressionistischer Künstler. So trug er eine der bedeutendsten Privatsammlungen für diese Epoche zusammen. Mit einer Mischung aus Durchsetzungsstärke und Sturheit wollte Buchheim seine Sammlung nach seinen Vorstellungen der Öffentlichkeit zugänglich machen. Dafür sollte ein exponiertes Seegrundstück her, und die Museumsarchitektur sollte auch genau so sein, wie er es sich vorstellte.

UNTERWEGS
Von Ostern bis Mitte Oktober verkehren die Schiffe der **»Weiß-Blauen Flotte«** auf dem Starnberger See. Es werden verschiedene Rundfahrten angeboten, oder man nutzt die Schiffe lediglich für die einfache Verbindung von einem Ort zum anderen.

Mit der Gemeinde Bernried kam er schließlich ins Geschäft. Die Buchheimschen Sammlungen fügen sich heute in eine mehrgliedrige und abwechslungsreiche Architektur. Das lang gestreckte Gebäude ragt zum Teil in den Hang hinein und endet in einem 12 m hoch über dem See schwebenden Steg. Im zugehörigen Park bezaubern alte Baumgruppen, verwunschen wirkende Teiche, Pagoden, Skulpturen und andere Kunstwerke die Besucher.
www.buchheimmuseum.de

6 Pöcking

Possenhofen gehört zu Pöcking am Westufer des Sees. Das Museum im alten Bahnhofsgebäude ist eine Hommage an Sisi. Und es tröstet ein wenig darüber hinweg, dass das Schloss Possenhofen nicht zu besichtigen ist. Eine umfangreiche Bilddokumentation lässt die junge Kaiserin wieder lebendig werden. Zur Ausstellung gehören auch Exponate, die sich auf König Ludwig II. und den Starnberger See beziehen. Schließlich haben sich Ludwig und Sisi zum Beispiel auf der Roseninsel des Öfteren getroffen. Außerdem gibt es einen Souvenirladen und Videopräsentationen.
www.kaiserin-elisabeth-museum-ev.de, www.poecking.de

7 Berg

Ein schlichtes Holzkreuz steht heute dort, wo am 13. Juni 1886 die Leiche des Märchenkönigs im Starnberger See entdeckt wurde. Ludwigs Mutter, Königin Marie, ließ hier ein Jahr nach dem Tod ihres Sohnes eine steinerne Totenleuchte aufstellen. 1896 veranlasste Prinzregent Luitpold den Bau einer Gedächtniskirche. Die sogenannte Votivkapelle etwas oberhalb der Sterbestelle ist im frühromanischen Stil errichtet und wurde 1900 geweiht. Der Tod des Märchenkönigs und dessen Umstände bewegen auch noch immer die bayerische Volksseele, so dass dieser Ort bis heute einem lebendigen Gedenken dient. Zu erreichen ist die Kirche nur zu Fuß, in ca. 15 Minuten von Berg oder Berg-Leoni aus.
www.gemeinde-berg.de

Eine Fahrt durch die dramatische Berglandschaft des Berchtesgadener Landes ist unvergesslich

OBERBAYERN: VOM MALERISCHEN KOCHELSEE ZUM SPEKTAKULÄREN KÖNIGSSEE

2 Tage

Wie an einer Perlenkette reihen sich auf dieser Zweitagestour die oberbayerischen Schönheiten aneinander. Die Strecke führt über kurvige Pässe, durch idyllische Städtchen, streift den bekannten Tegernsee sowie den Schliersee und bietet immer neue Alpenpanoramen, die zum Stehenbleiben und Staunen verlocken. Wer es also etwas gemütlicher angehen möchte, kann die Reise auch auf drei oder vier Tage ausdehnen. Denn entlang des Weges gibt es auch jede Menge Wandermöglichkeiten, Sehenswürdigkeiten und kulinarische Verlockungen.

Kochel am See
Königssee
223 km
ca. 4,5 Std.

ETAPPE 1
VON KOCHEL AM SEE NACH WALCHENSEE

⟷ 14 km ⏱ 20 Min.

Wir starten im **Kochel am See**, das durch die Künstlergruppe »Der Blaue Reiter« in vielen Gemälden verewigt ist. Zur Einstimmung sollten wir deshalb das Franz Marc Museum *(www.franz-marc-museum.de)* besuchen. Der erste Höhepunkt dieser Etappe beginnt gleich hinter dem Ortsausgang: Die **Kesselbergstraße** (B 11), die in zahlreichen Kurven und Spitzkehren zur Passhöhe auf 858 m führt, ist besonders bei Motorradfahrern beliebt. Kurvig geht es dann auch wieder hinab nach Urfeld am ① **Walchensee**, der auch für seine intensive türkisgrüne Färbung bekannt ist. Ein Bad darin ist erfrischend, selbst im Hochsommer wird der auf 801 m Höhe gelegene und bis zu 190 m tiefe See selten wärmer als 20 Grad. Wer ein Ruderboot leihen möchte, kann das beim Bootsverleih Asenstorfer tun (Urfeld 28, Tel. 088 51/363). Der Uferstraße entlang geht es knappe 5 km weiter bis zum Ort **Walchensee**, unserem ersten Etappenziel.

ABSTECHER
Der **Herzogstand** (1731 m) ist einer der beliebtesten Gipfel der Bayerischen Voralpen und bietet eine grandiose Rundumsicht. Man kann in wenigen Minuten mit der Seilbahn nach oben fahren *(www.herzogstandbahn.de)*.

Hier kann man in Ruhe bummeln: Fußgängerzone von Bad Tölz

ETAPPE 2
VON WALCHENSEE NACH BAD TÖLZ

⟷ 45 km ⏱ 50 Min.

In Einsiedel am südöstlichen Ende des Walchensees, ein beliebter Hotspot für Surfer und Kitesurfer, nehmen wir die ganzjährig geöffnete Mautstraße in die **Jachenau** (Maut: Auto und Motorrad 4 €). Entlang der schmalen Straße gibt es immer wieder Zugang zu kleinen Stränden. Die Strecke von Jachenau nach **Lenggries** (St. 2072) führt durch eine nahezu unberührte Landschaft, dann folgt die Bundesstraße (B 13) bis Bad Tölz der Isar, die hier noch in eine Wildflusslandschaft eingebettet ist. Es lohnt sich, zwischendurch mal anzuhalten und ein Stück dem Isarstrand zu folgen. Es hat Tradition, dass dort aus Kalksteinkieseln Pyramiden errichtet werden.
② **Bad Tölz**, unser Etappenziel, ist eine Besichtigung wert, denn die Altstadt ist eine der schönsten Oberbayerns. Zudem ist der Ort mit all seinen Läden ein Einkaufsparadies.

TYPISCH
Die Fassaden der prunkvollen Häuser in der Marktstraße in Bad Tölz, im 18. Jh. von reichen Kaufleuten erbaut, sind fast alle mit kunstvoller **Lüftlmalerei** verziert – eine Fassadengestaltung, die in der Gegend eine lange Tradition hat.

ETAPPE 3
VON BAD TÖLZ NACH SCHLIERSEE

⟷ 27 km ⏱ 35 Min.

Durch die sanfte Hügellandschaft, von eiszeitlichen Gletschern zu Moränen modelliert, geht es auf der B 472 Richtung Tegernsee. Die Gegend ist an Lieblichkeit kaum zu toppen. Oberbayern in Reinkultur! Bei Waakirchen verlassen wir die Hauptstraße, um uns auf der Nebenstraße ganz entschleunigt dem ③ **Tegernsee** anzunähern. Mit Kindern kann man hier das schöne Spiel machen: Wer sieht den See zuerst? In **Gmund** lädt die bekannte Büttenpapierfabrik zur

EINKEHREN
Eines der urigsten Wirtshäuser Oberbayerns ist das **Herzogliche Bräustüberl** am Ostufer des Tegernsees. # Schlossplatz 1, 83684 Tegernsee, Tel. 080 22/41 41, *www.braustuberl.de*

Besichtigung *(de.gmund.com)*, und auf der Promenade kann man Seeluft schnuppern. Der Blick auf den Tegernsee und die umliegenden Berge ist atemberaubend. Über die Orte Seeglas und Ostin führt unser Weg (St. 2076) Richtung **Hausham**, wo noch bis 1966 Pechkohle gefördert wurde. Der markante Förderturm ist bis heute als Denkmal erhalten. An ihm vorbei reihen wir uns auf die Hauptstraße (B 307) Richtung ④ **Schliersee** ein, ein Bilderbuchstädtchen am gleichnamigen See. Er gilt, im Gegensatz zum eher mondänen Tegernsee, als bodenständig. Einen kleinen Bummel durch das 799 erstmals urkundlich erwähnte Schliersee krönen wir mit dem Genuss einer der exzellenten Torten in der Konditorei Mesner *(www.cafe-mesner.de)*.

KULTUR
Das im Jahr 1892 gegründete Schlierseer **Bauerntheater** ist weit über die Region hinaus bekannt und hoch gelobt. Auf der Bühne des Theatersaals im barockisierenden Jugendstil stehen Laienschauspieler *(www.schliersee-bauerntheater.de)*.

Mit dem Ruderboot geht es zum Schlierseer Kirchtag

ETAPPE 4
VON SCHLIERSEE NACH OBERAURACH

⟷ 38 km ⏱ 55 Min.

Wir folgen weiter der B 307, die sich noch ein Stück am idyllischen Ufer des Schliersees entlangschlängelt, bevor sie bei Neuhaus in eine ziemlich gerade Talstraße übergeht, die einigen Einheimischen als Rennstrecke dient. Vorbei am Wendelstein (1838 m) nehmen wir Kurs auf ⑤ **Bayrischzell**, das legendäre Ferienörtchen am Nordende des Ursprungtals. Der Tannerhof ist ein Bergdorf für sich: luxuriöses, ruhiges Naturresort, umgeben von Wiesen, Wäldern und Bergen *(www.naturhotel-tannerhof.de)*. Nicht ganz billig, aber jeden Cent wert. Toll ist auch das Badehaus. Vorbei am **Sudelfeld**, einem beliebten Wander- und Skigebiet, schlängelt sich die spektakuläre Tatzelwurmstraße hinauf ins Mangfallgebirge. Mit jedem Höhenmeter nimmt die Aussicht zu. Besonders eindrucksvoll ist der Blick aufs benachbarte Kaisergebirge in Tirol. Wir folgen der Gebirgsstraße jedoch nicht auf dem mautpflichtigen Abschnitt nach Brannenburg, sondern nehmen nach den Tatzelwurm-Wasserfällen die Kurven hinunter nach ⑥ **Oberaudorf** im Inntal.

ABSTECHER
Am Wegesrand liegt das **Markus Wasmeier Freilichtmuseum**, ein altbayerisches Museumsdorf. Mit viel Leidenschaft zum Detail hat der Ex-Skirennläufer auf 60 000 m² bis zu 500 Jahre alte Höfe rekonstruiert.

ZU FUSS
Die eindrucksvollen Wasserfälle am **Tatzelwurm** sind in nur zehn Gehminuten vom kostenfreien Parkplatz aus zu erreichen. Der Obere Tatzelwurm-Wasserfall ist gut von einer alten Steinbrücke von oben aus zu sehen.

ETAPPE 5
VON OBERAUDORF NACH SCHNEIZLREUTH

⟷ 66 km ⏱ 70 Min.

Wir überqueren nun den grünen Inn, der gleichzeitig die Landesgrenze zu Österreich bildet. 22 km lang unternehmen wir auf der B 172 einen Ausflug über österreichisches Terrain, vorbei am Walchsee und der Ortschaft Kössen. Der **Kaiserwinkl**, ein weiter Talkessel, bietet einen faszinierenden Ausblick auf die mächtigen Bergmassive ringsum.
Kurz vor dem bekannten Wintersportort ⑦ **Reit im Winkl** kehren wir auf deutsches Staatsgebiet zurück. Geradezu mystisch präsentiert sich das Naturschutzgebiet um die drei Seen Weitsee, Mittersee und Lödensee. Unser Etappenziel ist **Schneizlreuth**, umgeben von den Chiemgauer und Berchtesgadener Alpen.

ABSTECHER
Von Schneizlreuth aus empfiehlt sich ein 20-km-Ausflug in die Biathlon-Hochburg **Ruhpolding**. Denn dort wollen wir im Café Windbeutelgräfin, einem Einfirsthof von 1729, unbedingt die legendären Riesenwindbeutel probieren *(www.windbeutelgraefin.de)*.

ETAPPE 6
VON SCHNEIZLREUTH ZUM KÖNIGSSEE

↔ 33 km ⏱ 40 Min.

Wir folgen der Staatsstraße B 21 entlang der Saalach und vorbei am Saalachsee. In ⑧ **Bad Reichenhall** machen wir Zwischenstation, denn hier lohnt es sich die Alte Saline zu besuchen *(www.alte-saline.de)*. Die breite Straße (B 20) über Bischofswiesen nach Berchtesgaden ist etwas weniger romantisch, als all die Streckenabschnitte, die wir bisher befahren haben. Was aber bei einem Stadtbummel durch ⑨ **Berchtesgaden** mit seinen schönen Häusern mit Stuck und Lüftlmalerei schnell in Vergessenheit gerät. Ja, es ist Zeit, uns auf die Zielgerade Richtung Königssee zu begeben. Diese letzte Strecke zeigt nochmals die Reize Oberbayerns in konzentrierter Form. Und geradezu magisch schön empfängt uns der ⑩ **Königssee**, umringt von steilen Felswänden. Wir lassen unser Auto auf dem kleinen Parkplatz, nur 500 m vom See entfernt, und steigen aufs Schiff um. Denn eine Fahrt nach **St. Bartholomä** bildet das grandioses Finale unserer Oberbayern-Tour *(www.seenschifffahrt.de)*.

ÜBERNACHTEN

Mitteralm Wendelstein Eine Unterkunft, die nur mit der Zahnradbahn oder zu Fuß erreichbar ist? Genau darin liegt der Charme der Alm auf 1200 m Höhe. Uriger geht's nicht. Es gibt vier Zimmer und vier Matratzenlager. # Wendelstein 6, 83098 Brannenburg, Tel. 080 34/27 60, *www.mitteralm-wendelstein.de*

Beim Nuihausa Das Gästehaus im Herzen von Reit im Winkl bietet ein hervorragendes Preis-Leistungs-Verhältnis. Eingerichtet ist es im modern interpretierten Alpen-Style, und es besitzt einen großzügigen Sauna- und Spa-Bereich. # Dorfstraße 9, 83242 Reit im Winkl, Tel. 086 40/81 64, *www.nuihausa.de*

Bayern wie im Bilderbuch: die Wallfahrtskapelle St. Bartholomä am Ufer des Königssees

ENTLANG DER ROUTE

1 Walchensee

Dramatisch von Bergen gerahmt, präsentiert sich der auf 800 m Höhe gelegene Walchensee an einigen Stellen in einem fast schon karibischen Türkisblau. Grund dieser Färbung ist ein hoher Anteil an Kalziumkarbonat. Eine Seltenheit in Oberbayern ist, dass man nahezu uneingeschränkten Zugang zum See hat und auch überall schwimmen kann und darf. Allerdings ist der Bergsee mit einer Wassertemperatur von selten über 20 Grad eher kühl. Durch seine ausgeprägte Thermik ist der See besonders am Südwestufer geschätztes Revier für Wind- und Kitesurfer. *www.walchensee.de*

2 Bad Tölz

Die Reize des schmucken Städtchens im Isarwinkel schätzten bereits im 19. Jh. Kurgäste aus aller Welt: Ölmilliardäre aus Amerika, der europäische Adel und die Prominenz ihrer Zeit wie Thomas Mann, Mark Twain und Karl May. Der Kurbetrieb spielt heute kaum mehr eine Rolle. Der Attraktivität des quirligen Ortes tat dies allerdings keinen Abbruch. Besucher bummeln entlang der Marktstraße, die mit ihren lüftlmalereigeschmückten Patrizierhäusern »der schönste Festsaal des Oberlandes« genannt wird, und schätzen das vielfältige Angebot an Geschäften, Kultur und Gaststätten. *www.bad-toelz.de*

3 Tegernsee

Mitte des 8. Jh. wurde das Kloster Tegernsee gegründet, die Keimzelle des Orts und der Besiedelung im gesamten Tegernseer Tal. Bis zur Säkularisation führten Benediktinermönche das Kloster. 1817 ließ König Max I. von Bayern Teile des Gebäudes zu seinem Landsitz umgestalten. Berühmte Gäste gingen ein und aus. Und bis heute zieht es magisch Politiker, Wirtschaftsgrößen, Fußballstars und Schauspieler an den See. Die Immobilienpreise gehören zu den höchsten im gesamten Alpenraum. *www.tegernsee.com*

4 Schliersee

Der Ort am Nordostufer des Schliersees hat eine lange Geschichte. Die ersten urkundlichen Einträge stammen bereits von 779. Der Fremdenverkehr setzte Ende des 19. Jh. ein, als Münchner Künstler das Fischerdorf entdeckten. Das künstlerische Flair hat sich Schliersee bis heute erhalten, und trotz der vielen Besucher auch Gemütlichkeit und Bodenständigkeit. *www.schliersee.de*

5 Bayrischzell

Bayrischzell ist sozusagen der Außenposten Oberbayerns. Nur 7 km weiter ist die Grenze zu Tirol. Der heilklimatische Luftkurort liegt etwas abseits. Aber das ist Teil seiner Qualität. Wer hierher kommt, sucht und findet Ruhe. Er entdeckt ein Bilderbuch-Städtchen, überragt von der 1733 erbauten Kirche St. Margareth, die Kunstschätze einheimischer Maler birgt. Im Zentrum gibt es eine Königslinde,

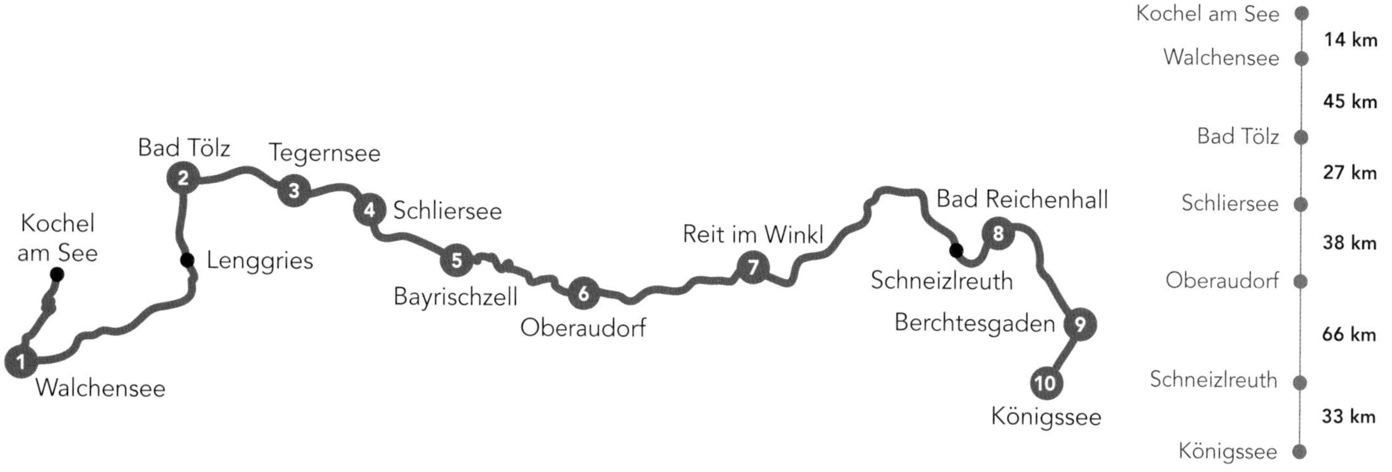

Berchtesgaden punktet mit ursprünglichem Charme in alpiner Lage

ABSTECHER
Wer in Lenggries die B 13 Richtung Süden einschlägt, gelangt hinauf zum bekannten **Sylvensteinspeicher.** Die Fahrt zu dem Stausee und über dessen eindrucksvolle Brücke ist ein landschaftlicher Genuss und bietet Fahrvergnügen pur. Die Strecke ist eines der schönsten Teilstücke der Deutschen Alpenstraße.

die vor über 150 Jahren zu Ehren von König Max II. gepflanzt wurde. Im Winter wird es turbulenter, denn der Ort mit 1600 Einwohnern liegt am Einstieg zum Skigebiet Sudelfeld, das größte zusammenhängende Skigebiet Deutschlands. *www.bayrischzell.de*

6 Oberaudorf

Der bereits 780 erstmals erwähnte Ort liegt im bayerischen Teil des Unterinntals. Umrahmt wird er vom Kaisergebirge und den Gipfeln des Wildbarren, Brünnsteins und Kranzhorns. Das gemütliche, 5100 Einwohner zählende Städtchen hat sich einen ursprünglichen Charme erhalten und wird auch »Perle des Inntals« genannt. Der Luftkurort ist die ideale Basis für Bergsteiger, Naturfreunde und Wintersportler. *www.oberaudorf.de*

7 Reit im Winkl

Das 2400-Einwohner-Dorf im Kaiserwinkl ist als »Schneeloch« bekannt. Und als Heimat berühmter Wintersportler wie Olympia-Ikone Rosi Mittermaier und Skilangläuferin und Biathletin Evi Sachenbacher-Stehle. Doch auch im Sommer hat der traditionelle Fremdenverkehrsort mit grandioser Bergwelt ringsum seine Reize. *www.reitimwinkl.de*

8 Bad Reichenhall

Schon in römischer Zeit ist in der Stadt im Reichenhaller Talkessel die Salzproduktion nachweisbar. Die Blütezeit erlebte »das Meran des Nordens« Mitte des 19. Jh. Nach einem großen Stadtbrand 1834, von dem nur die Häuser rings um den Florianiplatz verschont blieben und das charakteristische Bild eines ursprünglichen, alpenländischen Dorfplatzes vermitteln, sorgte König Ludwig I. für den Wiederaufbau zum mondänen Kur- und Badeort. Seit 1890 darf sich die Stadt mit dem Zusatz »Bad« schmücken und wurde wenig später gar zum Königlich Bayerischen Staatsbad. Heute bietet der Ort eine spannende Mischung aus nostalgischem Flair und gelungenen Versuchen, sich neu zu erfinden, z. B. mit der Eröffnung der Rupertusthermen 2005. *www.bad-reichenhall.de*

9 Berchtesgaden

Markante Gipfel ringsum und mittelalterliche Häuser mit Stuck und Lüftlmalerei: Der Ort ist von geradezu malerischer Schönheit. Und er kann auf eine wechselvolle Geschichte zurückblicken. Zu Beginn des 12. Jh. gründet die Grafenfamilie Sulzbach hier ein Augustinerchorherrnstift. Von Kaiser Friedrich Barbarossa bekam das Stift die Schürffreiheit auf Salz, was zum raschen wirtschaftlichen Aufstieg führte. Bereits Mitte des 19. Jh. wurde der Hauptort des Berchtesgadener Landes zum beliebten Fremdenverkehrsziel. Vom Wesen her ist die 7900-Einwohner-Stadt jedoch ein gemütliches Dorf geblieben, was besonders in der Altstadt zu spüren ist. *www.berchtesgaden.de*

10 Königssee

Er ist so schön, dass man ihn als »König« der bayerischen Seen bezeichnen kann. Und auch reale Könige verliebten sich in den smaragdgrün leuchtenden Bergsee. Allen voran König Max I. Joseph von Bayern, der hier regelmäßig seine Sommerfrische verbrachte. Der 8 km lange, maximal 1 km breite und bis zu 192 m tiefe See ist so sauber, dass sein Wasser Trinkwasserqualität hat. Die intensive Farbe entsteht durch im Wasser gelöste Kalkteilchen, die das einfallende Sonnenlicht brechen. Geprägt wird der See von den steilen Felswänden ringsum. Besonders markant ist die 1800 m hohe Ostwand des Watzmanns. Bedingt durch das steile Ufer gibt es keine Fahrstraße und keinen Fußweg um den See. So ist etwa die Wallfahrtskapelle St. Bartholomä am Westufer nur über das Wasser zu erreichen. *www.koenigsee.com*

Blick vom Kapuzinerberg auf die Salzburger Altstadt und die Festung Hohensalzburg

SALZKAMMERGUT: KRISTALL-KLARE SEEN UND EINE LEGEN-DÄRE PANORAMASTRASSE

1–2 Tage

Salzburg ist umgeben von einer Bilderbuchnatur. Auf einer Route, die alle Reize der Region in komprimierter Weise vereint, lernen wir u. a. die Highlights des Salzburger Seenlandes kennen: den Waller-, Fuschl-, Wolfgang- und den Mondsee.

Salzburg
Salzburg
177 km
ca. 4 Std.

ETAPPE 1
VON SALZBURG ZUM GUT AIDERBICHL

↔ 25 km ⏱ 45 Min.

Nur knapp zehn Minuten dauert die Autofahrt von der Innenstadt nach **Plain Kemating**, das ein bisschen erhöht liegt und aus vielerlei Perspektiven einen schönen Blick auf Salzburg unten im Talkessel bietet. Doch Konzentration ist gefragt, denn wir fädeln uns auf Nebenstraßen nach Hallwang vor. Wenn ein Traktor entgegenkommt, sind Ausweichmanöver nötig. Weiter geht es ebenfalls auf schmalen Straßen nach Seekirchen am Wallersee. Wir fahren durch Wälder, vorbei an Feldern und Kapellen. Mit 6,4 km^2 Fläche ist der **Wallersee** der größte des Salzburger Alpenvorlands. Die Straße von Seekirchen am Wallersee nach ① **Henndorf** führt hinter Fischtaging nahe an sein Ufer heran und bietet reizvolle Fotomotive. Am Rande der ländlichen Gemeinde Henndorf ist Gut Aiderbichl beheimatet, ein Zufluchtsort für mehr als 1000 verwahrloste, verwaiste oder vor der Schlachtung gerettete Tiere. Der Gnadenhof steht für Besichtigungen offen.

Hoch über dem Fuschlsee thront das Hotel Schloss Fuschl

ETAPPE 2
VOM GUT AIDERBICHL ZUM SCHLOSS FUSCHL

↔ 23 km ⏱ 30 Min.

Über die Henndorfer Landesstraße fahren wir durch eine sanft modellierte und weite Landschaft, die von Landwirtschaft geprägt ist. Kurz nachdem wir die A 1 überquert haben, biegen wir nach links Richtung Unterdorf ab. Dort nehmen wir die wenig befahrene Oberdorfer Straße, die später zur Riedlstraße wird. Diese führt uns in weiten Kurven bis Waldach. Von hier aus können wir zum ersten Mal den in der Sonne glitzernden ② **Fuschlsee**, auch aufgrund der Nähe zur Stadt ein beliebtes Erholungsziel der Salzburger, sehen. Einige Minuten später treffen wir auf die traditionsreiche Wolfgangsee Straße (B 158), deren Streckenführung noch auf die Römer zurückgeht. Ihr folgen wir kurz Richtung Wolfgangsee, können aber einem kleinen Abstecher zum **Schloss Fuschl** – ein ehemaliges Jagdschloss, das heute ein Hotel beherbergt – nicht widerstehen. Denn der Panoramablick dort auf der Seeterrasse über den Fuschlsee hinweg und auf die umliegende Bergwelt ist einfach magisch schön. Wer nach dem Genuss der legendären Schloss-Fuschl-Torte ein paar Kalorien verbrennen möchte folgt dem Rundwanderweg um den Fuschlsee, der insgesamt 11,2 km lang ist.

EINKEHREN
Frischer und günstiger kann man Fisch nicht genießen als in der **Schloss Fischerei** direkt am Fuschlsee. # Schloss-Str. 2, 5322 Hof bei Salzburg, Tel. +43 62 29/22 53 15 33

ETAPPE 3
VOM SCHLOSS FUSCHL NACH ABERSEE

↔ 35 km ⏱ 45 Min.

Von Fuschl am See sind es nur 6 km ins malerisch gelegene ③ **St. Gilgen** am Wolfgangsee. Es lohnt sich, das Auto abzustellen und durch das 4000-Einwohner-Städtchen zu bummeln. Vor allem der alte Ortskern um den Mozartplatz und den Kirchenplatz beeindruckt mit barocken Häusern im sogenannten Inn-Salzach-Stil. Uns hat das Seefieber gepackt: Wir wollen noch den **Mondsee** besuchen. Zu ihm schlängelt sich die

Sommerliches Badevergnügen in Strobl: Der Urlaubsort profitiert von seiner idyllischen Lage am Wolfgangsee im Salzkammergut

B 154, zum Großteil durch Wälder. Kurz vor Oberburgau trifft sie direkt auf den blau-grünen See. Unseren kleinen Hunger stillen wir in der nahen Jausenstation Holzingerbauer (Oberburgau 12, 5310 Mondsee, Tel. +43 62 32/38 41, unbedingt reservieren!). Sie gilt mit ihrem Gastgarten unter alten Obstbäumen als einer der urigsten gastronomischen Orte im gesamten Salzburger Land. Unser heutiges Etappenziel ist **Abersee**, wieder am Wolfgangsee. Von dort wechseln wir mit der Personenfähre auf die gegenüberliegende Seeseite in den berühmten Sommerfrischeort ④ **St. Wolfgang**. Wer sich noch von oben einen Überblick über die Gegend machen möchte, kann mit der Zahnradbahn auf den 1782 m hohen Schafberg fahren. Danach geht es wieder mit der Fähre zurück nach Abersee.

ETAPPE 4
VOM WOLFGANGSEE BIS ZUR POSTALM

⟷ 20 km ⏱ 30 Min.

Nachdem wir noch ein Stück am Wolfgangsee entlanggefahren sind, beginnt im schmucken Örtchen Strobl die mautpflichtige (Pkw 10 €, Motorrad 5 €) und insgesamt 28,5 km lange **Postalmstraße**. 1998 wurde die Panoramastraße eröffnet, die zu den schönsten der Alpen gehört. Mit jedem Meter, den sie sich in Kurven und Serpentinen nach oben windet, wird die Aussicht erhabener. Schon bald ergibt sich ein Blick auf das mächtige Dachsteinmassiv (höchster Gipfel: Hoher Dachstein, 2995 m) und die markante Große Bischofsmütze (2458 m). Später sind auch der

Wolfgangsee und der Schafberg zu sehen. An der gut ausgebauten Straße gibt es an besonders schönen Stellen immer wieder Parkplätze. Zur maximalen Höhe der Straße von 1288 m hin wird die **Postalm** sichtbar, mit 42 km^2 das größte zusammenhängende Almgebiet Österreichs. Die Postalm selbst ist im Winter ein kleines Skigebiet. Im Sommer gibt es viele Spazier- und Wandermöglichkeiten, am bekanntesten ist der Almblumenweg, ein leichter Wanderweg für die ganze Familie (ca. 1 Std.).

EINKEHREN
Die urigste Hütte auf der Postalm ist die **Strobler Hütte**. # Seydegg 69, 5441 Abtenau, Tel. +43 61 37/61 61, *www.stroblerhuette.at*

ÜBERNACHTEN
Postalm Lodge Die urgemütliche und sehr gepflegte Holzblockhütte für 2–4 Personen steht hinter dem Restaurant Lienbachhof. Die Einrichtung ist im Landhausstil gehalten. # Seydegg 75, 5441 Abtenau, Tel. +43 664/478 06 35, *www.lienbachhof.at*

Strobler Hof Das Traditionshotel liegt direkt am Wolfgangsee. Die Zimmer sind geschmackvoll modernisiert. Es gibt ein Badehaus mit Outdoorpool und zwei vorzügliche Restaurants. # Ischlerstr. 16, 5350 Strobl, Tel. +43 61 37/73 08, *www.stroblerhof.at*

Landhaus zu Appesbach Thomas Mann und König Edward VIII. übernachteten hier. Das historische Hotel in einem großen Park am Wolfgangsee ist unübertrefflich schön. # Au 18, 5360 St. Wolfgang, Tel. +43 61 38/220 90, *www.appesbach.com*

ETAPPE 5
VON DER POSTALM BIS GOLLING

⟷ 30 km ⏱ 45 Min.

Sogar noch ein bisschen kurviger als es nach oben ging, führt die zweispurige Panoramastraße jetzt wieder abwärts. Wir genießen den wunderbaren Blick auf das Tennengebirge in den Ostalpen und nehmen bei Voglau die **Lammertalstraße**. Sie führt ein Stück entlang des namensgebenden Gebirgsflusses durch eine idyllische und wildromantische Landschaft. Unser Zwischenziel ist ⑤ **Golling** an der Salzach, genauer gesagt, das dortige vorzügliche Döllerers Wirtshaus.

EINKEHREN
Döllerers Wirtshaus
Markt 56, 5440 Golling, Tel. +43 62 44/42 20 00, *www.doellerer.at*

Der junge Koch Andreas Döllerer, mehrfach zum »Koch des Jahres« gewählt, ist ein Star der Gastroszene. Sein ans Wirtshaus angeschlossene Genießerrestaurant hat drei Gault-Millau-Hauben und ist international berühmt. Das Wirtshaus selbst ist angenehm bodenständig, bietet aber auch herausragende kulinarische Qualität. Nach einem Nougatknödel mit Zwetschgen und Luftschokolade sind wir in schwerer Versuchung, uns spontan im hauseigenen Hotel einzumieten. Aber es ist ja nicht mehr weit zurück nach Salzburg.

Panoramablick von der Postalmstraße über das Lammertal

ETAPPE 6
VON GOLLING ZURÜCK NACH SALZBURG

⟷ 44 km ⏱ 60 Min.

Wir folgen dem Tal, das vom Verlauf der Salzach geprägt ist. Bei Hallein biegen wir nach rechts auf die Wiestal Landesstraße ab, um uns eine letzte Überlandfahrt zu gönnen. Die Strecke über Ebenau, Vorderschroffenau und vorbei an der Rennstrecke Salzburgring offenbart nochmals in konzentrierter Form die Reize der malerisch schönen Voralpenlandschaft: Weiden, Blumenwiesen, Bauernhäuser, kleine Wälder und Alleen. Bei Guggenthal können wir sie dann sehen: die mächtige ⑥ **Festung Hohensalzburg**, die uns den Weg zurück zum Ausgangspunkt weist. Über den belebten Stadtteil Gnigl gelangen wir wieder zum Ausgangspunkt, der Innenstadt von Salzburg.

ENTLANG DER ROUTE

1 Henndorf am Wallersee

Nicht nur Carl Zuckmayer, der von 1926 bis zu seiner Emigration in die USA im Jahr 1938 in Henndorf lebte, schätzte das ländliche Seeidyll, sondern auch andere Schriftsteller und Schauspieler des sog. »Henndorfer Kreises« (Ödön von Horváth, Stefan Zweig, Max Reinhardt, Emil Jannings u. a.). Zuckmayers Wohnhaus, die Wiesmühl, befindet sich in Privatbesitz und kann beim »Literarischen Spaziergang« durch Henndorf besichtigt werden. Am Ortsrand der Gemeinde wurde im Jahr 2002 der Gnadenhof eröffnet. Mehr als 1000 gerettete Tiere genießen an diesem idyllischen Zufluchtsort ihre zweite Chance auf ein würdiges Leben – vom Kamel und Esel über Schimpansen und Schweine bis hin zu Meerschweinchen und Papageien. Der Minizug »Biggy« bringt die Besucher zu den Außenhöfen des weitläufigen Areals. Besonders für Kinder ist der Besuch von Gut Aiderbichl ein intensives und nachhaltiges Erlebnis, weil sie sich vielen Tieren nähern, sie z. T. sogar anfassen und bei der Pflege helfen dürfen. *www.henndorf.at, www.gut-aiderbichl.com*

2 Fuschlsee

Von den 19 großen Seen im Salzkammergut ist der Fuschlsee von Salzburg aus am schnellsten zu erreichen. Im Sommer gönnen sich viele Salzburger nach der Arbeit am Abend noch eine Abkühlung in dem idyllischen See, dessen Wasser mal türkis schimmert, an anderen Tagen wieder tiefblau. Der Ausdruck »Sommerfrische« ist beim Fuschlsee wörtlich zu nehmen, denn mit einer Tiefe bis zu 66 m wird er selten wärmer als 20° C. Es gibt an seinen Ufern einige schöne Bademöglichkeiten, z. B. den Hofer Naturbadestrand mit einem langen Holzsteg. Beliebt ist der 11,2 km lange Rundwanderweg, für den man gute drei Stunden Gehzeit einplanen sollte. Seit 700 Jahren ist der fischreiche Fuschlsee – eines der saubersten Gewässer Europas – im Besitz des Erzbistums Salzburg, was ihn vor Kommerz und Immobilienspekulation bewahrte. Ein echtes Erlebnis ist eine Fahrt mit der Zille »Die Fuschlerin«. Zillen, das sind Boote mit einem spitzen Bug und flachen Boden, die traditionell auf den Seen im Salzkammergut verkehren. Langsam und majestätisch über das Wasser gleitend, bringt sie die Besucher in den Sommermonaten von der Seepromenade Fuschl in 45 Min. zur Schloss Fischerei am anderen Ende des Sees. *www.ebners-waldhof.at*

Der Gollinger Wasserfall ist ein beliebtes Ausflugsziel

ERLEBNIS

Ein Nostalgie- und Landschaftserlebnis ist eine **Bootspartie über den Wolfgangsee** mit dem Raddampfer »Kaiser Franz Josef« oder der MS »Kaiserin Elisabeth«. Beide Schiffe sind 1873 vom Stapel gelaufen. Und so kann man sich heute in k.-u.-k-Atmosphäre den Wind auf dem See um die Nase wehen lassen und die Uferlandschaft an sich vorüberziehen lassen.

3 St. Gilgen am Wolfgangsee

»Mozartdorf am Wolfgangsee« nennt sich der viel besuchte Ort, denn im Haus des Bezirksgerichts, dem heutigen Mozarthaus, wurde die Mutter des Komponisten geboren. Außerdem lebte seine Schwester Nannerl nach ihrer Heirat 17 Jahre hier. Schön bummeln kann man in der Fußgängerzone im Ortskern mit seinen historischen Häusern. In der alten Volksschule zeigen das Museum Zinkenbacher Malerkolonie Werke der 1927–1938 aktiven Wiener Künstlergruppierung und das Musikinstrumentenmuseum seine Sammlung mit über 2000 Exemplaren. Wer ein atemberaubendes Panorama auf das Salzkammergut erleben will, sollte in St. Gilgen mit der Seilbahn zum Gipfel des Zwölferhorns fahren. *www.12erhorn.at*

4 St. Wolfgang am Wolfgangsee

Benatzkys Operette »Im Weißen Rössl« (1930) machte St. Wolfgang (2800 Einw.) weltberühmt. Als Wallfahrtsziel war der Ort jedoch viel früher bekannt: Nach Wolfgangs Heiligsprechung 1052 und setzten die Pilgerfahrten zur Kirche des hl. Wolfgang ein. Sie birgt eines der berühmtesten Sakralkunstwerke der Spätgotik: den doppelfügligen Pacher-Altar des Südtirolers Michael Pacher. Er schuf den Schrein und die Bilder der Flügel, die im geöffneten Zustand die Geburt, die Beschneidung und die Darbringung Jesu im Tempel sowie Tod und Himmelfahrt Mariens zeigen. Auf der Terrasse am Marktplatz steht ein spätgotischer Pilgerbrunnen (1515). Die Überdachung ist eines der frühesten Renaissance-Denkmäler in Österreich. Dicht drängen sich historische Giebelhäuser um Kirche und Platz. Daneben liegt das legendäre Hotel Weißes Rössl, heute ein Komplex aus neun Bürgerhäusern. Von seiner schönsten Seite zeigt sich der Ort zum See hin, was man bei einer Runde mit einem Schiff der Wolfgangseeschiffahrt erleben kann. *www.stwolfgang.at*

5 Golling

In Golling (4000 Einw.) lockt der Ortskern mit vielen Schanigärten (Freisitze vor Cafés und Restaurants). Für geistige Nahrung sorgt das Heimatmuseum in der Burg Golling, deren älteste Teile aus dem 13. Jh. stammen. Im Ortsteil Torren beginnt das Tal, an dessen Ende sich der Gollinger Wasserfall 76 m in die Tiefe stürzt. Östlich von Golling und Scheffau sollte man sich ein besonders dramatisches Naturschauspiel nicht entgehen lassen, die Lammeröfen: Ein sicherer, einfach begehbarer Steig führt entlang der überhängenden Felswände am Wildbach durch die 2 km lange, 60 m tiefe Lammerklamm. *www.golling.info*

6 Festung Hohensalzburg

Mit 7000 m^2 bebauter Fläche zählt die hoch über Salzburg thronende Festung heute zu den größten und auch besterhaltenen Burgen Europas. Im Jahr 1077 von Erzbischof Gebhard erbaut, prägt sie bis heute das Salzburger Stadtbild. Die mächtige Burg wurde in all den Jahrhunderten nie von feindlichen Truppen eingenommen. Heute wird sie allerdings von Touristen gestürmt. Über zwei Mio. Besucher überwinden jedes Jahr 120 Höhenmeter, um mittelalterliches Flair zu erspüren. Damit ist die romanische Festung die meistbesuchte Sehenswürdigkeit Österreichs außerhalb Wiens. Allein schon wegen des Ausblicks auf die Stadt und das umliegende Bergland lohnt sich der Besuch. Extra für Kinder wurde ein Audioguide konzipiert, und in den Sommerferien wird ein Kinderferienprogramm angeboten. Darüber hinaus wird der Burghof der Festung im Juli und August zur Bühne für das sehenswerte Theaterstück »Jedermann« von Hugo von Hofmannsthal (1874–1929).

Den Bergen so nah – der Weiler Niederthai im Ötztal liegt auf 1530 m Höhe

HOHE BERGE, GROSSE GEFÜHLE: EIN ROADTRIP QUER DURCH TIROL

2 Tage

Tirol an einem Tag zu durchqueren ist dank der überschaubaren Größe möglich. Aber entspannter ist die Tour mit mindestens einer Übernachtung. Abseits der Autobahn, auf stillen Landstraßen, finden sich beschauliche Dörfer, romantische Seen, viel Kultur und einladende Gasthäuser.

Kufstein
Nauders
250 km
5,5–6 Std.

ETAPPE 1
VON KUFSTEIN ZUM ZILLERTAL

⟷ 40 km ⏱ 55 Min.

Der Startpunkt ① **Kufstein** macht Laune und Lust auf mehr: Herrschaftlich thront die Festung Kufstein über der Stadt, über dem Inn und dem gesamten Tal. Keine Frage, hier beginnt Tirol. Anstatt sich der relativ eintönigen Fahrt auf der Inntalautobahn zu unterwerfen, wählen wir die beschauliche Alternative rechts der Schnellstraße. Von der Schubertstraße in Kufstein zweigt die Kufsteiner Straße ab Richtung Langkampfen, passiert flache Wiesen, den Flugplatz von Langkampfen samt der für ihre gute Küche bekannten Tiroler Fliegerstube *(www.fliegerstube.at)* und ein Gewerbegebiet. Speziell in den Sommermonaten ein willkommener Abstecher wäre kurz vor Langkampfen der kleine **Stimmersee**, der sich mit seinem Badestrand nur wenige Meter oberhalb der Straße hinter den Bäumen versteckt. Hinter Langkampfen gewinnt die Straße Abstand zur Autobahn und führt an der **Wallfahrtskirche Mariastein** vorbei, die wie eine Ritterburg auf einem steilen Hügel sitzt und besichtigt werden kann. Auf der Unterinntal Landesstraße geht es weiter innaufwärts über Glatzham bis Breitenbach und weiter mit etlichen Kurven Richtung Kramsach. Vorher warten noch mit dem **Museum Tiroler Bauernhöfe** *(www.museum-tb.at)* links der Straße und dem **Reintaler See** direkt vor Kramsach zwei lohnenswerte Stationen für eine Pause. Vorbei am benachbarten Krummsee führt die Straße hinein nach ② **Kramsach** und direkt vor der Autobahnfahrt wieder hinaus Richtung Innsbruck. Eine echte Kuriosität lockt noch direkt an der Straße rechts. Am Ortsrand Richtung Hagau bietet der Museumsfriedhof humorvolle Begegnungen mit der Vergänglichkeit in Form einer Sammlung von Grabkreuzen mit teils recht boshaften Grabsprüchen. Über das Dorf Münster schlängelt sich die Straße weiter innaufwärts bis nach Wiesing direkt an der Einfahrt ins ③ **Zillertal**, das sich auf der anderen Seite der nahen Autobahn ausbreitet.

Abseits der Hauptstraßen findet man in Tirol noch viel Ursprünglichkeit

ABSTECHER

Der **Berglsteiner See** oberhalb von Kramsach ist ein idyllischer Bergsee mit einer guten Einkehrmöglichkeit samt regionaler Fischspezialitäten.

ETAPPE 2
VOM ZILLERTAL NACH INNSBRUCK

⟷ 42 km ⏱ 60 Min.

Von Wiesing, das ein wichtiger Verkehrsknotenpunkt im Tiroler Unterland ist, geht die Reise weiter innaufwärts. Das Zillertal lassen wir links liegen und folgen der Unterinntal Landesstraße bis Jenbach. Danach bringt uns die Verlängerung auf der Tratzbergstraße direkt vor das mächtige **Schloss Tratzberg**, einem prachtvollen Renaissancebau mit gut 800 Jahre alter Historie, der auch besichtigt werden kann *(www.schloss-tratzberg.at)*. Nächste Station ist das kleine Dorf **Stans**, dessen bekannteste Sehenswürdigkeit die Wolfsklamm ist, die man vom Dorf in wenigen Minuten zu Fuß erreichen kann.

Wir folgen der Straße, die bei Vomp zweimal die Autobahn kreuzt, und erreichen nach wenigen Kilometern ④ **Wattens**. Der eigentlich unscheinbare Industrieort steht ganz im Zeichen der Swarovski-Werke und hat mit den **Swarovski Kristallwelten** eine der bedeutendsten Sehenswürdigkeiten im Land. Die Anfahrt ist gut beschildert, und der grüne Riese ist auch von Weitem gut zu erkennen. Von Wattens begleitet die Bundesstraße 171 die Autobahn bis Hall. Rechter Hand ist bereits die Nordkette oberhalb von Innsbruck gut erkennbar. Wer einen Stadtbummel mit einer kleinen Einkehr verbinden will, fährt weiter auf der Bundesstraße nach ⑤ **Hall**, gönnt sich dort einen Spaziergang

EINKEHREN
Das Restaurant **Weisses Rössl** mit über 400-jähriger Geschichte ist ein Innsbruck-Klassiker. # Kiebachgasse 8, Innsbruck, Tel. +43 512/58 30 57, *www.roessl.at*

durch das sehenswerte historische Zentrum mit seinen vielen Restaurants. Danach sind es nur wenige Kilometer weiter westlich am Nordufer des Inns bis zum Zentrum von ⑥ **Innsbruck** direkt bei der Hofburg.

ETAPPE 3
VON INNSBRUCK BIS ZUM ÖTZTAL

⟷ 85 km ⏱ 1 Std. 40 Min.

Nach dem Stadtbesuch brechen wir auf ins ⑦ **Ötztal**. Bereits kurz vor Innsbruck, in Hall, startet diese recht alpine Etappe mit etlichen Kurven und bezaubernden Aussichten. Das beginnt bereits bei der Fahrt hinauf nach Lans und Igls, wo man einen spektakulären Blick hinunter nach Innsbruck und zur gegenüberliegenden Nordkette hat. Die stattlichen Landhäuser und modernen Villen dokumentieren, dass das hier keine ganz billige Wohngegend ist. Mitten in **Lans** wäre der historische Isserwirt *(www.isserwirt.at)* eine stilgerechte, klassisch tirolerische Einkehrmöglichkeit. Über Igls schlängelt sich der Weg vorbei am geschichtsträchtigen Grünwalderhof zur Brennerautobahn. Ein kurzer Abstecher auf der Autobahn bis Innsbruck-Süd, dann führt die Route hinauf nach Mutters und weiter auf der Olympiastraße nach Götzens, Birgitz und schließlich nach Axams. Ein eindrucksvolles Bergpanorama begleitet die Fahrt auf knapp 900 m Höhe. Bald mündet der Weg in die Straße durch das ⑧ **Sellraintal**. Nun geht es von Sellrain auf der abwechslungsreichen und sehr idyllischen Strecke über Gries bis zum hochalpinen **Kühtai** auf 2000 m Höhe. Nach dem im Sommer sehr ruhigen Hoteldorf, im Winter ein beliebtes Skigebiet, schlängelt sich die Straße vorbei am Stausee bergab Richtung Ötz bis zur kleinen Siedlung Ochsengarten. Dort ist rechts der Abstecher auf die Straße am Haimingerberg eine verlockende Abwechslung mit herrlichen Aussichten auf das Inntal. Und mit vielen Kurven. Unten im Inntal geht es links weiter, wo man nach nur wenigen Metern das Lokal Oilers69 *(www.oilers69.com)* passiert, eine unkonventionelle Imbissstation mit vielen alten US-Autos und stattlichen Burgern. Von dort sind es dann nur noch wenige Minuten bis Ötztal-Bahnhof am Taleingang.

TANKEN
Zwischen Sellrain und Kühtai bzw. dem Haimingerberg gibt es nur in **Gries** eine Tankstelle.

ETAPPE 4
VOM ÖTZTAL NACH LANDECK

⟷ 40 km ⏱ 50 Min.

Die letzte Etappe dieser Tirol-Durchquerung lässt nun das bekannte Ötztal links liegen, nimmt die Straße neben der Autobahn westwärts nach Imst. Den langen Tunnel bei Roppen kann man sich so ersparen. Nächste Station ist ⑨ **Imst**, das rechts des Weges liegt und wo es links hinein in das enge Pitztal geht. Hier heißt es eine Pause einlegen und einen Spaziergang durch die wildromantische **Rosengartenschlucht** absolvieren, die nicht weit vom Zentrum entfernt ist. Wer sich für die Geschichte der Stadt interessiert, kann das Museum Ballhaus in der Ballgasse 1 besuchen. Die Route führt danach weiter innaufwärts auf der B 171 direkt neben der Autobahn Richtung Landeck. Über Mils und Starkenbach geht die Fahrt westwärts und begleitet den Inn bis kurz vor Landeck. Seitdem viel Verkehr über den Knotenpunkt Oberinntal und den Landecker Tunnel Richtung Engadin

Die spektakuläre Trisannabrücke mit Schloss Wiesberg bei Landeck

und Reschenpass abgeleitet wird, haben es die Landecker im Ort wesentlich ruhiger. Das gilt auch für das Nachbardorf **Zams** kurz vor Landeck, wo man am Hauptplatz im Gasthof Gemse auf klassisch Tiroler Art gut einkehren kann *(www.postgasthof-gemse.at)*. Derart gestärkt mit Gröstl oder Kaiserschmarrn kann man einen Abstecher nach **Stanz** am Südhang bei Landeck wagen. Das kleine Dorf ist ein Kuriosum und bekannt als das Tiroler Schnapsbrennerdorf. Auf rund 600 Einwohner kommen mehr als 60 Brennereien, was damit zu tun hat, dass hier an sonnenverwöhnten Südhängen das Obst, und da speziell die berühmte Stanzer Zwetschge, gut gedeihen. Mehr erfahren kann man in der edlen Brennerei von Christoph Kössler mitten in Stanz. Doch nun zurück nach ⑩ **Landeck**. Ein Spaziergang am Innufer entlang zum Schloss Landeck samt Museum und Galerie mit historischen und kunsthistorischen Ausstellungen wäre noch eine reizvolle Fortbildungsmaßnahme. Interessant ist hier im Museum die Geschichte der Schwabenkinder, die früher von armen Bergbauernfamilien als Saisonarbeiter ins Schwabenland geschickt wurden.

ETAPPE 5
VON LANDECK NACH NAUDERS

⟷ 45 km ⏱ 60 Min.

Am Nordrand von Landeck beginnt der letzte Abschnitt der Tour weiter innaufwärts Richtung Engadin und Reschenpass. Auf der Malser Straße geht es direkt am Innufer weiter, bald vorbei am Gasthof Löwen bis zur Zusammenkunft mit der Bundesstraße beim Tunnelportal. Die breite Bundesstraße ist ideal zum entspannten Cruisen durch die Berge. Viel Geschichte gibt es in **Fliess** oberhalb der Straße mit dem Museum im Alten Widum und dem Schloss Biedenegg *(www.schloss-biedenegg.at)*, einer mittelalterlichen Burg, in der man auch nächtigen kann. Nächste Station ist **Prutz** am Eingang in das Kaunertal. Der Gasthof Gemse ist ein gutbürgerliches Wirtshaus nahe der Bundesstraße. Ein paar Kurven weiter oben wartet wieder eine Ritterburg. Diesmal ist es die gut 800 Jahre alte Burg Berneck bei Kauns, die auch zu bestimmten Terminen besichtigt werden kann. Kurz nach Pfunds zieht die Straße hinauf Richtung Reschenpass und Nauders. Nach einem Tunnel sieht man links die alte Festung Nauders aus dem frühen 19. Jh. inklusive Militärmuseum und Panzergarten. Wesentlich friedlicher schaut es dann am Ziel in **Nauders** aus, das direkt vor dem Reschenpass und der Grenze zu Südtirol liegt.

ABSTECHER
Auf dem Weg nach Nauders kann man im zollfreien **Samnaun** günstig tanken und shoppen.

Schloss Naudersberg erhebt sich auf einem Hügel über Nauders

ÜBERNACHTEN

Gasthof Badl Ehemaliges Badehaus mit schönen Zimmern nahe der Haller Altstadt. # Haller Innbrücke 4, 6070 Ampass, Tel. +43 52 23/567 84, *www.badl.atk*

Hotel das Mei Elegantes Viersternehotel in Mutters oberhalb von Innsbruck. # Natterer Str. 20–22, 6162 Mutters, Tel. +43 5 12/54 88 88, *www.dasmei.at*

ENTLANG DER ROUTE

1 Kufstein

Die Festungsstadt am Inn ist das Erste, das Besucher von Norden kommend von Tirol zu sehen bekommen. Links das Kaisergebirge, rechts der steile Gipfel des Pendling und mittendrin die Stadt mit der mittelalterlichen Festung. Sie bietet eine reizvolle Mischung aus mittelalterlichem Flair im Zentrum, modernen Einkaufsmöglichkeiten und dem direkten Zugang zur Bergwelt. Im näheren Umfeld gibt es viel zu entdecken, den idyllischen Thiersee etwa oder den Raritätenzoo Ebbs. *www.kufstein.com*

2 Kramsach

Kramsach wird wegen der warmen Badeseen im Umland auch als »Tirols Badewanne« bezeichnet. Der größte und wärmste ist der Reintaler See mit Bootsverleih und gepflegten Liegewiesen. 5 km vom Ortskern entfernt liegt das Freilichtmuseum Tiroler Bauernhöfe. 14 Bauernhöfe und 23 Nebengebäude aus allen Talschaften Tirols wurden abgetragen und auf dem 9 ha großen Museumsgelände originalgetreu wieder aufgebaut. *www.kramsach.info*

3 Zillertal

Das Zillertal, das bei Strass südwärts vom Inntal abzweigt, zählt zu den beliebtesten Tiroler Urlaubsregionen. Das liegt vor allem an der guten touristischen Infrastruktur mit mehreren Skigebieten im Winter, vielen Wander- und Radwegen im Sommer und einer sehr umfangreichen und vielseitigen Hotellerie. Eine 40 km lange Schnellstraße führt bis zum Hauptort Mayrhofen, wo auch die Zillertalbahn *(www.zillertalbahn.at)* endet. *www.zillertal.at*

4 Wattens

Die Kristallwelten von Swarovski, die zu den meistbesuchten Sehenswürdigkeiten Österreichs zählen, machen Wattens zu einer touristischen Topadresse. Ihr eigenwillig gestalteter Eingangsbereich ist unübersehbar und steht für eine kreative Erlebniswelt, die von André Heller konzipiert und 1995 eröffnet wurde. Das Innenleben bietet einen Streifzug durch die Glitzerwelt von Swarovski mit Kreationen von Künstlern wie Salvador Dalí, Brian Eno oder Andy Warhol. Dazu gibt es eine fantasievoll gestaltete Gartenanlage auf mehr als 7 h, ein Heckenlabyrinth, einen fünfstöckigen Spielturm und natürlich auch die Möglichkeit, Swarovski-Kreationen zu erwerben. *kristallwelten.swarovski.com*

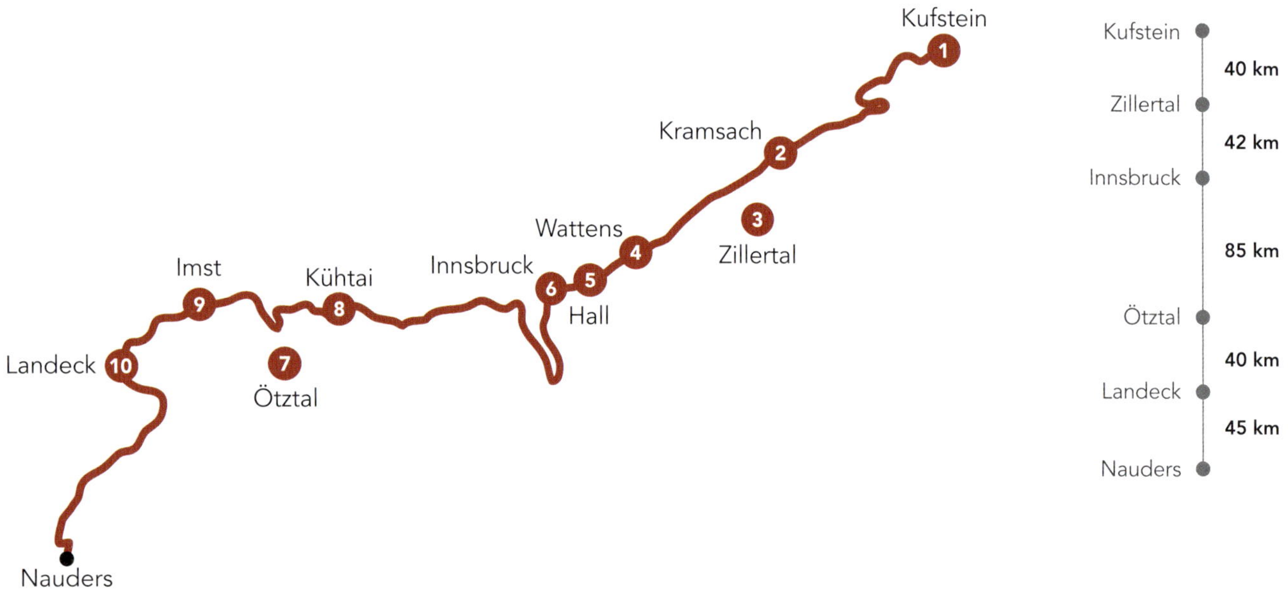

5 Hall in Tirol

Hall, die kleine Nachbarin von Innsbruck, gelangte im Mittelalter durch Salzbergbau und Münzprägung zu Wohlstand und war als Handelsplatz lange Zeit weit bedeutender als die Innmetropole. Von dieser Glanzzeit zeugt nicht nur das historische Zentrum mit seinen kopfsteingepflasterten Gassen, sondern auch das Bergbaumuseum in der Fürstengasse und das Münzmuseum auf Burg Hasegg. Das Zentrum von Hall ist auch Kulisse eindrucksvoller Veranstaltungen wie den Haller Gassenspielen im Sommer oder dem Adventsmarkt. *www.hall-wattens.at*

6 Innsbruck

Innsbruck ist ein Phänomen. Keine andere Stadt in Österreich kombiniert so eindrucksvoll urbanen Lebensstil mit Tradition und alpinem Naturerlebnis wie die Tiroler Metropole mit ihren 133 000 Einwohnern. 1420 wurde Innsbruck dank Herzog Friedrich IV. Residenzstadt. Die statusbewussten Habsburger verliehen der Stadt viel Glanz: Hofburg, Goldenes Dachl und Schloss Ambras sind einige Beispiele dafür. Nicht weit entfernt am Bergisel kam es 1809 zu drei Schlachten zwischen den von Andreas Hofer geführten Tirolern, Bayern und Franzosen. Der Bergisel ist symptomatisch für Innsbruck, wo Historie und Tradition mit dem Sport in Einklang leben. Hier die Geschichte um Andreas Hofer, ein paar Meter daneben die Sprungschanze, Schauplatz der Olympischen Winterspiele 1964 und 1976. Die Stadt ist ringsum von Bergen umgeben und eine Universitätsstadt mit hohem Studentenanteil. Vom Zentrum führt eine Standseilbahn Richtung Nordkette. Wer möchte, kann vormittags wandern oder Ski fahren und nachmittags in der Fußgängerzone Kaffee trinken. *www.innsbruck.info*

7 Ötztal

Etwa 30 Autominuten westlich von Innsbruck zweigt vom Inntal in südlicher Richtung das Ötztal ab. Das 65 km lange Tal gehört zu den touristisch bedeutendsten Regionen Tirols. Für das entsprechende Freizeitprogramm sorgen 250 Dreitausender, darunter Tirols höchster Gipfel, die Wildspitze mit 3768 m, und 86 Gletscher, zahlreiche Freizeitparks, eine breit gefächerte Hotellerie und mehrere Skigebiete. Die Hauptorte sind Ötz mit vielen bemalten Häusern und das quirlige Sölden, mit 466 km² die flächenmäßig größte Gemeinde Österreichs. *www.oetztal.com*

SCHWABENKINDER

Im 18. und 19. Jh. zwang unvorstellbare Not viele Bergbauern im Tiroler Westen, ihre Kinder als saisonale Arbeitskräfte nach Schwaben zu schicken. Im Frühjahr wurden die Jungen und Mädchen auf Kindermärkten wie Sklaven zum Verkauf angeboten, dann ging es zu Fuß über die oft noch schneebedeckten Alpen. Häufig wurden die Schwabenkinder ausgebeutet, die Kleinen litten unter schlimmem Heimweh.

8 Sellraintal mit Kühtai

Früher zog die Heilquelle Rothenbrunn wohlhabende Innsbrucker ins Sellrain. Heute ist das südwestlich orientierte, enge Tal ein beliebtes Revier für Wanderer und Radsportler und gilt im Winter als Topregion für Skitouren. Das auf 2000 m gelegene Kühtai ist Österreichs höchstgelegenes und schneesicherstes Skigebiet, im Sommer trainieren im Höhenleistungszentrum Kühtai die Profis. Im Spätsommer ist die Talstraße Teilstrecke des Ötztaler Radmarathons. Die Orte Sellrain, Gries und St. Sigmund wurden zu Bergsteigerdörfern erklärt, eine Auszeichnung, die nur besonders naturnahen Orten mit ursprünglich gebliebenem Ortsbild und familiärer Infrastruktur zuteil wird. *www.kuehtai.info*

9 Imst

Imst (10 000 Einw.) zählt zu den wichtigsten Orten im Oberland und ist berühmt für den Brauch des Schemenlaufens, der hier alle vier Jahre stattfindet. Sehenswert ist das historische Zentrum mit schönen barocken Bürgerhäusern. Im Stadtbild fallen die vielen historischen Brunnen auf – zwölf in der Ober- und acht in der Unterstadt. *www.imst.at*

10 Landeck

Die Stadt mit ihren 7800 Einwohnern liegt dort, wo das Inntal, das Paznauntal und das Richtung Arlberg verlaufende Stanzer Tal zusammenkommen. Ein solcher Verkehrsknotenpunkt hat natürlich Geschichte, wovon das mittelalterliche Schloss Landeck ebenso zeugt wie freskengeschmückte Bürgerhäuser im schönen Stadtkern. Das Schloss beherbergt das Heimatmuseum, das in 15 Räumen Themen wie Brauchtum und Religion, Freiheitskämpfe und Hexenprozesse beleuchtet. Einen weiteren Schwerpunkt bildet das Schicksal der einstigen Auswanderer und speziell auch der Schwabenkinder. *www.tirolwest.at*

REGISTER

M

N

O

P

Q

R

S

IMPRESSUM

Alle Angaben in diesem Reisebuch sind gewissenhaft geprüft. Für ihre Vollständigkeit und Richtigkeit kann der Verlag jedoch keine Haftung übernehmen. Aus Gründen der besseren Lesbarkeit wird in diesem Buch bei Personenbezeichnungen das generische Maskulinum verwendet. Es gilt gleichermaßen für alle Geschlechter.

1. Auflage 2020
ISBN 978-3-8342-3062-1

B2B-Editionen schneidern wir maß nach Ihren Wünschen.
Bei Interesse: Gabriella.Hoffmann@graefe-und-unzer.de

Bei Interesse an Anzeigenschaltung:
KV Kommunalverlag GmbH & Co. KG
Tel. 089/928 09 60 oder info@kommunal-verlag.de

GRÄFE UND UNZER VERLAG
Postfach 86 03 66, 81630 München

GRÄFE UND UNZER

Ein Unternehmen der
GANSKE VERLAGSGRUPPE

Idee/Konzept dieses Buchs: Gernot Schnedlitz
Projektmanagement und Redaktion: Gernot Schnedlitz
Lektorat und Satz: Ewald Tange, tangemedia, München
Bildredaktion: Dr. Nafsika Mylona
Karten: Mediendesign Anne Tegler, Berlin
Autoren: Stefanie Buommino, Nicoletta De Rossi, Knut Diers, Monika Dittombée, Martin Fraas, Robin Daniel Frommer, Katja Gartz, Hannah Glaser, Ralf Johnen, Barbara Kettl-Römer, Andrea Lammert, Ischta Lehmann, Randolf Leyk, Janet Lindemann, Cornelia Lohs, Michael Mantke, Claudia Pautz, Margrit Philipp, Bärbel Rechenbach, Elisabeth Schnurrer, Jens van Rooij, Georg Weindl
Herstellung: Mendy Willerich
Umschlaggestaltung & Layout: Independent Medien Design, München, Horst Moser (Artdirection)
Repro: LUDWIG:media gmbh, Zell am See
Druck und Bindung: Printer Trento, Italien

BILDNACHWEIS

Cover: Moseltal (Luftaufnahme) © Getty Images: rusm

4/5 Getty Images: fotosol fotosol; 6 Getty Images: Moment Open/Roland W. Lüthi; 7 mauritius images: Ingeborg Knol/imageBROKER; 8 Getty Images: iStockphoto/Knut Niehus; 9 Getty Images: Sabine Lubenow/Look-foto; 12 Getty Images: Moment Open/Matthias Kirsch; 14 Huber Images: Sabine Lubenow; 15 Getty Images: AWL Images RM/Sabine Lubenow; 17 Huber Images: Cornelia Dörr; 18 Getty Images: H. & D. Zielske/LOOK-foto; 20 imago stock&people; 21 stock.adobe.com: Katja Xenikis; 24 Lookphotos: Heinz Wohner; 26 stock.adobe.com: UsedomCards.de; 27 Huber Images: Sabine Lubenow; 30 mauritius images: Andreas Vitting; 31 Huber Images: Reinhard Schmid; 32 mauritius images: Andreas Vitting; 33 Getty Images: Photographer's Choice/Martin Ruegner; 35 laif: Gerhard Westrich; 36 imago images: Priller&Maug; 37 mauritius images: Manfred Habel; 38 stock.adobe.com: eyewave; 39 Shutterstock.com: Dar1930; 41 stock.adobe.com: fotografci; 42 stock.adobe.com: Thorsten Link; 43 stock.adobe.com: pure-life-pictures; 44 Shutterstock.com: Christiane Schwerin; 45 Shutterstock.com: Igor Borodin; 47 mauritius images: Joachim Jockschat; 48 Huber Images: Günter Gräfenhain; 49 mauritius images: Novarc; 50 Shutterstock.com: LaMiaFotografia; 51 Shutterstock.com: aldorado; 52 Shutterstock.com: Marc Venema; 53 Shutterstock.com: canadastock; 54 mauritius images: Lars Spangenberg/Alamy; 55 Getty Images: Ulf Böttcher/Look-foto; 56 mauritius images: Meike Engels/imageBROKER; 57 picture alliance: Patrick Pleul/dpa-Zentralbild/ZB; 59 mauritius images: Lothar Steiner/Alamy; 60 Huber Images: Cornelia Dörr; 61 mauritius images: Westend61; 62 picture alliance: Andreas Frank; 63 Shutterstock.com: Sergey Kohl; 65 Shutterstock.com: ricok; 66 Huber Images: Arcangelo Piai; 67 stock.adobe.com: Rolandst; 68 imago: imagebroker; 69 Getty Images: Universal Images Group/Arterra; 72 Shutterstock.com: LaMiaFotografia; 73 stock.adobe.com: tilialucida; 74 mauritius images: Harald Lange; 75 Look: Roetting+Pollex; 77 Shutterstock.com: LaMiaFotografia; 78 Shutterstock.com: Mike Mareen; 79 Getty Images: Ernst Wrba/Look-foto; 80 mauritius images: Günter Gräfenhain; 81 Huber Images: Cornelia Dörr; 84 Huber Images: Cornelia Dörr; 85 stock.adobe.com: Henry Czauderna; 86 mauritius images: Andreas Vitting/imageBROKER; 87 stock.adobe.com: dk-fotowelt; 89 Jahreszeiten Verlag: Peter Hirth; 90 Huber Images: Manfred DelphoS; 91 Shutterstock.com: LaMiaFotografia; 92 Getty Images: Lonely Planet Images/Witold Skrypczak; 93 seasons.agency: Zim Langlotz; 95 Huber Images: Günter Gräfenhain; 96/97 Getty Images: Moment RF/Achim Thomae; 98 Jahreszeiten Verlag: Klaus Bossemeyer; 99 Jahreszeiten Verlag: Klaus Bossemeyer; 100 Getty Images: Photodisc/Jorg Greuel; 101 Shutterstock.com: saiko3p; 103 Huber Images: Günter Gräfenhain; 104 Jahreszeiten Verlag: Klaus Bossemeyer; 105 imago: imagebroker; 106 Huber Images: Frank Lukasseck; 107 Seasons Agency: Jalag/Klaus Bossemeyer; 110 Getty Images: The Image Bank/Jorg Greuel; 111 Shutterstock.com: Alice-D; 112 mauritius images: ITPhoto/Alamy; 113 Alamy Stock Photo: Prisma by Dukas Presseagentur GmbH; 116 Huber Images: Reinhard Schmid; 118 Shutterstock.com: rphstock; 119 Huber Images: Reinhard Schmid; 122 laif: Peter Watson/Loop Images; 123 mauritius images: Carola Koserowsky/Alamy; 124 stock.adobe.com: Pierre Violet; 125 laif: Peter Watson/Loop Images; 127 mauritius images: Chromorange; 128 picture alliance: Thomas Kottal; 129 Bildagentur Huber: L. Vaccarella; 130 mauritius images: Raimund Linke; 131 Shutterstock.com: KH-Pictures; 133 Shutterstock.com: Video Media Studio Europe; 134 Getty Images: Brigitte Merz/Look-foto; 136 Shutterstock.com: lavinia.buffa; 137 Shutterstock.com: LaMiaFotografia; 140 Huber Images: Reinhard Schmid; 142 Huber Images: Reinhard Schmid; 143 seasons.agency: Jalag/Georg Knoll; 145 stock.adobe.com: pure-life-pictures; 146 Huber Images: Reinhard Schmid; 148 Huber Images: Reinhard Schmid; 149 picture alliance: Karl-Josef Hildenbrand; 151 Huber Images: Reinhard Schmid; 152 Shutterstock.com: LaMiaFotografia; 153 Shutterstock.com: Mariia Golovianko; 154 Huber Images: Hans-Peter Huber; 155 mauritius images: Westend61; 157 mauritius images: Günter Gräfenhain; 158 Getty Images: Westend61; 159 stock.adobe.com: rudi1976; 160 Bildagentur Huber: R. Schmid; 161 Getty Images: iStockphoto; 163 imago: Kickner; 164 Huber Images: Reinhard Schmid; 165 Shutterstock.com: Michael Thaler; 166 mauritius images: Udo Siebig; 167 Huber Images: Reinhard Schmid; 169 Shutterstock.com: moreimages; 170 Getty Images: DieterMeyrl; 171 Shutterstock.com: Olgysha; 172 Huber Images: Reinhard Schmid; 173 Getty Images: iStockphoto/Björn Kindler; 175 Shutterstock.com: xbrchx; 176 Tourismus Salzburg GmbH: Günter Breitegger; 177 imago: Peter Widmann; 178 Shutterstock.com: Eder; 179 picture alliance: APA/picturedesk.com; 181 Shutterstock.com: canadastock; 182 Shutterstock.com: Santi Rodriguez; 183 Getty Images: iStockphoto/Anna_Jedynak; 184 mauritius images: Ludwig Mallaun; 185 mauritius images: Westend61

Liebe Leserinnen und Leser,
hat Ihnen unser Buch gefallen? Falls ja, freuen wir uns, wenn Sie es weiterempfehlen. Wenn Sie Kritik oder Korrekturen haben, schreiben Sie uns gerne an leserservice@graefe-und-unzer.de. Sie erreichen uns auch telefonisch unter Tel. 00800 / 72 37 33 33 (gebührenfrei in D, A, CH), Mo–Do 9–17 Uhr, Fr 9–16 Uhr.

Ihre HOLIDAY-Redaktion